语言文化十五讲

李 燕 编著

南开大学出版社

天津

图书在版编目(CIP)数据

语言文化十五讲 / 李燕编著. —天津：南开大学出版社，2015.9(2020.8重印)
ISBN 978-7-310-04976-9

Ⅰ.①语… Ⅱ.①李… Ⅲ.①文化语言学 Ⅳ.①H0—05

中国版本图书馆CIP数据核字(2015)第218053号

版权所有　侵权必究

语言文化十五讲
YUYAN WENHUA SHIWU JIANG

南开大学出版社出版发行
出版人：陈　敬
地址：天津市南开区卫津路94号　邮政编码：300071
营销部电话：(022)23508339　营销部传真：(022)23508542
http://www.nkup.com.cn

北京建宏印刷有限公司印刷　全国各地新华书店经销
2015年9月第1版　2020年8月第2次印刷
260×185毫米　16开本　12印张　267千字
定价:32.00元

如遇图书印装质量问题,请与本社营销部联系调换,电话:(022)23507125

全国大学生文化素质教育丛书
编委会

特邀编委（按姓氏笔划排序）

　　王向远（北京师范大学教授，博士生导师）
　　王国华（北京工业大学教授，博士生导师）
　　王建国（东南大学建筑学院院长，教授，博士生导师）
　　朱良志（北京大学教授，博士生导师）
　　李春青（北京师范大学教授，博士生导师）
　　汪民安（北京外国语大学教授，博士生导师）
　　金元浦（中国人民大学教授，博士生导师）
　　金惠敏（中国社会科学院研究员，博士生导师）
　　单　纯（中国政法大学教授，博士生导师）
　　秦佑国（清华大学教授，博士生导师）
　　谢柏梁（中国戏曲学院戏文系主任，教授）
　　廖　奔（中国文联副主席，研究员，博士生导师）

主　　编　王晓纯　　吴晚云
副 主 编　罗学科　　张常年　　史仲文（执行）　　郭涛

编　　委（按姓氏笔划排序）

　　　　　王景中　王文革　王德岩　王鸿博　毛艳梅
　　　　　曲　辉　刘永祥　孙德辉　李　燕　邹建成
　　　　　张加才　张卫平　张　轶　周　洪　屈铁军
　　　　　赵玉琦　胡淳艳　贾　东　秦志勇　铁　军
　　　　　董树宝

内容简介

本书的十五讲内容涉及三方面：一、语言理论，主要介绍了有关语言的性质与功能、语言文化的接触与融合、非语言的跨文化交流等；二、语言应用，主要介绍了语言社会存在的诸多问题，包括语言文化多样性、语言文化认同、汉语热与英语全球化、语言的性别文化、网络语言、新词新语、港澳台语言文化等；三、媒体语言，重点对喜剧、新媒体及广告中的语言特点进行了简要的概括分析。

作为大学生文化素质教育的系列教材，全书力求学术性与生动趣味性相结合，雅俗共赏，希望能为读者展示一个多姿多彩的语言文化世界。

前　言

在政治、经济全球化的国际背景下，语言文化领域也被卷入了全球化的浪潮。在全球化浪潮的推动下，语言文化领域正悄然发生着巨大的变化。

语言文化的世界呈现出多样性。人类多样性文化的生存、延续、发展依赖语言的多样性，世界文明的多样性也取决于人类语言文化的多样性。从某种程度上说，语言就是一种复杂的生态系统，正如动植物物种与其生存环境之间的生态关系一样。生物的多样性和文明的多样性是我们这个星球的基本特征，也是推动人类社会不断进步的动力。因此，我们要像保护生物多样性一样来保护语言的多样性，从而保护丰富多彩的人类文化遗产。在语言文化多样性的背景下，我们应该如何看待英语的全球化现象？英语的全球化是否会导致母语的弱化？汉语在世界上真的"热"起来了吗？全世界对中华文化的认同感如何？

语言文化的生活呈现出新特点。网络语言作为一种新兴的、有别于传统平面媒介的语言形式，以简洁生动的形式，得到了众多网民的喜好。网络语言发展速度之快，传播范围之广，让所有人都始料不及。虽然网络语言在表现形式上有别于传统的语言表达，但它在本质上是现代汉语的一种社会变异，是一种新兴的社会方言，是伴随网民这一群体的出现而产生的社会语言现象。除了网络语言外，新词新语现象也同样值得关注。"甲型H1N1流感""××门""××族""给力"等一批反映社会生活的语言热点词汇不断涌现，2012年第6版的《现代汉语词典》就收录了新增的3000多条新词，这些新词、新义、新用法充分反映了近年来社会生活涌现的新事物、新概念、新变化和新观念。这些纷繁复杂且接踵而至的新词新语，到底具有哪些特点，有哪些来源？这些新词语的背后又折射出怎样的文化内涵？哪些新词新语应该进行规范，哪些又丰富了我们的现代汉语词汇呢？

语言文化的融合呈现出新趋势。任何一个民族不能孤立于世，任何一种语言文化也不能自给自足。因此，语言文化之间相互引进或相互借鉴的情况必然出现，其结果常常在语言中打下深刻的烙印。外来词的出现便是中外文化交流的一个重要成果。据史料考证：中国文化史上曾有三次吸收外来语的高潮。第一次汉唐通西域，佛教传入中国，外来语"葡萄""骆驼""世界""庄严""结果""现在""圆满"等西域语言和佛教用语被引入汉语，此后被我们使用了数千年。第二次外来语高潮是鸦片战争以后，从英语中引进了"坦克""沙发""吉普车"等，从日语中引进了"组织""纪律""政府""党""政策"等词汇，现今这些词汇已融入我们的主流语言之中。第三次高潮是改革开放以后，伴随对外交往的扩大和加深，外来语似大潮汹涌，如借自日语的"便当""写真"等，堪称中国文化史上的一次盛举。毋庸置疑，外来词的引入、消化和吸收对促进中外文化交往和经济发展意义重大。从

外来词语的形式上看,五四时期大量的音译外来词,如"梵阿铃(violin)""赛恩思(science)"等,被后来的意译词"小提琴""科学"所取代,长久地保留在了汉语词汇中。但近年来,音译词、字母词大量增加大量涌现,如"克隆(英语clone的音译)""拷贝(英语copy的音译)""布丁(英语pudding的音译)""MTV(英语music television即音乐电视的缩略)""CD(英compact disc即激光唱盘的缩略)""WHO(英语World Health Organization即世界卫生组织的缩略)""CEO(英语Chief Executive Officer即首席执行官的缩略)"。这些音译词、字母词给我们的现代汉语词汇系统带来了哪些冲击?给我们的语言文化生活带来了哪些影响?此外,汉语中还出现了夹杂大量的英文字母或英文单词的现象,如"下面我们让两位选手再PK一下"。清理汉英文混杂现象的呼吁,多见诸报刊和语言学界,"两会"提案、专家撰文亦多有涉及。我们应该如何正确看待这些语言现象呢?

　　文学家艾默生曾说过,语言是一座城市,每个人都可以为这座城市添砖加瓦,但这座城市的健康和有序,纯净和美好,更需要大家共同努力。让全世界的人都共同努力,为人类社会构建一个和谐美好的语言文化环境。

　　本书的出版得到了北方工业大学素质教育基地"文化素质十五讲丛书建设项目"的资助,特此致谢。

　　感谢南开大学出版社对此书出版给予的大力帮助。

编者
2015年8月

目　　录

第一讲　语言的性质与功能 ……………………………………… 1
　　一、语言与符号 ………………………………………………… 1
　　二、语言与社会 ………………………………………………… 2
　　三、语言与思维 ………………………………………………… 4
　　四、语言与文化 ………………………………………………… 7

第二讲　语言、文化的多样性 …………………………………… 16
　　一、世界语言文化的多样性与濒危语言 ……………………… 16
　　二、中国的语言现状与中国的濒危语言 ……………………… 20
　　三、欧洲语言的多样性 ………………………………………… 27

第三讲　语言与文化认同 ………………………………………… 32
　　一、母语与民族情感 …………………………………………… 32
　　二、语言认同与文化心理 ……………………………………… 33
　　三、中华文化的海外传播 ……………………………………… 38
　　四、国内语文教育现状与日渐淡漠的文化认同意识 ………… 39

第四讲　语言文化的接触与融合 ………………………………… 43
　　一、外来词的大量涌现 ………………………………………… 43
　　二、从"洋泾浜英语"到"洋泾浜中文" …………………… 45
　　三、民族融合与语言文化融合 ………………………………… 48

第五讲　非语言与跨文化交流 …………………………………… 50
　　一、非语言交际的功能 ………………………………………… 51
　　二、非语言交际的内容 ………………………………………… 52
　　三、非语言交际能力的培养 …………………………………… 62

第六讲　汉语热与英语全球化 ································· 65
　　一、《功夫熊猫》与中西文化 ································· 65
　　二、英语全球化与汉语热 ··································· 70

第七讲　港澳台地区的语言文化 ································· 74
　　一、香港的语言文化 ······································· 74
　　二、台湾的语言发展 ······································· 83
　　三、澳门的语言现状 ······································· 87

第八讲　网络语言与社会 ······································· 90
　　一、网络语言与语言变体 ··································· 90
　　二、网络语言变异原因 ····································· 96

第九讲　文化比较 ··· 99
　　一、中韩文化比较 ··· 99
　　二、中日文化比较 ·· 106

第十讲　文字与社会文化 ······································ 113
　　一、文字的起源 ·· 113
　　二、汉字的起源与造字法 ·································· 115
　　三、女书文化 ·· 119
　　四、汉字在世界的威望 ···································· 121
　　五、汉字谐音文化 ·· 123

第十一讲　新词新语与社会文化 ································ 125
　　一、新词新语的历史分期 ·································· 125
　　二、新词新语的主要来源 ·································· 129
　　三、新词新语的特点和作用 ································ 132
　　四、新词语产生的原因 ···································· 134

第十二讲　语言与性别文化 ···································· 137
　　一、从"剩女"一词谈起 ···································· 137
　　二、从"女国音"说起 ······································ 140

第十三讲　喜剧语言文化··144
　　一、小品与社会文化··144
　　二、贺岁片中的语言文化现象··147
　　三、相声的语言幽默特色··151

第十四讲　新媒体与语言文化··155
　　一、手机短信与拇指文化··155
　　二、微博文化··160
　　三、微信文化··163

第十五讲　广告语言与社会文化··165
　　一、广告语言的魅力··165
　　二、广告语言的文化表达··167

参考文献··175

第一讲

语言的性质与功能

一、语言与符号

相信大家都知道烽火戏诸侯的故事。西周时,周幽王为了博得妃子的嫣然一笑,曾多次令烽火台平白无故点起烽火,招引诸侯前来救驾,结果戏弄了诸侯。后来诸侯们都不再相信,也就渐渐不来了。当周幽王听到犬戎要进攻的消息,急忙命令烽火台点燃烽火。烽火倒是烧起来了,可是诸侯们因上次受了愚弄,这次都不再理会,西周最终宣告灭亡。

烽火戏诸侯的故事让我们看到了烽火在战争中的重要作用。烽火本是古代敌寇侵犯时的紧急军事报警信号,它在本质上就是战争的一种符号。符号现象可以说是无处不在,它在人类的生活中扮演着十分重要的角色。

我们来简单介绍一下符号。所谓符号,就是用于指代某种事物的标志,如人们常常用甲事物代表乙事物,那么我们就可以说甲事物就是乙事物的符号。以戒指的戴法为例,戒指如果戴在食指则表明未婚或想结婚,戴在中指表示恋爱中,戴在无名指表示已经订婚或结婚,戴在小手指则表明是单身贵族,戒指就是人们婚姻状况的一个符号。

符号一般说来可以分为三类。第一类是用眼睛去接受的视觉符号,我们上文中提到的烽火和戒指都属于视觉符号。除此之外,我们日常生活中常见的视觉符号包括文字、信号灯、肢体语言;第二类是靠触觉感知的触觉符号,如盲人的凹凸不平的盲文;第三类是用耳朵接收的听觉符号,如汽笛、军号、战鼓等等。

我们的语言在本质上如同烽火、戒指一样,其实质也是一种具有指代作用的符号。它

的内涵是语义，物质外壳是语音，属于音义结合的听觉符号体系。人类为什么要选择这种音义结合的听觉符号？如果使用其他方式来表义会如何？

大人国的故事。18世纪英国作家斯威夫特在他的《格列佛游记》中写道"大人国"的人们曾经做出过如下尝试。"大人国"的人们为了使自己的肺少受"损害"，他们不用语言而用实物进行交际。于是这个国家的每个人都要背上一个大口袋，装上可能要说的全部东西，说什么就拿出什么。问题是这样做会增加每个人的交际负担，同时有些无法用实物进行的交际，比如抽象的概念如"喜爱""憎恨"该如何进行呢？

人们之所以选择语音作为符号的形式，正是体现了语音的优越性：语音没有重量，便于"携带"；语音是靠人的发音器官发出的声音，当我们有交际需求的时候，只要张开嘴就能表达思想；而且语音的载音容量最大，表现力极为丰富，它完全打破了实物记事一物一义的局限性，便于人们在各种环境、场合灵活使用交流。因此可以说，人类的语言使用语音作为符号是一种最理想的形式。

作为语言符号的内涵"语义"和外壳"语音"二者的关系如何？以表达"装订成册的著作"这个语义为例，不同民族的语言就采用了不同的语音形式。

表1　同一语义不同语言的语音形式

语言	书写形式	读音
汉语	书	[ʂ'U^{55}]
英语	book	[buk]
日语	ほん	[hɔn]

由此可见，相同的意义在不同的语言中可以使用不同的语音来表达，即使在同一种语言中也存在意义相同而声音不同的现象，如汉语的"足—脚""番茄—西红柿""土豆—马铃薯"等。语音和语义之间没有必然的联系，即什么样的语音代表什么样的意义是任意的，完全是由某个民族或集团决定，是社会约定俗成的结果。但一经社会认可，对其使用成员又具有强制性，即人们必须按照既定的规则使用才能保证交际的顺畅自如，这就是语言符号的任意性与强制性的对立统一关系。

二、语言与社会

宇宙中的事物变化万千，但究其属性可以分为两大类：自然现象和社会现象。自然现象是自然的造化，在人类以前就存在；而社会现象则依赖于社会而产生，如政治、经济、文化、法律等，语言亦是如此，它也是社会的产物。

狼孩的故事。1920年，在印度加尔各答东北的一个名叫米德纳波尔的小城，人们常见到有一种"神秘的生物"出没于附近森林，往往是一到晚上，就有两个用四肢走路的"像人的怪物"尾随在三只大狼的后面。后来人们打死了大狼，在狼窝里终于发现这两个"怪物"——两个裸体的女孩。其中大的年约7、8岁，小的约2岁。这两个小女孩被送到米德纳波尔的孤儿院去抚养，还给她们取了名字，大的叫卡玛拉，小的叫阿玛拉。到了第二年阿玛拉死了，而卡玛拉一直活到1929年。据说狼孩刚被发现时，生活习性与狼一样：用四肢行走；白天睡觉，晚上出来活动。她们根本不会讲话，每到午夜后像狼似地引颈长嚎。卡玛拉经过7年的教育，才掌握45个生词，勉强地学会几句话，开始朝人的生活习性迈进。她死时估计已有16岁左右，但其智力只相当于3、4岁的孩子。

　　狼孩由于长期生活在狼群中，未能学会直立行走，不得不用四肢爬行，使得她们的发音器官——喉头和声带的运用受到阻碍，未能发出音节界限分明的语音；同时，由于离开了人类社会，"狼孩"自然不会有语言交际的需求。此外，她们总是四肢爬行，面部朝下，只得从下方摄取印象，不可能使头脑获得较其他四脚动物更多的印象，这一切从根本上阻滞了她们智力的发展。从生理学角度看，狼孩虽然具有和正常孩子一样的发音器官和大脑，即人类先天具有的语言机制，但离开人类的社会，语言根本无法获得。语言好像是一种工具，需要人的使用，不用就会"生锈""退化"，而说话则是人们运用语言工具跟人们交流思想的行为，是为了适应社会的需要而存在的；如果离开社会，没有了这种需要，人们就会逐渐地丧失说话的语言能力。应该说社会实践和交际需求是语言产生的源泉。

　　语言是社会的产物，随着人类社会的产生而产生，同时随社会的变化而变化，随社会的发展而发展。从古代汉语和现代汉语的比较分析就可以发现它们之间存在很大的不同。比如，在汉民族历史上畜牧业很发达的时期，相应的，汉语中关于畜牧业的词语就比较丰富，那时汉语中表现牲畜的名称就很细致、复杂。比如现代汉语只有一个"马"，而在古汉语中"马"的名称相对较多，高七尺的马叫"騋"，高八尺的马叫"駥"，这完全由当时畜牧业社会交际需求而产生。再比如"床"，按照刘熙的说法是"人所坐卧曰床"。《说文解字》中也提到"床，安身之几坐也"。也就是说在古代，床既是坐具，也是卧具。后来由于社会的发展，出现了专供人坐的家具，如椅子、凳子、沙发等，那么"床"的语义也就随着发生了变化，词义在古义基础上缩小了使用范围，仅表示为卧具，即"供人躺在上面睡觉的家具"。

　　社会的任何风吹草动，也都会在语言中得到及时的反映。"小姐"一词就是一个很好的例子。"小姐"在解放前用来称呼那些生于富贵之家而且精通琴棋书画的女子，社会地位是其重要的语义特征。解放后伴随"反右"风、"文革"运动的出现，"小姐"专用来讽刺一些不爱劳动、只图享乐而且注重打扮的女人，此词具有了一定的阶级性。改革开放以后用它称呼具有妙龄并且有一定身份和教养的女孩，所以一些四五十岁的妇女被称作"小姐"时往往沾沾自喜，得意忘形。进入20世纪90年代后，南方沿海城市的服务业迅速发展起来，"小姐"一词专指从事服务行业的女性。最近一些年，尤其是在南方，"小姐"特指那些与"三陪"紧密相连的艳装女子了，显然已经具有了贬义色彩，甚至几乎成为了称呼年轻女性的禁语。"小姐"一词近百年的词义变迁就体现了语言与社会的紧密联系。

　　从共时的社会层面看，同一个社会或同一民族的语言，往往具有不同的地方色彩。比如，汉语有七大方言，各个方言的语音差别非常大，这些差异我们无法从人的自然属性方

面解释，因为从自然属性看，北方人与南方人、北京人与上海人、重庆人与广州人之间，没有本质上的差别，发音器官的构造也是一样的。那为什么会有这样大的差别呢？造成这些差别的原因是什么？我们只能从社会因素中寻找答案。因为不同的社会集团选择并确立了不同的音义关系，因而也就造成了方言之间的巨大差别。

总之，语言是一种社会现象，是人类社会发展的必然产物，与社会紧密相连。社会性是语言的本质属性。

三、语言与思维

思维是人脑能动地反映客观现实的能力和过程，它和语言是两种独立的现象，但与语言又有着密切的关系。思维的内容很广泛，大致可以分为形象思维和抽象思维两类。形象思维包括感觉、知觉、表象等浅层次的、形象性的心理活动。比如，看见一簇簇鲜花，辨别出红花绿叶，这是视觉；根据记忆重现感知过的事物，是记忆表象；当我们听到一个熟人的姓名，马上会想到他的身材和容貌，这是由记忆表现或现有知觉形象改造而成的新形象。形象思维的特点在于它的直观性和形象性，它只能反映事物的表面现象和外部联系，而不能反映其本质和内部联系。形象思维一般不需要语言参与，它是人和动物共有的。黑猩猩知道在同伴多的时候，坐在装满香蕉的箱子上不动声色，等同伴走开后，打开箱子大吃起来；狡猾的狐狸懂得绕开猎人设下的圈套；把一只养熟了的猫送到很远的地方，它可以自己走回来；狗能带路。这一系列事实都说明，动物除了有特殊的嗅觉、听觉外，还能依赖一定的表象认识事物，但它们并不能揭示事物的本质和规律。

抽象思维，是对感觉到的材料进行整理、加工和改造，是一种综合过程，属于概念、判断和推理阶段的认识。我们平时思考问题，说话或写作时打腹稿，都属于抽象思维的范畴，这些思维活动一般都需要语言的参与。人们能够使用语言把感性认识上升为理性认识，找出事物的本质和内部联系，这是人类所特有的思维形式。在理解语言与思维的关系时，所指为狭义的抽象思维。

形象思维的进行固然不用语言，但是如果要把思维内容表达出来，让别人知道，必须通过语言的渠道。当你在商店里挑选合适的衣服，属于形象思维；但是你想告诉售货员需要哪种面料，向人介绍老同学的外貌，这些都属于抽象思维的范畴。只是我们日常说话，因为太平常、太习惯了，脱口而出，仿佛没有感到使用语言有动脑筋的过程。如果我们考虑的是一些复杂的问题，就能感到有一个默默自语的过程。许多人说外语说得结结巴巴，一个不正确的学习方法就是先用本族语把意思想好，然后译成外语再说出来。所以要想说出一口流利的外语首先要养成用外语思维的习惯。

思维不能脱离语言，是有神经生理学的实验根据的。

大脑损伤病人的实验。一个病人大脑左半球发生损伤，他尽管说不出所住医院的名称、病房和病床的号码，却认得医院、病房和自己的病床。相反，大脑右半球受到损伤，病人尽管能说出他所住病院的名称，却找不到所在的病房、病床，也认不出熟人；能说出他家的住址，却找不到自己的家门。

根据上文的实验可以发现人脑的左右两半球有明确的分工。其中人类的语言活动与大脑左半球的某些部位相联系。控制语言活动的大脑左半球掌管抽象的、概括的思维，右半球掌管不需要语言的感性直观思维。因此，脑损伤发生在不同的半球，其病症呈现不同的特点。

大脑的两半球的分工是人类特有的。有人给猴子做过实验，发现它的大脑左右两半球能够完成同样的任务。人类以外的动物既掌握不了语言，也没有逻辑思维的能力，这与它们大脑两半球缺乏分工有密切的关系。

除了以上来自病人的实验，对正常的人也可以进行实验。

双耳听音实验。让两耳同时听各种声音，比较它们的反应。比方通过耳机一边传入"苹果"这个词，一边传入"香蕉"这个词；或一边传入笑声，一边传入咳嗽声。如果刺激是语言性质的（如词，句子等），右耳（左脑）的反应比较正确；如果刺激是非语言性质的音，则左耳（右脑）的反应比较正确。

这是因为，右耳听到"苹果"，信息直达专司语言的大脑左半球，立刻在那里得到了处理，反应不易出错；让左耳听到"香蕉"，信息直达右脑，然后通过"脑桥"转到左脑去处理，拐了一个弯，反应就容易出错。反之，对于笑声，从左耳听到的就不易出错。右耳听语言刺激的能力强，这也证明掌管语言的机制在大脑左半球。由此可见语言与思维的密切关系。

关于语言与思维的关系，需要介绍两个比较著名的人物，他们是萨丕尔和沃尔夫。萨丕尔早年学习日尔曼语，后来又对北美近20种印第安土著语言进行了深入的实地考察。在广泛的语言研究基础上，萨丕尔提出了"语言决定论"，即人并非仅仅生活在客观世界中，也并非仅仅生活在社会活动的领域中，而是很大程度上受到特定语言的制约。在这里，萨丕尔明确表达了语言决定思维和社会存在的语言世界观。沃尔夫则进一步充实了萨丕尔的观点。在与萨丕尔一起实地研究印第安诸语言的过程中，沃尔夫以"标准普通欧洲语言"（Standard Average European Language）为参照体系，比较出人类语言之间结构上巨大的差异，并由此提出了"语言相对论"，即人类的语言结构千差万别，语言形式影响人们对世界的感知，语言形态制约思维方式和世界观。前者也被称为"强势说"，后者被称为"弱势说"。由于"强势说"过分强调语言对人的思维方式与文化的决定和制约作用，甚至认为人类实际上是受制于语言的，而忽视思维对语言的影响作用。因此，"强势说"早被学术界抛弃。"弱势说"也被称为"语言相对论"，在一定程度上阐释了语言和思维之间的关系，它强调语言影响思维，不同的民族语言不同，其思维方式在一定程度上也存在差异，"语言相对论"的学说在学界影响力很大，它使人们更深刻地感觉到了语言与思维之间的密切关系。

那么，语言与思维的关系到底如何？语言结构是否会影响人们对世界的看法？不同的学者有不同的声音。

社会学家曾进行过一个画面描述的实验。受试者是几个移居美国的日本妇女，她们的英语和日语都很流利，对两种文化一样熟悉。分别给她们每个人一幅图画，画上近景是挟着书的女孩子，远景是一个农民在犁地，还有一位妇女靠着树。受试者分别用日语和英语来描述画面。得到的实验结果为，使用日语时，典型的描述是："这个姑娘要去上大学了，心里十分矛盾，母亲长年有病，父亲辛辛苦苦干活，收入很少。"用英语时，典型的描述是"这位姑娘是一位学社会学的大学生，她正在观察农民如何劳动，深为农民的艰苦生活所感动。"

因此，有社会学家认为使用不同语言时，可能同时运用不同的社会价值观念，受不同文化的影响。然而，如果说语言不同会使人对宇宙的看法不同，这也是不符合事实的。科学的历史证明，人类对宇宙的看法几经变化，并不是由语言因素造成的，科学思想的传播也不受语言界限的束缚。爱因斯坦是讲印欧语的，但他的"相对论"对亚洲人来说同样新奇。任何科学发明和创造都可以被不同语言所理解。没有这一点就没有跨民族、跨文化的交流与沟通。这就是说，语言对人的思维限制确实存在，但人类克服这种局限性的能力也是不可低估的。

世界上的语言多种多样，那么人类的思维呢，是千差万别还是具有共同的思维机制呢？我们以客观存在的颜色为例，不同的民族对颜色的切分有很大的差异，颜色词的使用差别很大。

比如：

表2　不同民族的颜色词

语言	颜色词
新几内亚加莱语	白，黑
尼日利亚蒂维语	白，黑，红
菲律宾哈努努语	白，黑，红，绿
尼日利亚伊博语	白，黑，红，黄
墨西哥泽尔托尔语	白，黑，红，绿，黄
印度平原泰米尔语	白，黑，红，绿，蓝
北美印第安纳兹佩尔塞语	白，黑，红，绿，蓝，棕
英语	白，黑，红，绿，蓝，棕，紫（或粉红，橙，灰）

除了科学术语以外，可以说在任何两种语言中，意义、色彩等方面都完全相同的词极少。一种语言的词语通常要根据特定的语言环境或情景语境，才能在另一种语言里找到恰如其分的说法。不同民族语言在概念表达上的种种差别，是否意味着人类思维的差异，甚至思维能力的高低之分？

我们仍以上文的颜色词为例进行分析。有人根据颜色词在20种不同语言中的演变，排列出了具有普遍意义的基本颜色词的发展序列：

第一阶段：在所有语言中都有指称黑色和白色的词语；
第二阶段：语言中如果有第三个指称颜色的词语，它一定是红色；
第三阶段：语言中如果都有第四个词语指称颜色，该词语不是指称黄色，就是绿色，但指称这两种颜色的词语不会同时出现；
第四阶段：语言中如果有五个词语指称颜色，其中就既包括绿色，又包括黄色；
第五阶段：语言中第六个颜色词语指称的一定是蓝色；
第六阶段：语言中增加的第七个颜色词语一定指称棕色；
第七阶段：如果一个语言有八个或八个以上指称颜色的词语，其中也许就有紫色，或粉红色，或灰色，或这些颜色的组合。

这表明，不同颜色词的背后反映出人类神经存在的一种普遍的范畴，人类的思维以及思维的发展特点具有共性。

罗斯卡斯（Eleanor Roschas）在《论直觉与语义范畴的内部结构》一文中指出，虽然任何社团最先总是把颜色分成非常笼统的复合体，然后再逐渐区分几个主要颜色，但处在语言第一阶段的人能够很快就能学会区分次要的颜色。在此之前，他们之所以没有造出指称那些基本颜色的词语，不是因为缺乏从认知上区分这些颜色的能力，而是因为他们还没有必要用语言去表达这些知觉上的差别。颜色词语的产生和演变，依赖于某一语言社团进一步区分颜色的需要。这种需要一旦出现，对颜色词更加细致的区分也就随之而来。

通过以上的颜色分类研究可以看到，我们不能因为语言的多样性和语言的民族独特性而断定不同民族有不同的思维，也不能因为人类思维的共性而忽略语言的多样性和语言的民族独特性。当然，这并不排斥不同民族、同一民族不同的人，甚至是同一个人的不同时期，对同一事物在认识深浅程度上的差异。事实上，语言作为一种社会现象，既有民族性，又有时代性。从根本上说，语言的民族独特性和时代性都取决于语言本身是社会、历史、文化条件下的一种约定俗成的符号系统，它虽然与思维有密切的联系，却与思维的内容没有直接的对应关系。不同民族的社会、历史、文化的特点不同，同一民族不同时代的文化会发生变化，因此，这种约定俗成的符号系统就不可能完全相同，它会随着社会的演变而发展、变化。

四、语言与文化

（一）语言与文化相互影响

什么是文化？广义上指人类在社会历史发展过程中所创造的物质财富和精神财富的总和，狭义上指精神生产能力和精神产品，包括一切社会意识形式：自然科学、技术科学、意识形态等。有时特指精神财富，如文学、艺术、教育、科学等。其实，"文化"一词在我国古代语言体系中就早已有之，但"文化"一词是分开使用的，各自有着独立的含义。"文"

的本义是指各色交错的纹理。《易经》中曾记载"物相杂故曰文",《礼记》中的"五色成文而不乱"等就是此义。"化"的本义是"改易、生成、造化",《庄子·逍遥游》中的"化而为鸟,其名曰鹏",《易经》中记载的"男女构精,万物化生",其中的"化"都是指实物形态或性质的改变。"文"与"化"最早被合在一起使用是在战国时期,含义是"以文教化",意指对人的性格品德的熏陶和培养,属于精神层面的范畴。随着时间的推移,文化被赋予了更为丰富的内涵。从语言与文化关系的视角出发,马赛拉(Marsella)将"文化"定义为"为了提升个人和社会的生存能力,增强适应能力,以及保持他们的成长和发展,一代一代传承下来,并通过后天习得的共同行为。文化有外在形式(如艺术品和等级制度)和内在形式(如价值观、态度、信仰、感知/感情/感觉方式、思维模式以及认识论等)。"在这里我们采用马赛拉关于"文化"含义。

语言与文化虽属于不同的范畴,但二者相互影响、相互制约。

首先,语言反映文化。

从语言现象透视民族文化的角度看,语言文字保留了古代文化的遗迹。民族的语言,特别是文字和词语,作为记录民族文化现象的符号和传递民族文化信息的载体,其中必然有大量的民族文化的积淀。从这个意义上来说,语言不但是观察民族文化历史的窗口,而且成为了民族文化的"活化石"。

1. **地名中的文化**

如关于壮族居住地域的变迁历史,典籍中没有明确的记载,但是从广东、云南的地名可以看到,这些地名同现代壮族地名同属一系。比如多以"那、都、思、古、六、罗、云、黎"等冠首字,而且有的地名完全重合。这类地名在四川、贵州、湖南三省的南部以及越南、老挝、泰国和缅甸的北部都有。这说明古代壮族分布的地域十分广阔,后来才退居在现在的广西的中部和西部。此外,语言中的词语负载了语言中表达意义的主要功能,从词语的来源、构造、意义引申等方面都可以追寻到民族文化的信息。

2. **汉字中的文化**

再比如我们使用的汉字。和钱币有关的像财、货、账、赠、贷、赊、贿、赂、买(買)、卖(賣)都属于贝部。为什么用贝来表示钱币呢?据许慎的《说文解字》,"古者货贝而宝龟,周而有泉,至秦废贝行钱"。可见,中国古代曾经用贝壳当做交易的媒介,秦以后废贝行钱,但是古代的货币制度在文字的形体上保留了下来。再如"安",为什么包含"女"的部首呢?"安"字《说文解字》训"静也,从女在下",是会意字,就是说把女孩子关在家里便可以安静,由此可见中国古代的女性观念。甲骨文中已有"牢、宰、家"等字,从字形上就看出这些字描画的是牛圈、羊圈、猪圈等,由此可以推知殷商时代畜牧业十分发达。

3. **谚语中的文化**

在几乎所有的文化中,谚语作为一种生动且丰富多彩的语言,往往成为人们行动的指南。中国古代的哲学家孔子、孟子、庄子和老子通过谚语和格言,向门徒们阐释自己的思想,如孔子的"三人行,必有我师焉。择其善者而从之,其不善者而改之",孟子的"爱人者，人恒爱之；敬人者，人恒敬之""长幼有序"，庄子的"君子之交淡若水，小人之交甘若醴"，老子的"千里之行，始于足下"。这些思想至今仍保留在中国的文化之中，并被不断传承发扬。特别是孔子的"不同而和，和而不同"的思想与当今中国大力倡导的和谐世界理念一脉相承。

国外的学者也都谈到了谚语的重要文化价值。如塞勒斯（Sellers）所说："谚语将人们和他们的祖先联系到一起。"另一位学者则指出谚语是用人们能够熟记的方式表达人们感受到的重要问题并表达了普遍的关注。概括起来，可以说谚语是关于文化价值的简短论述。

谚语是文化的反映，"在联合国中，翻译人员要学习用外语说谚语，以应付非常敏感的翻译工作"，其重要性可见一斑。有学者指出，学习谚语会增强对某一文化的洞察力，诸如教育、法律、商业和婚姻等等。

（1）中国的谚语

知者不言，言者不知　这是中国的孔子很著名的一句话，强调沉默是金，与下面的阿拉伯人的谚语截然不同。

富贵不能淫，贫贱不能移，威武不能屈　告诉人们真正的大丈夫，要有坚定的信念，不为荣华富贵所诱惑，不为贫贱困苦所改变，不为威胁暴力所屈服。

岁寒知冷暖，患难见真情　路遥知马力，日久见人心　这一类的谚语告诉我们人与人之间需要长时间的相处，经历了磨难才能彼此了解、彼此信赖。真正的感情只有经过世事的考验以后才能真正确立下来，不能率性而为，妄下结论。

口说不如身到，耳闻不如目睹　说明了实践的重要性，只有自己亲身经历了，付诸行动才会有收获。

心急吃不了热豆腐　告诫人们做事不能心急，要耐心等待成熟的时机。

姜还是老的辣　中国有尊老的传统美德，年轻人一定要重视老一辈人的意见和经验。

这些中国谚语，反映了中国人为人处世的一些基本原则。

（2）美国的谚语

趁热打铁，犹豫者失势　在美国，人们欣赏快速的行动。美国人解决问题的办法是冲动型的，而不是深思熟虑型的。

事实胜于雄辩　体现出了美国的"行动型"文化，"行动"和"完成任务"对主流文化而言更为重要。

天助自助者　这句话反映了美国人一个坚定的信念——人应该争取主动。

家庭是男人的城堡　这句话不仅说明了隐私的价值，而且表明美国男人的地位，暗示男人是一家之主。

会哭的孩子有奶吃　在美国，人们被鼓励直率地说出自己的想法，并让人家听到。

这些美国的谚语，每一条都强调了当今美国主导文化的价值观。

（3）其他国家的谚语

谚语就像一匹千里马　非洲约鲁巴人（Yorubas）认为，如果你不能恰当地引用谚语，你就不能参与公共讨论。"千里马"是强调谚语在文化中的重要性。

人命天注定 这句谚语在亚洲文化中常常见到,指的是人们不能设计自己的命运,只能遵从命运的安排。

父亲的教导无所不在 这句非洲谚语说明大家庭的价值,每个人都有教导孩子的义务。

规则是生命的一半 这句谚语说明德国非常看重组织、服从和等级。

即使桥是石头建的,也要注意安全 这句韩国谚语强调了小心谨慎和深思熟虑的智慧。

智慧胜于珠宝 这句犹太谚语说明了学习和教育的重要性。

斑马从不讨厌自己的条纹 非洲玛塞族的这句谚语揭示人们接受现实的重要性,要求人们接受事物的本来面目,而不要去嫉妒其他人。

人的舌头利如剑 阿拉伯人被教导重视语言,并且充分有力地使用它。

谈话是精神的食粮 这是另一句关于谈话的墨西哥谚语。墨西哥文化一直把朋友家庭间的交流看得很重要。

搅拌别人粥的人,一定会烧糊自己的粥 瑞典是一个非常个人的民族,这个谚语说明私人不受干扰的重要性。

无论多拥挤,母鸡也能找到自己的蛋 这句非洲谚语强调母亲对孩子的爱。

连接在一起的蜘蛛网可以缚住一头狮子 这句埃塞俄比亚谚语说明集体主义和团结的重要性。

我们就像井中的吊桶,一个升起来另一个就落下 这句谚语表达了墨西哥人的观点,即生活充满了对立——生和死、健康和疾病、快乐和痛苦。

这些不同国家的谚语可以解释不同文化的交流行为。

4. 称谓语文化

语言中的亲属称谓词也可以反映出该民族的文化内涵。汉语的词汇系统里亲属词汇特别发达,因此亲属词汇的词义区分得很细致,这与中国社会和汉民族重视宗法关系的社会心理是分不开的。以汉语和英语的亲属称谓词语对比分析为例:

表3 中英亲属称谓词语比较

		汉语	英语
一层亲属	配偶关系	丈夫—妻子	Husband—wife
	生育关系	父亲—儿子	Father—son
		母亲—女儿	Mother—daughter
	同胞关系	哥哥—弟弟	brother
		姐姐,妹妹	sister
二层亲属	直系亲属(生育关系+生育关系)	祖父,外祖父	grandfather
		祖母,外祖母	grandmother
		孙子,外孙	grandson
		孙女,外孙女	granddaughter

续表

		汉语	英语
二层亲属	旁系血亲亲属（生育关系+同胞关系+配偶关系）	叔叔，伯父，舅舅，姑父，姨夫	uncle
		姑姑，姨，婶婶，伯母，舅妈	aunt
		侄子，外甥	nephew
		侄女，外甥女	niece
	姻亲亲属	岳父，公公	father-in-law
		岳母，婆婆	mother-in-law
		女婿	son-in-law
		儿媳妇	daughter-in-law
		姐夫，妹夫，大伯子，小叔子，内兄，内弟	brother-in-law
		嫂子，弟妹，大姑子，小姑子，大姨子，小姨子	sister-in-law
三层亲属		堂兄，堂弟，堂姐，堂妹	cousin
		表哥，表弟，表姐，表妹	

通过比较我们可以清晰地看出，与英语相比，汉语更加重视内外、长幼、亲疏、男女的区别。不仅如此，汉语亲属语素的组合同汉民族的社会伦理存在着极为密切的联系。所谓亲属语素的组合指汉语 AB 两个亲属语素所构成的 AB 组合，比如爷孙、父子、兄嫂等，这些组合受制于中国社会的伦理观念。其中"地位有序"处于核心地位，"长幼有序、亲疏有别、重男轻女"等观念都是"地位有序"的不同表现形式，比如，"重男轻女"的观念制约着"父母""夫妻"的位次排列。但是一旦同"长幼有序"相碰撞，就不能让位于后者，我们可以说"母子"，却不能说"子母"，有"姐弟"却没有"弟姐"。可以说，这些不同观念实际上是封建社会"君为臣纲，父为子纲，夫为妻纲"的社会伦理观念在家族、亲属关系上的具体反映。亲属词汇所反映的这种特定的社会伦理，是汉民族在历史发展长河中社会意识以及种种思想观念在汉语言中的积淀。

其次，从民族文化诠释语言特点的角度看，民族文化对语言的运用产生了重要的影响。词汇是语言系统中体现文化最浓烈、明显、突出的一部分，词汇的联想意义最能反映出该文化的内涵。

例如我国北方婚礼时有向新婚夫妇床帐里撒枣和栗子的风俗。枣谐"早"，栗子谐"立子"，至今北方的婚宴上总少不了枣、栗子的菜肴为同义。闽南方言"枣"与"早"不同音，所以为新婚夫妇撒帐时就不是撒枣而是撒花生，意思为既生男又生女。为何要撒枣、栗子或是花生，而不是梨、无花果呢？这是语言对文化习俗的影响。"梨"字因其与同音字"离"相连，中国人受"悲莫悲兮生别离"的文化心态影响，所以"梨"字进入了人们忌讳使用之列。至今看望病人买果篮忌讳放入水果梨，吃梨要整个来吃，不能切开分吃，特别是男女情侣吃梨更忌讳切开。

再比如"moon（月亮）"一词反映了不同民族的文化教育以及文化习俗。中国人看到月亮常常联想到"中秋佳节倍思亲""床前明月光，疑是地上霜"，还可以联想到嫦娥奔月的动人故事；美国人看到"moon"却往往联想到宇宙飞船、登月、太空人等。"individualism（个人主义）"这个词用美国人的话来说，就是"individualistic freedom（个人自由）"，即个人的独立自主，它体现了美国强调个人奋斗、不断尝试、努力进取，这是以个人为中心、个人利益高于一切的价值观。由于文化教育和国情不同，在中国人眼中"个人主义"是"集体主义"的反义词，具有"唯利是图""损人利己"的含义。而中国人素来以关心别人、助人为乐作为民族的传统美德，以"先天下之忧而忧，后天下之乐而乐"作为教育思想的基础，所以对于"个人主义"而言，大多数中国人是不能认同的。

"狗"一词也留下了民族文化的烙印。在英语中"dog"是个中性词，如："a lucky dog（幸运儿）""every dog has its day（人人都有得意之时）""love me, love my dog（爱屋及乌）"。但是在中国一提到"狗"，人们就会联想到一连串的具有贬义色彩的词语，如"丧家狗""狼心狗肺""狗仗人势"等。

由于文化背景的不同，中西方在颜色的意义方面也有不同的理解。例如"红"字在中文中往往表示"昌盛""幸福""美""快乐""革命""权力"等等。因此，在汉语词汇中有"红娘"、"红运"、"红妆"、"红军"，中国人过春节要贴红对联、挂红灯笼；新娘结婚时要穿红衣服、穿红鞋子、戴红花；婴儿诞生吃红鸡蛋表示喜庆等等，这一切都与"红"有关。可是在英美人眼中，具有类似特点的是绿色和白色，西方新娘子要穿白纱，圣诞节要有绿色的圣诞树等。而在西方，红色往往令人联想到"危险"和"极端"。因此在西方学者翻译的《红楼梦》中，"怡红院"译成了"绿色庭院（green yard）"，甚至中文表示人好嫉妒用"红眼病"，在英文也译为"green-eyed"。

另外，松、竹、兰、梅等植物在中国除了表示其植物的意思外，还具有中国传统文化所特有的审美情趣而被人赋予人格化的概念。"挺如松柏"这样的词语在英语中要说"as strong as oak"，在这里若将"oak（橡树）""换成"pine（松树）"，西方人就很难理解。再如"兰花"在中国常形容女人那种高雅的魅力，但是，英语的"orchid（兰花）"一词却并不完全对等于汉语的"兰花"，它并非生于幽谷中。

生活方式也给词汇以很大的影响。例如，爱斯基摩人的语言中，具有"雪"的含义的词汇有50来个；现代阿拉伯语中，表示骆驼的单词有1000多个。雪是爱斯基摩人生活中的一部分，骆驼是生活在沙漠中的阿拉伯人的生存依靠。

此外，语言对于保持国家和民族的身份有重要的意义。它作为一种核心符号，具有强大的凝聚力。由于语言的巨大影响力，有的国家甚至采取一些限制或阻止外国语言产生影响的措施。例如，哥斯达黎加最近刚颁布一项限制使用外语的法令，并对违反它的人处以罚款。在该项规定中，用外语做广告的公司必须同时配有更大字号的西班牙译文。同样，伊朗也禁止公司使用西方的名称。土耳其政府长在考虑对在广播中使用外文名称的人处以罚款。法国列出了不能在学校、政府和公司中使用的3500个外文单词。

（二）语言与跨文化

跨文化交流是指来自不同文化背景的人们相互交流的一种情景。这种交流方式的关键因素是文化以及文化对交流行为的影响。跨文化交流并非人类的一项新尝试，自人类形成部落群体而开始人类文明之日起,当某一部落的人遇到另一部落的人,发现他们之间存在差异时,跨文化交流便随之发生。

在跨文化交流中,语言是一把通向文化核心的钥匙。

首先,语言是跨文化交流的历史见证者。

语言不仅较好地记录了古代的文化,同时在跨文化交流中也留下了不可磨灭的印记。中国的灿烂文化深刻影响到全世界,并在语言上留下深刻烙印的莫不以"丝绸"和"茶"为典型。

从语言上看,汉语"丝绸"和很多语言的"丝绸"都有明显的联系。例如,英语 silk,来自古英语的 sioloc,其祖先为晚期拉丁语的 secicum,再进一步追根溯源为希腊语的 seres,意为"东方人的"。此外,古代北欧人使用的 silki、波斯语 sarah、法语的 soie、德语的 siede、西班牙语的 seda、意大利语的 seta 等诸多亚洲、欧洲语言都已说明丝绸产于中国。至于语音方面,现代汉语"丝"的发音元音收尾与外语的辅音收尾不相符。这一点可以用语音演变的规律来解释。语言文化研究大师罗常培先生分析说,"丝"的上古发音是辅音收尾,而中国丝绸向外输出的历史至少追溯到公元 5 世纪,所以外语单词中的"丝绸"读音当然保留了上古阶段汉语的"丝绸"读音。

举世公认,中国是茶文化的故乡。中国人饮茶的习惯可以上溯到三千年前。唐代陆羽因为对茶有深入研究而被后人尊称为"茶圣",他撰写的《茶经》是中国也是全世界最为古老的茶专著,同时也推动了中国茶文化走向世界。唐代,中国茶由日本禅师引入日本;宋代,中国茶经由蒙古进入中印;明代中期,葡萄牙船队开始从中国贩运茶叶,由此茶进入了西方;明末,荷兰人把茶叶带到西欧,以后又传到东欧。既然都是从汉语引进,发音就应该相差不多,为什么以英语为代表的 tea 和以俄语[t]为代表的发音相去甚远呢?

茶在英语中叫 tea,在法语中叫 thé,在德语中叫 tee,与我国的福建话相近;在俄语、日语中的读音则与汉语的北方话相近。地理条件可以为我们做出合理的解释。中国地域辽阔,南北方言差异很大。整体而言,汉语的北方方言直接受到北方众多以阿尔泰语言为主的游牧民族语言的影响,难以保留古代汉语语音系统,所以古代汉语"茶"的读音变成了塞擦音声母[tsha]或者[tṣ'ha],如北京话。相比之下,南方方言比较多地保留了古代汉语的特点,特别是福建,不少地方"茶"的发音接近上古汉语,如厦门话念[te],福州话念[ta]。声母都是塞音,而且不送气。历史文献上关于我国茶叶出口的记载不详,但是,通过语言比较可以断定,在历史上中国茶的出口路线有两条:一条是通过福建等南方地区输往西欧,以英国为代表的欧洲,走水路来到中国,与南方人做生意,所以英语就模仿了汉语南方方言,如闽方言的发音;一条是通过华北地区输往东欧和日本,以俄国为例,与中国式陆路相连,大多接触汉语的北方方言,如蒙语、满语、维吾尔语等阿尔泰语系的北方民族诸语言,所以俄语"茶"的发音就和北方话发音属于一个系统。可见语言本身记录下来了中外文化历史交往的情况。

其次,语言是实现跨文化交流的重要纽带。

语言不仅是文化的重要载体,而且是跨文化交流的重要纽带。从信息传递的角度来看,

13

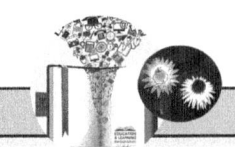

具有不同的文化背景的交际双方因为不能完全共享两套截然不同的意义诠释系统，所以在信息传递时经常会发生一定的语义偏差，从而造成交际的障碍。

语义偏差有三种情况：①信息的意义不恰当地增值；②信息的意义被人为地减损；③信息的意义被错认，即一个意义被理解成另一个意义。

例1：

一位美国人对他的中国朋友说："Let's go out to have lunch together."这位中国朋友因为初到美国，以为美国朋友以中国人的待客之道来招待自己，就欣然同意一起吃饭。但是当看到结账时送来两份账单时，才知道自己误解了美国朋友的话。因为美国人如果不明确说明"It's on me."那么吃饭的账单就是"Go Dutch"，各付各的。

这个例子说明了这位中国朋友受汉文化的干扰，在理解英语信息中不恰当地加入了中国人的好客、以礼待人的思想因素。

例2：

甲：Coffee, please.
乙：White or black?
甲：Uh—just want some coffee.

此例中的"white"指"乳类产品"，"black"指"原汁原味的咖啡"。乙方发问"white or black"指"咖啡里要不要加奶"，但是，因为甲没有这个背景知识，只知"white"和"black"的字面意义，而不知此问句在这个特定的上下文中所表达的信息，仅仅了解其概念信息导致传递来的信息减损，以至于无法沟通，无法将信息反馈给对方。

例3：

A Chinese Student: Have you had your supper?
A Foreign Teacher: No. I haven't. But I think I can manage to arrive home for supper.

在这个例子中，中国学生只是运用中国习惯的招呼语，外籍教师却误认为学生可能含有邀请他吃饭之意连忙拒绝。这样，就把对方发出的信息误认为是另一种含义。

词义本是人们对客观世界中的事物、现象和关系的概括认识和反映，但在反映客观世界的过程中必然受到所处社会、民族的影响。因此，词义在翻译过程中必须结合其文化内涵才能彰显其本质特征。下面是一则报刊消息：

"白象电池"海外滞销的故事。"白象电池"是上海的著名商标，在上海市场一直非常稳定，销量不亚于进口品牌的碱性电池。早期还销往港澳和东南亚等地区，并且在这些地区已成为名牌产品。而在美国却严重地滞销，甚至令人"望名生厌"，造成了该企业严重的经济损失，其原因何在呢？

问题出在商标的翻译上。"白象"的品牌英译为"white elephant"，在英文里是"大而无用的东西"的俚称。面对这样的商标名称，英美人怎么会愿意购买这种商品呢？然而，在泰国白象却备受青睐，被看作是一种能够预示吉祥的瑞兽，甚至国王所颁发的最高荣誉奖章也被称为"白象勋章"。无独有偶，在佛教盛行的印度也把白象视作祥瑞、神圣之物。作为一种国际性语言，英语在泰国、印度的使用也较为普遍，但人们不会因为忌讳该语之义而否定白象吉祥、神圣地位。因此，在泰、印诸国，"白象"电池的英译名非但不会引起购买者的厌恶和唾弃，反而会令产品大为畅销。

小结：

一方面语言是文化的载体，是人类最重要的文化标志，是语言把人类与动物最终区别开来，人类在社会历史发展过程中所创造的物质和精神财富都离不开语言，因此可以通过语言的研究来揭示积淀的文化内涵；另一方面语言又是文化的产物，任何一种语言都是以其赖以存在的文化为基础，它不能脱离自己的文化语境，也不能脱离自己的认知模式。总之语言与文化二者的关系密不可分，如影随形。

语言具有两大重要属性：符号性和社会性；语言具有两大功能：思维的功能和文化功能。

思考题：

1. 谈谈语言与思维的关系。
2. 谈谈谚语中的文化。
3. 谈谈语言与跨文化的关系。

第二讲
语言、文化的多样性

一、世界语言文化的多样性与濒危语言

语言和生物一样具有多样性,而且语言的多样性就如同生物的多样性一样重要。因为语言是人类文化的载体,现实和历史的每一个事件都要依赖语言来表现、保存和积累。每一种语言都独特地反映着人类对世界的认识和体验,体现着使用者的价值观和世界观。所以,每种语言都可以给我们提供一种认识世界的新视角。正是由于语言的世代相传性,才使得人类的经验得以传承。而一种语言的消亡则意味着人类失去了一种文化、一个信息的源头、一份珍贵的历史遗产。因此,我们可以说一种语言的消亡所带来的灾难决不亚于一个物种的灭绝。

人类多样性文化的生存、延续、发展依赖语言的多样性,世界文明的多样性也取决于人类语言文化的多样性。从某种程度上说,语言就是一种复杂的生态系统,正如动植物物种与其生存环境之间的生态关系一样。"语言的生存和发展状态与自然生态之间不但具有某种形式的相似,而且具有某种程度的内在同构性或相同的内在规律性。"生物的多样性和文明的多样性是我们这个星球的基本特征,也是推动人类社会不断进步的动力。因此,我们要像保护生物多样性一样来保护语言的多样性,从而保护丰富多彩的人类文化遗产。

但遗憾的是,由于自然以及人文因素等各种原因导致了部分语言消亡速度的加快已成为一个全球性的问题,从而形成了大量的濒危语言,如果人类不对其进行及时的挽救或保护,它就会自然消亡。按照濒危程度由轻及重,联合国教科文组织将濒危语言分为 5 个级别，依次是不安全（Unsafe）、危险（Definetely Endangered）、濒危（Severely Endangered）、垂危（Critically Endangered）和灭绝（Extinct）。根据联合国教科文组织编写的《语言活力与语言濒危》（2003），在全世界的6000多种语言中，约96%的语言使用者只占人类总人口的3%，即96%的语言每一种语言的使用者平均只有3万人，全世界6000多种语言中至少有半数语言其使用人口正在日益减少。其中有199种语言严重告急，也就是说，这些语言的使用者可能已经不到10个人了。而在这199种严重告急的语言中更有18种语言被列入"极度濒危"的名单，这意味着它们已经几近消失。我们估计，到21世纪末，在全世界的大部分地区，约90%的语言可能被强势语言所取代。为此，2010年联合国教科文组织发布了最新的"全球濒危语言地图"（如下图所示）。

图1　全球濒危语言地图

联合国所公认的这18种极度濒危语言分别为：

（1）巴西的阿皮亚卡语（Apiaka），截至2007年只剩下一个人会说；

（2）西非喀麦隆的比基亚语（Bikya），它被认为的最后使用记录是在1986年；

（3）阿根廷的查纳语（Chana），截至2008年只剩一个使用者；

（4）印度尼西亚的丹帕尔语（Dampal），2000年只有一个使用者；

（5）巴西的迪亚霍伊语（Diahoi），2006年该语言也只剩下一个人在使用；

（6）巴西的凯萨那语（Kaixana），2008年78岁住在亚马孙州雅普拉市的利穆埃鲁区的雷蒙多·阿韦利诺（Raimundo Avelino）被认为是该语言仅存使用者；

（7）巴布亚新几内亚的拉瓦语（Laua），2000年有迹可循的使用者仅有一人；

（8）美国西部美洲土著语帕特温语（Patwin），1997年仅有一名记录在册的可流利使用该语言的人；

（9）中国台湾地区原住民巴则海族使用的巴则海语（Pazeh），截至2008年，95岁的潘金玉是该种语言的唯一使用者，几十年来她都使用闽南语与人交流，因为几乎很少有人会

用巴则海语流利地和她对话；

（10）委内瑞拉的佩莫诺语（Pemono）；

（11）印度尼西亚的塔赫语（Taje）；

（12）秘鲁的陶什罗语（Taushiro）；

（13）各路比亚的蒂尼瓜语（Tinigua）；

（14）美洲土著部落拖洛瓦语人的托洛瓦语（Tolowa）；

（15）瓦努阿图共和国莫塔拉瓦岛上的瓦洛语（Volow 或写为 Valuwa）；

（16）加州温图部落印第安人的温图—诺姆拉基语（Wintu-Nomlaki）；

（17）智利麦哲伦瓦伦区纳瓦诺岛上维拉乌基卡部族的亚格汉语（Yaghan）；

（18）巴布亚新几内亚的亚拉维语（Yarawi）。

学者们经过研究发现，语言衰落、濒危主要由以下一些方面的原因造成。

第一，语言生态环境的变化，如满语、回族语言的衰亡。

以满语为例，满语是阿尔泰语系通古斯语族的一支，是满族人自己的语言。它从 16 世纪末开始出现，曾经伴随着满族的兴起在满族政治、经济和文化的发展过程中发挥过巨大的作用。但是，从清朝中后期开始，满语逐渐失去了原有的地位，最终走向消亡。

满语消亡的原因跟清朝中后期的历史进程紧密联系在一起，即与当时特定的语言文化生态的变化密切相关。从政治背景来看，满族是以统治者的身份出现的，但被统治者的汉族人却在全国人口中占绝大多数，这构成了社会的一对基本矛盾。为便于统治，自清初起清朝政府就提倡满洲贵族学习汉语，并在各种满族学校中开设汉语课程，这使得本身就处于汉语言环境包围中的满洲子弟逐渐"舍满用汉"。此外，清代基本沿用明代的科举取士制度，尽管满族人不参加科举考试就可以做官，但随着科考制度的深入人心，许多满族人也以熟读四书五经、撰写精彩的八股文为荣，并有相当多满族人通过科举走上仕途。乾隆朝的一品大学士鄂尔泰、阿桂就都是举人出身。客观上，科举考试制度加大了汉学的推广，满语甚至满文化在朝堂上的影响开始松动。

从社会经济环境来看，满语产生于渔猎经济时代，这就使满语中有着明显的渔猎经济的痕迹。如"狗"这个词，在满语中，除了通称之外，在表示诸如狗的大小、品种、岁口、颜色和性能的优劣时，满族人都有专门的词来表示。但是，随着满族人的生产、生活方式的巨大变化，渔猎经济的时代已经被农耕经济所替代。入关后仅百年，许多渔猎经济时代形象而细腻的词就渐渐从满语里消失了，因为那些词在词汇的发展变化中不再被应用而渐渐无人问津。在满族人社会经济生活迅速发展的同时，满语进步速度的缓慢开始制约其社会经济的发展。这就促使在社会经济生产生活中，满族人逐渐使用双语表达，最终放弃本民族语言，改用了汉语。可以说，迅速发展的社会经济，使得满族人民迫切要求学习先进文化和技术，这给语言的替换打下了重要的经济基础并创造了必要的社会条件。

第二，语言群体的灭绝。

语言群体灭绝主要是由于自然灾害、疾病、战争等灾难性的突变所造成的。这些突发事件在人类历史上曾经多次发生，在给一些群体的生存和延续造成巨大危胁的同时，也给这些群体的语言带来灭顶之灾。

一些处于较为闭塞偏远地区的小群体有可能被地震、飓风、洪水、海啸等严重的自然灾害全部或基本毁灭。在巴布亚新几内亚的桑宕省（Saundaun）有四种差异较大的独立语言：斯萨诺语（Sissano）、瓦如普语（Warupu）、阿若泊语（Arap）和马罗尔语（Malol）。这四种语言的使用人数本来就不多，据1990年的人口普查数字总共为1.1万多人。1998年巨大的地震毁灭了这四个村庄，造成2200人死亡，将近1万人流离失所。其中说阿若泊语的1700人中和说瓦如普语的1603人中，死亡人数已占各自总人口的30%，而且村庄已经毁灭，幸存者也都离家四散，可想而知他们的语言还能留存下去吗？印度的库奇语（Kutchi）也是使用人数越来越少的语言，突如其来的自然灾害更加速了这种语言的灭绝。2001年1月印度西部发生了大地震，震源中心就在库奇，库奇语因此又失去了3万名使用者。

有的自然灾害虽然没有毁灭语言群体的栖息地，但因基本的生存条件被破坏，也会导致群体及其语言的重大损失。爱尔兰语在19世纪曾发生极大的衰退，而1845年的土豆枯萎病和由此带来的1845年至1851年的土豆饥荒就是其中的重要原因之一。当时的饥荒已导致100万人死亡，并由此引起了长时期的人口迁徙。人口由1841年的800万人减少到10年后的6.5万人，而受其影响最大的正是爱尔兰语主要使用地区——广大的乡村。即使在现代，饥荒仍然威胁着一些语言群体和语言的安全。在语言种类繁多的非洲，最近十几年来连续的干旱和饥荒将数千万人置于生存危机之中。在1983年至1985年东非和南非的撒海尔（Sahel）干旱中，据联合国机构统计的数字估计有2200万人受到威胁；在1991年至1992年索马里的旱季里，5岁以下的儿童有1/4死亡；在多语种的苏丹，很多小语种本已处于濒危境地，1996年估计有17种语言的使用人数已不到1000人，54种语言的使用人数不到1万人，而这些濒危语言的命运在内战的打击下，更加剧了灾难性的后果。

疾病也常常给一些语言带来严重的威胁，例如爱滋病就是其中之一。1998年底，全世界爱滋病受害者总共3334万人，其中95%在非洲、南亚和东南亚、拉丁美洲，这些地区分布着超过世界总数3/4的语言。结核病在非洲也十分猖獗，尼日利亚1997年有15万人死于结核病，这对那里多达470种只有很少人使用的语言，无疑是一个极大的冲击。对于一些缺乏疾病抵抗力的语言群体，即使常见病也常常造成生死攸关的严峻影响，委内瑞拉的特鲁迈语（Trumai）在1962年的一次流行性感冒以后，只剩下不到10名使用者。

在世界一些地区，语言群体短时期内大批毁灭，还可能是由于国内或国际规模的冲突和战乱所引起。一些太平洋和印度洋岛屿，如奥达曼岛（Audaman），在第二次世界大战中遭受侵略，大量居民在战争中被俘，造成他们的语言濒临消失的危险。19世纪30年代，英国殖民者占领了塔斯马尼亚岛，塔斯马尼亚语（Tasmania）因之随着语言群体一同消失。19世纪60年代，俄国沙皇征服北高加索地区后，50万尤比克人大部分惨遭屠杀或者逃离家园，尤比克语（Ubykh）因此而遭彻底覆灭的厄运。非洲一些地区长期以来存在着种族或者宗教的对立，由此导致一些种族近乎灭绝，从而使得曼比罗德语群（Mambiloid）中的卡萨贝语（Kasabe）、尼日利亚的奥高尼语（Ogani）、苏丹的努巴语（Nuba）濒临危机。

第三，民族的征服。

美洲印第安人所遭受的命运就是经过了血腥的征服后,语言与文化逐渐衰落、濒危。1492 年,哥伦布发现了美洲新大陆。欧洲人竞相入侵并一举征服了这块大陆。在此之前,美洲印第安人经历了几千年的演进历程,已发展为成熟而复杂的具有高度文化传统的社会体系。在中美洲,印第安人在墨西哥平原上先后创造并衰落过如下的文明:奥尔美克斯文明(Olmecs,公元前 1200—公元前 400 年,他们有巨大的石雕和隆重的宗教仪式,培育出玉米,可能还创造了美洲最早的文字)、特奥提华坎文明(Teotihuacan,相当于中国的魏晋时期,该城市布局是精心策划的,金字塔建筑几乎如同埃及金字塔一样巨大,人口近 20 万)、玛雅文明(Mayan civilization,具有高度发达的古代文明,它有着复杂的社会等级、发达的城市网络和完备的政治管理体制,实行精细的农耕,使用一种象形文字,有完善的立法,公元 900 年左右衰落)、托尔特克文明文明(Toltecs)和阿兹特克文明(Aztecs,其都城为墨西哥城的前身,人口 25 万,而当时欧洲最大的城市巴黎人口仅有 10 万左右)。

以西班牙为首的欧洲人,在近两个世纪的征服过程中,摧毁了上述这些古代的文明,并建立了欧洲文明的卫星国——美国。美国建立后,便使用了行政力量实施语言政策,即从语言上的征服与同化入手,最后有效地同化和征服了土著的印第安人。北美土著语言,也称北美印第安语,是成百上千种美洲土著语的统称。自欧洲人进入北美后的五百年以来,印第安将近消失了一半,余下的一半也会在不久的将来灭亡。据美洲土著语言学家米歇尔·克劳斯博士预言,美国境内现存的 150 多种印第安语到 2060 年时只能保留 20 种,可见北美印第安语衰亡的地步。造成这种局面的一个重要原因就是美国政府对印第安人所采取的同化政策。美国建国后,在政策上实施"语言的一致性",也就是用英语统一北美大陆的语言,其他语言被排挤到了边缘,并不断被消解和削弱。首当其冲深受其害的是印第安语。在印第安人土地上建立起来的美利坚合众国与印第安人的关系始终是征服与被征服、同化与被同化的关系。其中瓦解印第安语成了同化政策的一个重要组成部分。历史证明,美国南北战争后格兰特总统制定的"和平计划"中曾要求印第安人的孩子上学用英语对他们进行教育,消灭他们的野蛮方言,以英语取代之。一个文明的分崩离析是从语言被消灭开始的,可见母语的维护对一个文明具有生死攸关的重大意义。

此外,使用语言群体的死亡以及因某种原因自动放弃也是造成语言衰落、濒危的原因。如中国的鄂温克族是人口较少的民族之一,生活在位于内蒙古东部的呼伦贝尔草原。他们有着自己的母语鄂温克语,由于该语言没有文字,只好借用蒙古文和汉文作为本民族的通用文字,孩子们通常接受蒙古语或汉语教育。长此以往,鄂温克族青少年中会说本民族语言的人越来越少,鄂温克语渐趋衰落和消亡。

二、中国的语言现状与中国的濒危语言

(一)中国的语言状况

中国是一个多民族、多语言而且方言十分复杂的国家,语言特点丰富多样,有分属汉藏语系（如汉语、藏语、壮语、傣语）、阿尔泰语系（如满语、锡伯语、蒙古语、维吾尔语、哈萨克语、乌兹别克语）、南岛语系（如高山族的亚美语）、南亚语系（如佤语、布朗语）和印欧语系（如俄语、塔吉克语）等五大语系的 120 多种语言，此外朝鲜语和京语的系属不明。可以说中国是当今世界上语言资源最丰富的国家。

作为文化载体的语言，蕴藏着丰富的文化资源。语言里保存的故事、神话、传说、寓言、诗歌、唱词、谜语、戏剧等各类文学作品都依靠语言来表达。中国各民族语言中已发掘出来丰富的脍炙人口的文学作品，已经在社会上产生了巨大的影响，丰富了祖国的文化宝库。如藏族的《格萨尔》、蒙古族的《江格尔》、柯尔克孜族的《玛纳斯》、彝族的《阿诗玛》、纳西族的《创世记》、壮族的《百鸟衣》、侗族的《秦娘美》、苗族的《灯花》、景颇族的《勒包斋娃》等等，这仅仅

图 2　彝族的阿诗玛

是中国少数民族文学作品中的极小一部分。毫不夸张地说，几乎所有有自己母语的少数民族都有自己的文学作品。目前挖掘整理能够与读者见面的，仅仅是凤毛麟角，少数民族文化资源可挖掘的空间还很广大。

然而，正是蕴藏着丰富文化现象、最直接最集中地体现着传统的民族文化的少数民族语言，其发展却呈现出很大的不平衡性，有些充满活力，更多的则面临濒危的境遇。根据少数民族语言的使用情况，我们可以大致将其分为以下三种类型：

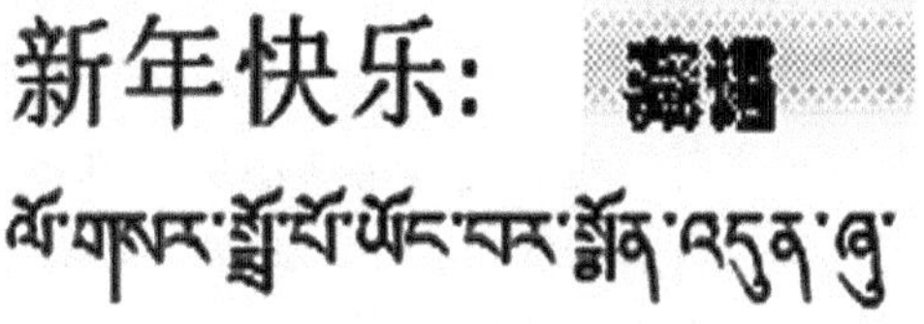

第一类已经形成本民族的共同语。

这些民族拥有本民族传统的语言和文字，比如蒙古族、维吾尔族、藏族、哈萨克族、朝鲜族，他们有大片的聚居区，人口在百万以上，文字历史也比较悠久。他们的语言除了在家庭内部、邻里和亲友之间使用外，还在本民族的社会、政治、文化、教育、经济等各个领域使用，甚至在一些临近的或者杂居在一起的其他民族使用。在以这些民族为主体的自治地方，少数民族语言与汉语并用，他们都有比较发达的出版事业，有从小学、中学直到大学的本民族语言教学体系。新闻、广播、电视、文艺也都广泛使用本民族语言。

第二类尚未形成本民族共同语。

这些民族有本民族的文字，比如彝族和傣族。但是由于方言分歧严重，不同方言区的人又分别使用不同的文字系统，像彝族分别使用老彝文（传统

图 3　藏语"新年快乐"

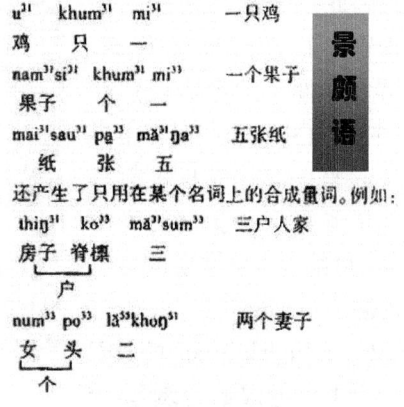

图 4　景颇语量词

彝文）和四川彝文，傣族分别使用西双版纳老傣文、德宏傣文、金平傣文等。加之这些民族缺乏语言规范的传统，因此全民族通用书面语系统的形成面临着一些困难。其他一些民族如壮族、景颇族、傈僳族、苗族、拉祜族、布依族、佤族、侗族、哈尼族等，文字创制的时间不长，有些还停留在记录口语的书写符号阶段，加之掌握的人数有限，因此民族共同语的形成还需要一个艰难的过程。

第三类是无文字的民族。

这些民族的语言一般只在日常生活中使用，在政治、文化教育、贸易等领域往往使用其他民族的语言（主要是汉语，有些地方也使用其他少数民族语言）。他们一般没有本民族的文字，一般使用汉字.属于这个类型的少数民族语言相当多，大约占语言总数的3/4以上，使用人口占少数民族总人口的一半以上。

总之，少数民族语言发展具有不均衡性，特别是无文字语言占据了语言的绝大多数。调查结果显示：中国正在使用的120余种少数民族语言中，使用人口在1万人以下的语言约占语言总数的一半；在1000人以下的有20余种，它们基本上处于濒临消亡的边缘。如摩梭语，在有着中国母系氏族社会传统的摩梭族中，小于20岁的年轻人要么摩梭语发音"变味"，要么就根本不会讲。现在只有生长于云南丽江泸沽湖畔的大于60岁的摩梭族人还能用自己的语言交流，但越来越多的年轻人放弃了对原有民族语言的传承。再加上其语言没有文字形式，文化传承靠口耳相传，摩梭语成为中国正在消失的语言之一。再如满语，现在只有约100人能够听懂，而能精通满文的不到10人，他们都是年过八旬的老人。这些老人辞世之时，也将是满语退出历史舞台之日。有关人士担忧：如果满语消失，很多清代史实再也没有解密的机会了。此外，还有赫哲语，目前能用本民族语言交际的只有十几个60岁以上的老人；塔塔尔语，塔塔尔族总人口5064人，本族语的使用人口不足1000人；仙岛语，是阿昌族一个支系使用的语言，使用人数约100人左右；木佬语目前仅有贵州的一个90多岁的老人会说，已是名副其实的垂危语言……这些濒临消失的语言大多没有相应的文字，仅保留在山歌、传说等口头语言形式中，靠口耳相传。有的已没有交际功能，只能成为少数老人记忆中的语言。

因此抢救濒临消失的民族语言的工作已经迫在眉睫，语言多样性保护形势依然严峻，需要有关机构和语言学界联合起来采取相应积极而有效的措施来保护我们的民族语言，以维持中华文明的传承与发展。

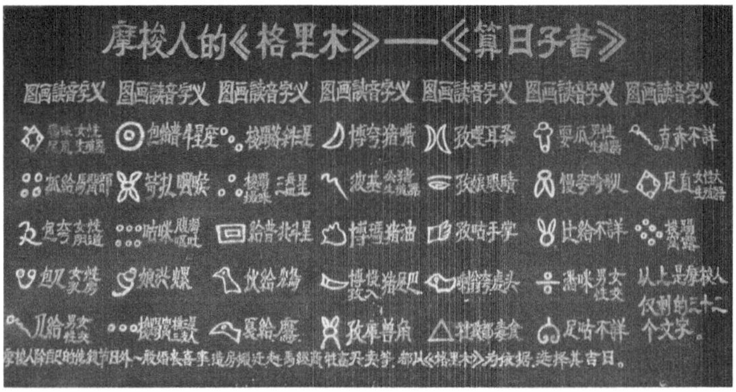

（二）中国语言濒危的原因

历史上造成语言濒危、消亡的原因主要有如下几方面。

图5　摩梭文《算日子书》

（1）民族融合，如华东、东南地区的东夷、古越人、南蛮等多已融入汉民族，其语言、方言也就自然消亡；

（2）政治与文化变迁，如满族、鲜卑人入主中原，为适应主体文化不得不放弃母语；

（3）政权更替，如西夏、契丹失去政权后，其语言文字很快萎缩，直至完全退出交际舞台；

（4）民族歧视，如云南省富宁县丁家坡村是一仡佬族寨子，民国时期当地官方规定穿民族服装讲仡佬语者不得入市买卖，于是母语在全村禁用，族人为了生存尽快掌握了汉语。至1994年有学者调查，仅一位70多岁的老人能勉强回忆起30多个常用词，全村已转用西南官话。历史上的民族歧视使许多弱势群体放弃了自己的语言。

现今造成语言濒危、消亡的原因主要有如下几方面。

1. 民族杂居

明清实行了"调北填南"政策，即派遣大批军队、商人、民户入黔进行"军屯""商屯"和"民屯"，大批掌握中原地区集约农耕生计方式的汉人移民贵州屯垦，使土地得到大面积的开发，贵州与外界的联系也日益增加，但也使西南大批少数民族失去土地，被迫迁移，形成普遍的民族杂居局面。"黔滇桂越南老挝语言走廊"就是在这一背景下形成的。在这条南北纵向的走廊里，汉、侗台、苗瑶、藏缅、孟—高棉、越芒语族几十种语言交错分布，交际功能处于劣势的语言正逐步衰微，被废弃，如仡佬、倈、普标、拉基语等语言。仡佬与汉、苗混居的情况很普遍，由于仡佬语在交际功能上处于劣势，仡佬族转用汉语、苗语的情况非常普遍。

2. 族际通婚

族际通婚是导致弱势语言消亡的要素。贵州平坝县大狗场村是个仡佬族聚居的寨子，从前母语保存完好。近几十年来，与附近其他民族团结和睦，娶进了不少汉、布依、苗族媳妇，以及已丧失母语的外地仡佬族媳妇。汉语逐渐成为了外来媳妇与本村仡佬族的交际工具。据调查发现，凡是出生在此类家庭的孩子，他们的第一语言均为汉语，仡佬语只是略微知晓，不能交流。这部分孩子在村子里已经占到了一半左右。这种情况在安顺市的湾子村率先出现，致使该村子现在中年以下者已不知晓仡佬语，或是程度很低。贵州省镇宁县比贡村和茅草寨也是仡佬族聚居的村子，但是一般只有50多岁以上的老人才掌握母语。仡佬语濒临消亡。

3. 外出务工

濒危语言村社往往地处贫困地区，为了生计，近几年来年轻人外出务工的现象尤为突出，有的甚至是全村青年外出务工。这代年轻人本来是民汉双语使用者，但常年在外失去双语环境，逐渐转变为汉语单语人，并进一步影响到他们后代的语言使用。

4. 民族心理和语言态度

由于社会发展相对落后，南方一些少数民族有"慕汉心理"，并以能说流利的汉语为荣，认为本民族语言"不雅"，出门在外羞于启齿。在进行民族语言调查时就曾遇到村社中的年轻人不愿意让老年人配合发音的情况，认为说民族语蒙羞。民族心理和语言态度也深刻地影响了双语社团的语言选择。

一种语言走向濒危、消亡，往往是上述多种因素交互作用的结果，分析造成语言濒危的原因有助于我们寻求妥善方案应对中国急剧发展的语言濒危现象。

（三）保护少数民族的濒危语言，创建和谐的语言生态

在多民族、多语言的社会背景下，保护少数民族的濒危语言、创建和谐的语言生态环境是正确处理好民族语言问题的根本指导思想，这也是多样语言相处的最佳平衡点。国外的许多成功案例给予我们许多启发。据调查，以色列犹太人使用的语言多达86种，犹太民族的多元文化为以色列这个小国撑起一片广阔的天空。犹太人学习语言的积极性非常高，一个人往往能讲好几种语言。犹太人学语言的理念是："会说几门语言，你就具有几个人的价值。"在以色列，遇到会说几种语言的人早已不足为奇。在耶路撒冷穿梭于犹太区和阿拉伯区之间的出租车上，司机一会儿用熟练的英语与车上的外国游客对话，一会儿拿起对讲机说希伯来语，一会儿又停下车，向路边的阿拉伯人用一口流利的阿拉伯语问路。令人佩服的是，在三种语言频繁转换的过程中，这位犹太司机竟然是一气呵成，没有任何的语言转换障碍。这就是多种语言和谐共处的典范，拥有并处理好多种语言的关系能够给一个民族带来巨大的优势。

构建中国和谐的语言生态，目前我们需要注意以下三个方面的问题。

第一，建立语言文化多样性的认同感。

在言语交际中，语言的使用在很大程度上代表文化的归属，语言是文化认同形成的基础和重要的表现形式。有学者指出："文化认同是一个文化群体成员对其自身文化归属的认同感，其特征由一种文化群体成员的所言、所行、所思、所感表现出来。"目前少数民族在文化认同方面遇到的共同困境就是：由于少数民族往往是弱势民族，因而其文化也就成了主流文化背景下的一种弱势文化。在这种文化和身份双重不利的情况下，许多少数民族同胞的文化认同产生了严重的分化：一部分人为了摆脱低社会经济地位和低教育成就的阴影，产生了强烈的向上流动的动机，积极学习主流文化中强势民族的语言、文化和生活方式，使自己尽可能像一位强势文化群体的成员；另一部分则因认定了自己的弱势与不利地位，产生了自卑、悲观和消极的态度，终而无法认同自己的民族。然而由于少数民族与强势民族固有的外部差异，他们在放弃自己的母文化认同主流文化的过程中，并未真正融入强势的文化群体，其结

图6　东巴文

果是他们既不愿认同自己的母文化,也未能成为强势文化的真正一员,从而沦落成为一种边缘人。

因此,作为一个多民族、多语言的国家,要建立和谐的语言社会,首先需要维护少数民族对母语文化认同,在此基础上要维护语言文化多样性的认同。我们有必要强调由于文化教育的普及和社会趋同的要求,少数民族学生在语言接触、语言交流、语言碰撞、语言交融等各个方面相得益彰。他们的语言学习取向并非是用通用语取代自己本民族语言,只是交际语言不再局限于自己的母语;不是简单地保持两种或两种以上的语言文化使用,而是要深刻理解不同的语言文化,使之相互促进,最终提高整体认知、情感、行动能力。所以我们现在要着眼于对少数民族语言文字,尤其是濒危语言文字的保护,并且在此基础上大力促进多语共同发展,得到符合现实状况的多语平衡的实现。

第二,维护弱势语言的生态环境,建立少数民族语言文化区。

弱势语言指语言功能或语言活力逐渐衰退并逐渐走向濒危的语言。要维持一种语言的生命力,关键在于加强其语言的使用。弱势语言使用群体生活环境和生产方式的变迁,势必带来语言使用场合和交际对象的变化,这是其进一步走向濒危乃至消亡的重要原因。因此,要使弱势语言不至很快走向濒危,就需要尽量保持少数民族居住地的稳定,为语言生态环境的保持提供必要的条件,为语言的生存提供合适的土壤。当然,维护弱势语言的生态环境,建立语言文化区,绝不是要把一种语言的使用者完全封闭起来,与外界隔绝。也就是说,我们不能就语言的保护而保护,而应该把少数民族的语言看作其传统文化的一部分,把语言的保护和文化的传承有效地结合起来。只有当人们意识到传统文化的价值时,才能理解、珍惜并自觉地保护它。也只有这样,弱势语言文字以及文化的保护才能与当地经济的发展相辅相成。在一些民族文化积淀很深且有条件的地区,可以打造本民族的、与当地社会经济发展相适应的语言文化品牌。去过丽江的人,可能都对纳西民族的图画象形文字"东巴文"留有深刻的印象。这种纳西族先民用来记录东巴教经文的独特文字,是世界上唯一活着的图画象形文。它始创于唐代,至今已有一千多年的历史,大约有1400个单字,至今仍为东巴(祭司)、研究者和艺术家所使用,被当今学者们认为比巴比伦楔形文字、古埃及圣书文字、中美洲玛雅文字和中国甲骨文字更为原始古朴,被视为全人类的珍贵文化遗产。如今分别收藏在中国以及欧美一些国家图书馆、博物馆中的两万多卷东巴经古籍,记录着纳西族千百年辉煌的历史文化。其中称作《磋模》的东巴舞谱,包括数十种古乐舞的舞蹈艺术,是极为罕见的珍贵文献。被誉为古代纳西

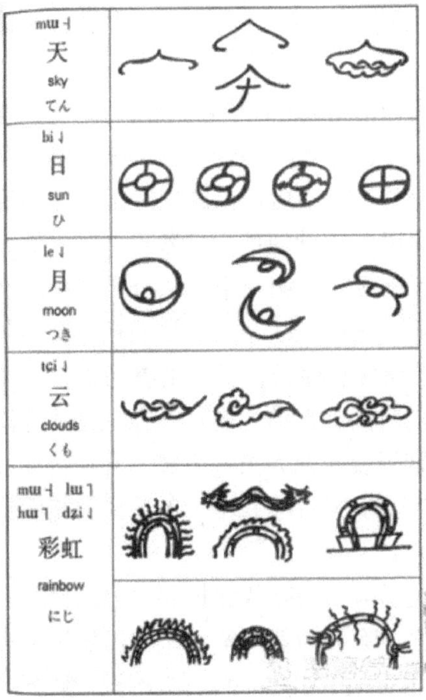

图7 东巴文象形字举例

族"百科全书"的东巴经,对研究纳西族的历史、文化具有重要价值。云南丽江纳西族在民间文化以及语言文字保护与旅游业相结合方面,已经为我们做出了成功示范。

第三,寻求保护濒危语言传承的有效途径。

濒危语言文字是非物质文化遗产的重要组成部分,而非物质文化遗产的抢救和保护,首先应当着眼于"人"的抢救和保护,有了人就有了抢救和保护的基础。除了各种复杂因素之外,很重要的一个原因是学习这种语言文字没有出路,甚至难以谋生。对于已处于濒危状态的语言文字,采取强制性的代际相传方式加以延续和发展是很难奏效的。

如满语,与古时的匈奴语、其后的蒙古语同属乌拉尔—阿尔泰语系,在相当长的一段历史时期内只有口语,没有文字。到了后金时代,才由建州女真学者借用蒙古语这种没有音节的文字,一个词一个词地拼写而成。满语的学习方法"画红"十分独特,就是在学习书面语时,在词语旁以红笔加画各种标号、符号和重音点,学生看着是书面语,出口即是口语。清朝后期,满语失去了"次母语"的地位,满族子弟到学龄时只能将满语当作外族语学习,于是满语"写"的特点立即成为满语"说"的致命之害。此时,大多数满族贵族已放弃了满语的学习,就连末代皇帝溥仪也没有系统地学习过满语。辛亥革命后,满语学习废止,满语衰落加快,到 20 世纪 30 年代中后期,满语的"画红"老师相继逝去。到 20 世纪 60 年代办小规模满语班时,人们已不知何为"画红"了。虽然满语的濒危已成为事实,但满语文化其实离我们并不远。北京方言很多方面受了满语的影响,如北京人常说的"我昨天去来着",这种表示过去正在进行时的句子,完全是满语语法的结构。还有一些方言如"嗯呐(是)""哈喇(食物变味了)""勒特(邋遢)"等,也是满汉大融合在语言上的表现。

就是这样的满语,现在只有约 100 人能够听懂,而能精通满文的不到 10 人,他们都是年过八旬的老人;而全国范围内精通满语语音、口语、方言并且能够传授的专家只剩爱新觉罗·瀛生一人。作为北京市文史研究馆馆员、爱新觉罗氏嫡系后裔,瀛生对于濒危的满语更是忧心忡忡。他进一步解释说由于满语是"清朝的国语",因此清朝大多数重要的条约、条文和档案都是满文和汉文并用同时保存下来的。我国满文史料相当丰富,全国现存满文档案史料约 200 多万件(册),仅黑龙江省档案馆就有满文档案 60 余吨。这些档案资料相当于黑龙江地区最早的一部史志,对于清代历史文化的研究有着极其重要的参考价值。要把这些珍贵史料翻译出来,需要 100 个人用一个世纪的时间。目前,国家已立项修"大清史",翻译满文档案刻不容缓,时不我待,但专业满语翻译及研究人员却寥寥无几。将近九旬的瀛生老先生为抢救非物质文化遗产,挥笔写下了自己的心愿:"我唯一的愿望就是希望大家像珍重对待一切濒危事物一样地抢救满语口语。"

由此我们看到濒危语言文字及其文化传人只有得到了国家的有效保护和大力扶持,其传承才有了基本保障。对于语言文字和文化传人的保护,除了为其录音、录像,积累语言文字和文化素材之外,更重要的是为其提供传承的环境和条件,如建立科研机构进行研究、设立大型课题、培养高层次的后继人才等。只有这样,才能吸引更多的人关注和参与这一事业,濒危语言文字和文化的继承人就有了保证。

中国作为一个多民族、多语言、多文字的国家，各种语言文字关系的处理，直接关涉国家统一和民族团结。"推广国家通用语言文字，保证信息畅通，促进国家认同，是国家安全之必须。同时也应看到，汉语各方言，中华各语言，包含着丰富的中华文化，饱含着浓重的民族情感；普通话和方言的和谐，民族语言之间的和谐，亦是国家安全之必须。语言的相互尊重、相互学习和相互使用，是语言和谐、民族和谐的基础。因此，保护少数民族的濒危语言，维护语言文化的多样性意义重大，是构建和谐语言社会的必要条件，它利于当代，功在千秋。

三、欧洲语言的多样性

人民网曾刊登过这样一篇文章，题目是《语言的壁垒：欧洲人不屑说英语》。文中写道，去过欧洲的人会有一个共同的感受——语言的隔阂。被奉为全球化语言的英语在欧洲的普及程度之低远远超出了我们的想象，很多欧洲人不屑于使用英语，许多历史悠久、人流繁密的大城市没有任何英文指路标志，对于已习惯将英语视为国际性语言的中国人来说，问路、就餐等常常会遭遇窘境。为什么欧洲的"英语盲"如此之多？一位西班牙的朋友"狡黠"地反问说："难道西班牙的语言不够完美吗？"后来，作者又以类似的问题询问欧洲多国友人，他们的答案归纳起来不外乎：在他们自己的国家里，他们没必要为"说英语的外国人"提供特殊的帮助。

这使我们认识到，语言多样化是欧洲各国的现实情况，并且欧盟的很多成员国都有不止一个官方语言，有些国家甚至有两个或三个官方语言。比如芬兰和爱尔兰的官方语言就有两种，比利时和卢森堡有三种。这些语言享有同等或基本同等的权利。除此之外，不少成员国还承认一个或数个地区性方言的有限的官方语言的地位，如在德国和荷兰的弗里斯兰语，在西班牙的巴斯克语、加利西亚语和加泰罗尼亚语。当欧盟扩大到 25 国时，正式的国家语言和有限的官方语言已达 50 种，这个数字还远不能代表欧盟内部多语言的多样性和复杂性，因为除这 50 种语言之外，还有数以百计的地区方言。

从比利时内部的语言使用情况，我们就可以窥见欧洲语言多样性的一斑。在比利时有三种官方语言：法语、荷兰语、德语。此外不同地区的人们还使用 West Flemish（西佛兰德）、Limburgish（林堡）、Wallon（瓦隆）、Picard（皮卡尔）、Lorraine（洛林）等不同语言。比利时政府认为这些语言是三大官方语言的方言。

而作为语言使用者的个人而言，语言多样化则表现得更为突出。在日常交际中，欧洲人几乎都不止使用一种语言形式。除了一个人的母语外，一位普通欧洲人至少会另一种欧洲语言，有的则能使用三四种欧洲语言：方言、国家官方语言、外语。例如，一位爱尔兰籍教师，他求学在英国，工作在比利时，太太是波兰人，所以英语为他的母语，工作在比利时使用法语，在家同太太用波兰语，他的孩子们也都能使用三种语言。

历史和现实的因素造成了欧洲语言多样性的局面。

（一）欧洲语言多样性的历史因素

虽然欧洲有着古希腊、古罗马的文化以及基督教等同一文化遗产的影响，但是在漫长的欧洲历史发展过程中，形成了多样的民族语言与民族文化。这些多样的语言与文化源于不同的地域条件、自然环境和历史传统。

在过去的一千年，欧洲语言的数目随民族国家的出现而增长。公元950年，欧洲只有六种语言：拉丁语、希腊语、希伯来语、阿拉伯语、古英语、教会斯洛文尼亚语。到1250年，在欧洲使用的语言数量达到17个。这个数目一直保留到19世纪初。在19世纪，国家的语言达到30个。到1937年，这个数目增至53，而且自那以后，还在增加。每个"新"国家要求有自己的语言，语言成为民族（国家）的感情的体现。

以挪威语为例，遭受丹麦统治400年后，1814年挪威在政治上同丹麦分离。那时挪威没有民族的语言，只有丹麦语一种方言。在19世纪，挪威人一直致力于发展自己民族的语言，现在挪威人使用两种语言，一为从标准丹麦语改造过来的民族语言，另一种是从挪威方言发展出的语言（新挪威语），而寻求统一这两种语言的努力仍在进行之中。另一个例子是芬兰语。芬兰与瑞典和俄国为邻，19世纪的时候为了同当时的俄国人和瑞典人区别开来，芬兰人把一个原来没有书面语的口头语言发展成为他们的民族语言。该语言是具有书写体系、文学以及其他功能的标准语言。

从历史发展的角度来看，不同语言和不同文化的人民或族群共存是历史事实，而单一语言和单一文化的民族国家的存在倒是罕见的。欧洲呈现给世界的不仅仅是语言多样性，而且也是文化多样性。

（二）欧洲语言多样性的现实因素

欧洲语言问题本身错综复杂。欧洲各国对自己母语的感情非常深厚。对于很多欧洲国家来说，语言就是一个国家和民族的象征。在欧盟会议上用另外一个国家的语言进行交流的国家会感到自己国家的语言遭到了歧视。久而久之，被歧视的语言就会边缘化。而使用边缘化的语言的国家肯定无法感受到法国大革命所留给人类的平等遗产。缺乏平等是无法保证欧盟内部团结的。因此欧洲联盟的基本人权宪章第二十二条规定：欧盟尊重文化、宗教与语言的多样性。欧洲共同体条约的第一五一条规定：在尊重各国与地方的多样性之际，各会员国须致力于丰富文化内涵。欧盟在推动各项行动方案时，必须要考虑到文化因素。所以，欧盟的语言多样化政策是对欧盟语言、文化现状的尊重。

欧盟奉行的语言多样化政策在英语成为世界通用语的背景下更加具有现实意义。在当今国际政治经济舞台上，无论承认与否，英语实际上已经充当着世界通用语。由发达国家主导的全球化影响到世界的方方面面。面对英语在科技知识领域的垄断地位，面对用英语传播的美国文化价值观对各国传统价值观的冲击，欧盟十分担心最能体现欧洲民族特性的语言和文化逐渐盎格鲁—撒克逊（以典型的英美为代表的文化模式）化。欧洲学者早在20年前就发出了振聋发聩的警告，他说："过去，'语言帝国主义'通过征服、殖民和传教士将欧洲的语言强加给其他民族……这种殖民性质的帝国主义如今已被'经济帝国主义'所取代，它在语言领域追求的也是同一目标，即建立广阔和同质的（语言）市场。而一旦盘格鲁—撒克逊体系成为整个欧洲唯一的样板，那将出现标准化。标准化必将扼杀欧洲多元文化和语言的创造力，因此从学者到政治家，不同阶层的人士都为欧洲的语言文化多样性而努力。法国外语教学法专家罗贝尔·加利松（Robert Galisson）从 20 世纪 80 年代初就致力于创立语言文化教学法学，强烈主张各个语种联合起来共同抵御为"经济新殖民主义"服务的盎格鲁—撒克逊的"英语霸权主义"。他认为，丧失语言文化多样性的世界将是一个贫乏的世界。法国前总统希拉克曾在法语市长国际协会会议上表示："在经济全球化的今天，维护法语国家自身特性的唯一途径是捍卫法语，拒绝世界被单一语言和文化模式所垄断。"法国一直希望能联合世界上 40 多个法语国家建立起一个"超越国界的实体"，使以法语为主要语言的前殖民地国家集团"在国际大家庭中占有它应有的位置"。这充分反映出法国迫切希望借助昔日殖民文化遗产，在世界范围内抵御英语文化，捍卫和重振法国国家利益的愿望。同法国相比，1990 年统一后的德国从总理、部长，到普通知识阶层，为使德语成为欧盟工作语言做出了不懈努力。

联合国教科文组织在《世界文化多样性宣言》中指出："文化多样性是交流、革新和创作的源泉，对人类来讲就像生物多样性对维持生物平衡那样必不可少。"文化多样性是人类的共同遗产，是人类社会进步的基础，是文化创新和发展的源泉。"经济全球化的进程越是加速，越要重视和促进文化多样性"，这一观点越来越被国际社会认同。从维护欧洲的传统和团结以及语言文化多样化这两个方面来看，欧盟的语言多元化是尊重欧洲的历史和现实，而且更是着眼于世界文化未来的发展。欧洲就是人类文明的一个重要的摇篮。从古希腊、古罗马到法国大革命、英国的工业革命；从罗马史诗到丹麦童话到意大利歌剧，这些伟大的文化遗产都是用欧洲不同的语言所记录和传承的。团结今天欧洲的正是欧洲各国不同的文化和语言，珍视传统、保护母语已经成为欧洲各国的共识，可以说欧盟多样化的语言政策正是表达了欧洲各国人民的夙愿。

（三）欧盟多语政策：现实困境和理想目标

2000 年通过的《欧盟基本权利宪章》第 21 条规定禁止针对语言的歧视，第 22 条要求欧盟尊重语言多样性。这两条连同尊重个体、包容他者（文化），构成欧盟的核心价值观。毋庸置疑，欧盟的多语政策具有崇高的理想目标，其价值取向具有强烈的人文关怀色彩。但是，欧盟实行多语政策也面临诸多的现实难题，多语政策的现实境况与理想目标之间存在着紧张的关系。

欧盟是在坚持文化、习俗和信仰多样性原则的基础上建立的。语言多样性不仅是文化、习俗、信仰多样性固有的静态构件，更是用于信息传播、达成意义共享的动态工具。可以说，语言是完成跨文化传播过程和实现跨文化交流目标的重要手段。欧盟主要机构同时使用 23 种官方语言并依靠翻译来实现信息和意义的传播共享，几乎是一项不可能完成的任务。首先，欧盟 23 种官方语言属于三个语族：印欧语族（Indo-European）、芬兰—乌格尔语族（Finno—Ugrie）、闪语族（Semitie）。分属不同语族的语言之间差异巨大，磋商某些棘手的、微妙的问题时某些语言之间的准确传译难以实现。其次，某些小语种间互译人才非常稀缺。本来母语为小语种的学生在学习外语时不大可能选择另一种小语种。因此，小语种间互译不得不借助某种欧洲通用语言（如英语、法语或德语），反而间接地促成这些通用语言更加通行，客观上加剧了语言间地位的不平等。再者，把各种欧盟文件翻译成某些小语种版本常常耗费几个月甚至更多时间，使得那些国家的民众不能及时地享受到民族语言使用权利。姑且不考虑欧盟实施多语政策的行政成本和效率，总是迟到的权利对于特定国家的公民来说是权利？抑或是歧视？由此可见，语言之间的固有差异和多语人才的缺乏会导致及时准确的意义交流与分享难以实现，使得政治上的平等在实际中被打了折扣。但是，从另一个角度看，语言间的固有差异和多语人才缺乏两个问题只有通过大力推行多语政策才能缓解，现有的困境正说明多语政策的必要性以及继续推行多语政策的迫切性。

欧洲民众对于欧盟实行多语政策的现状和效果看法如何？2007年9月至11月间欧盟委员会在成员国内部开展了一项针对多语政策的网上调查，欧盟委员会希望依据调查结果来调整语言领域内的政策和行动，从而更好地反映拥有近5亿公民和60多种母语的欧盟的现实。约2500位受访者用23种欧盟官方语言回答了调查问题。调查报告结论主要包括以下8条内容：

（1）超过96%的受访者认为，欧洲的政治家对于欧盟语言多样性给予了特别的关注，语言技能对于日常生活和职业生涯都很重要；

（2）受访者认为，学习语言最重要的是早开始，以及在目标语国家的直接体验；

（3）多数受访者认为欧盟的语言多样性是一项值得捍卫的资产，并希望看到语言多样性被置于超越经济等功能性价值的语境中，从而使各语言所代表的认同和文化得到认可；

（4）少数民族语言和区域性语言的捍卫者认为，在教育和公共服务领域可以采取更多的行动来尊重少数民族语言和区域性语言，并希望欧盟更加保护这些语言；

（5）大多数受访者希望媒体能促进跨文化社会形成，珍视语言和文化认同，强调包容而不是对抗；

（6）绝大多数受访者认为，掌握了某国语言使得在该国经商更容易，因此，公司有兴趣投资于员工的语言技能；

（7）多数人认为，移民应保留他们的母语，并把他们的语言和文化认同当作融入不同于他们自身的语言和文化社区的基础；

（8）多数人认为使用23种官方语言付出的代价是值得的，甚至应该增加。

由此可见，尽管有人认为欧盟的多语政策执行起来效率低、成本高，应该进行有效的改革，也有人认为欧盟各语言间不平等地位正在加剧。但是，欧盟民众对于多语政策的执行现状是满意的，对其前景是乐观的。

我们既要对多语政策的现实困境保持清醒的认识，更要看到该政策深远的价值目标。现在看来，不仅欧盟的领导层和社会精英，甚至欧盟的普通公民都认识到保持语言多样性和文化多样性的重大意义。2007年9月欧盟各成员国元首或政府首脑签署的《里斯本条约》规定，欧盟应尊重其丰富的文化及语言多样性并确保其文化传承得到捍卫和促进。欧洲公民也意识到，"未来的欧洲应该是一个寄托情感和灵魂的精神家园。欧洲的文化多样性和政治多元化现实,决定了欧洲应该建立一种基于多元文化主义之上的欧洲认同,只有这样才能保障欧洲政治一体化目标的顺利实现"(张生祥,2005)。因此,多语政策的现实困境和理想目标间的紧张关系或矛盾不应被视为否定多语政策可行性和合理性的理由。相反,应该尽力推动关于多语政策的各项行动方案有效贯彻,以实现多语政策的崇高目标。

小结:

  世界语言文化的多样性与濒危语言;中国的语言现状与濒危语言;欧洲多样性的语言。

思考题:

1. 语言濒危的原因有哪些?
2. 构建中国和谐的语言生态,需要注意哪些方面的问题?
3. 欧洲语言多样性的局面是如何形成的?

第三讲
语言与文化认同

一、母语与民族情感

语言是一把通向文化核心的钥匙。语言跟文化关系密切，它能够保持国家和民族的身份。语言具有强烈的、显而易见的象征性，作为一种核心符号的语言具有强烈的民族凝聚力。

当今社会，母语问题已经与民族平等、民族独立问题紧密相连。哈萨克斯坦共和国独立后，在如何对待俄语问题上，产生了激烈争论。有学者认为，在前苏联前期，俄语兴旺对哈萨克斯坦的经济发展起了积极作用；也有学者认为，俄语占统治地位的现实造成了哈萨克语萎缩，对民族发展不利。对于世界最古老的语言之一，犹太民族的语言希伯来语，早期犹太复国主义奠基人斯摩梭金（1840—1884）曾满怀深情地说："你问我，一种死亡的语言（希伯来语）有什么用，我要告诉你，它赋予我们荣誉，给予我们力量，把我们团结成一个民族。每一个民族都在追求永存，每一个被征服的民族都在企盼独立的那一天。如今我们既没有纪念丰碑，也没有国家，希伯来语就是我们古代光辉残留下来的唯一遗迹。"

即使抛开政治是非不谈，母语教育实际上早就

图8　希伯来语字母表

不只涉及语言教学问题，而是关系到民族及其民族认同感、民族自豪感、民族自信心等问题，也涉及国家的认同感问题。说到底，语言是民族的特征之一，语言的存亡甚至关系到民族的存亡，乃至祖国的存亡。这使人们不得不想到都德的《最后一课》，文章讲述了一个中学法语老师的最后一堂法语课。文章从第一人称的角度讲述了一个对法国语文不感兴趣的小女孩，在她得知这是自己最后一次听本民族的语文课，而此后则不得不使用德文授课时的心灵感受。当老师讲完课文时，教室里鸦雀无声，师生们长时间沉浸在对自己民族语言的感情里不能自已。"亡了国当了奴隶的人民，只要牢牢记住他们的语言，就好像拿着一把打开监狱大门的钥匙。"语文教师韩麦尔说的这句话，道出了母语在民族和国家定位中的重要作用。这实际上是语言身份认同或自觉运用语言身份认同抵制另一种语言身份的范例。母语教育就是让学生在母语中认识自己的民族、自己的祖国，确认自己的民族身份和国家身份，培育民族性格和民族精神，确立为民族复兴而努力的志向。母语教育就是让学生们手握钥匙去打开民族文化宝库和人类文明之窗。

作为民族身份的重要象征，语言的影响在巴斯克（Basque）的历史中也可窥见一斑。巴斯克是西班牙北部的一个民族，从 1937 年到 20 世纪的 50 年代中期，西班牙政府试图毁灭巴斯克文化，禁止使用巴斯克语言，学校里不允许教授巴斯克语；媒体、教堂仪式及公共场所都禁止使用这种语言；用巴斯克语言写成的书籍被公开焚毁；官方文件中的所有的巴斯克名称被译为了西班牙语；建筑物和墓碑上的巴斯克名称也被抹去。

由于语言和文化身份之间的这种关系，人们经常采取一些阻止外国语言产生影响的措施。例如，哥斯达黎加曾颁布一项限制使用外语的法令，并对违反它的人处以罚款。在该项规定中，用外语做广告的公司必须同时配有更大字号的西班牙译文。同样，伊朗也禁止公司使用西方的名称，土耳其政府则考虑对在广播中使用外文名称的人处以罚款。法国列出了不能在学校、政府和公司中使用的 3500 个外文单词。

二、语言认同与文化心理

语言认同是一种文化心理的趋同现象，它与文化心理的认同程度成正向关系——语言身份的相似度越高，文化心理的认同度也就越高。当语言成为重现或追溯民族文化最直接的方式时，它就不再单单是一种交际的工具，而变成了文化的象征，具有了文化身份。共同的语言身份特征，将相同文化背景的族群连接在一起，使他们即使处在异地他乡也能得到社会的归属感和心灵的慰藉。

使用一种语言，就是选择了一种文化，并以这种文化身份存在。语言的身份成了民族文化心理的一种载体，一种外在的体现。人们在使用这种语言时所体现出来的心理行为风貌，建构了一个民族的文化心理。而语言身份的认同其本质上是一种对本族文化或社会历史的趋同心理，因此语言身份的认同是构建民族文化心理的重要手段。

（一）海外华人的语言身份认同

从一般意义上说，全世界华人不论生活在哪个国度或区域，也不论其国籍、政治、宗教信仰如何，都是"炎黄子孙"，都是中华民族的一部分；同祖同根，生活在海外的华人认同自己为"龙的传人"的民族意识比其他民族移民更为执着，一些西方学者甚至认为华人就是不易被居住国的异质文化所同化的族群。同为"华夏后裔"，华人华侨与祖国休戚相关、荣辱与共，祖国国力的强弱和国际地位的高低，直接影响到他们在异国的生存和发展。他们关注、关心祖国前途和命运，盼望中华民族兴旺发达。因此，海外华人的文化认同尤其值得关注。

20世纪初，中国参与第一次世界大战和北美开发，以契约形式，大批中国劳工移居北美等地。据有关数据估计，至21世纪初，在海外的华人华侨总数约为3300万人，分布在五大洲的151个国家。根据国际移民组织统计与估算，海外中国移民被认为是国际上人数最多的移民群体，在世界各地的中国移民已达到3500万人，约为国际移民总人数18.3%。

从地区分布情况来看，东南亚是中国海外移民人数最多的地区，华人华侨人数达到了2000多万人；美洲是中国移民历史悠久且人数增长最快的地区，从美国和加拿大人口普查局的统计看，美洲中国移民超过了500万人，占中国海外华人移民总数的14%。近20至30年中国移民的对象国从传统的北美扩大到了欧洲等地区。而不同地区的华裔新生代对于自己身份的认同度具有较大的差异，这种差异往往与其居住国的发达程度和华人在当地的经济实力有密切关系：生活在高度发达的欧美社会的华裔新生代，与生活在经济政治文化都相对落后的东南亚地区华裔相比，前者对中华文化的认同感较低，而后者即使加入了居住国国籍，不少人仍愿保留其华人身份，可见其对中华文化强烈的认同感。

（二）新加坡的华语运动和华人文化认同

新加坡在语言习惯上是一个多语言多方言的社会，在华人中，这种现象尤为突出。长期以来，新加坡华族社会一直存在着本族语与母语不完全一致的现象。由于早期华人移民大多是中国大陆沿海一带的贫穷农民、渔民或手工业者，文化程度一般都不高，主要讲自己的方言，因此，各种方言成为绝大多数家庭的母语。与此同时，尽管由于上世纪初以来中国本土民族主义运动的影响，标准华语（以中国北京话为基础的官话，以下简称华语）一直是海外华人在文化和政治上所认同的民族语言，同时，华语也取代方言成为华人教育的媒介语，但其功能和地位似乎就此停留在教学用语和颇具象征意义的民族语言之上。即使建国之后新加坡政府继续规定华语为华人的本族语，在法律上与其他三大民族语言并列为官方语，但华语仍然没有普及到广大不同方言群的华人生活之中。

在教育方面新加坡采取双语（母语+英语）教育制度学习两种语言。学校教授的母语有马来语、泰米尔语和华语三种，提供相应种族的学生学习。由于华族占全人口的3/4，学生人数多，语言背景非常复杂，就以家庭用语来说，大多讲中国南方各省的方言（本地的电台就用其中的六种：闽南话、潮州话、广州话、海南话、福州话和客家话），讲华语的家庭不多，有的华族家庭连华语、方言都不说，说的是其他语言，比如马来话。而学校的教学语言是华语，因此，华族学生的学校里学的母语（华语）跟家庭用语很不一致。这种现象只能是加重学生的学习负担，同时直接影响双语教育政策的成败得失。

据 1980 年的人口普查资料统计，新加坡以华语为母语的人数极少，只占 5.2%；而以华语作为方言群间交际语言的比例则仅为 4.3%。此外，华语的未普及还受到英语的影响。由于殖民时期的特殊作用以及建国后双语政策的鼓励，英语的地位日益提高，并逐渐为华族人口所接受。据调查，到 1982 年懂英语的华人占本族人口的 61.3%，英语成为除方言之外的另一华人通用语，且大有取而代之的趋势。在英语强劲发展的威胁之下，华语教育源流连年枯萎衰竭。到 20 世纪 80 年代，所有的华文学校不得不逐渐关闭，华人语言文化几乎从此陷于救亡的境地。

面对方言通用、英语强势、华语式微的局面，华人社会面临两种不同层次的思考：一方面，由于身处多种语境，华人学生一般同时学习至少三种语言，即英文、华文和不同的方言。很明显，这对大多数学生而言是极为困难的。那么，是否应该继续保留方言作为家庭用语和社交用语的桥头堡，并使华族学生同时承受因为母语和教学媒介语不一致的情况所带来的学习负担？这是亟待解决的现实问题。另一方面，英语的扩展，致使华族先人苦心经营的民族教育不得不谱上休止符。

华人文化传统丧失与否，对占全国总人口 77% 的华人来说，关系到其如何保根生存、如何维系民族认同的这一深层问题。基于这样的情势，新加坡政府在华人社团的全面支持之下，从 1979 年 9 月开始每年开展"多用华语"的语言推广运动。1979 年新加坡总理在推广华语运动开幕式的讲话中就开宗明义地把推广华语运动的目标说得清清楚楚：华语取代方言即呼吁全体华族同胞放弃说方言（超过 12 种）的习惯，养成说华语的习惯，以便消除华族之间因言语不通所造成的隔阂，而跟学校里教导的"母语"互相配合。最终目标是促使华语成为新加坡全体华族同胞的共同语言。"这样一来，我国（指新加坡）的华人不但能够互相了解，打成一片，而且也能够和全世界的华人沟通。"（引自时任新加坡副总理王鼎昌在 1992 年度全国推广华语运动开幕时的讲话）与此同时文化部制作的推广华语歌《大家说华语》的歌词简单明了地说明了运动的目标，歌词如下：

（1）国家要进步，语言要沟通。就从今天起，大家说华语。
（2）不分男和女，不分老和少。不再用方言，大家说华语。
（3）听一听，记一记，开口说几句。多亲切，多便利，简单又容易！

自华语运动推行之后，讲华语的人口开始直线上升，讲方言的却急速下降。根据 1992 年 5 月的一项调查显示使用华语的新加坡华族人口,由 1979 年的 1% 增长到 1992 年的 33%; 使用方言者，却从 1979 年的 89%，减少到 1992 年的 63%；在 1980 到 1990 年的十年里，讲方言的家庭从原本的 76% 下降到 48%; 家中使用华语的小学一年级学生,由 1980 年的 26%，增加到 1992 年的 65%；而使用方言的人数却从 1980 年的 64%，减少到 1992 年的 3.6%。换言之，今后的华语学生，在家里主要是讲华语和英语。而父母也受到了华语运动"多讲华语，少用方言"的感召，主动改用华语和子女交谈，不再传授方言。所以现在的中小学生，甚至大学生，能讲方言的少之又少。

语言的本质是文化,是各民族文化自我认同的一种主要形式。可以说,语言带来的认同问题,实质上就是文化认同问题。在华语运动中,华人社会的语言习惯得到了较为成功的改变。与此同时,华人的文化认同意识也受到了较大的影响,而华人对中华传统文化与价值观念的认识也有所加深。新加坡是一个年轻的国家,若从1918年开埠计起,华族大致经历了四代人。由于新加坡特殊的历史背景,这四代人分别存在着程度深浅不一的认同问题。在华语运动推广之前,老一辈华人当中方言群的认同感甚是深厚,表现出强烈的乡土情怀,而对新加坡国家认同最浅;中年一辈在20世纪四五十年代风云激荡的民族主义运动中出生成长,多接受华文教育,华族及华族文化的认同最深,有时甚至表现出支持中国革命建设事业的倾向;至于年轻一代,特别是受英文教育者,对新加坡的国家认同最强,且多推崇西方文化和价值观。面对这种认同分歧的局面,华语运动在很大程度上扮演着重塑华人文化认同的角色。到20世纪80年代末期,华人社会已经不存在基于方言之上的认同隔阂。同时,各年龄层的华人对华语所承载的文化表现出了更多的认同与理解。根据2002年对4000名新加坡华人的调查显示,受访的中年人87%说他们懂得华文、对中华传统文化了解增多;更多的专业人士、经理和其他高级人员表示有机会愿意到中国亲身感受原汁原味的中华文化。《联合早报》2004年初对400名中学生学习华文态度的调查发现了令人鼓舞的趋势:绝大多数学生都表示对学习华语文抱着很积极的态度,83%把华文看作是母语,感到有意思,95%都认为新加坡华人应该学习华文,75%知道中华文化的保根价值,觉得掌握华文是很重要的。

(三)海外华裔新生代与香蕉人

海外的几千万华人同胞,他们都心向中国吗?毋庸讳言,在海外华侨华人中,既有不少感人的文化薪传事例,但同时也存在许多华人"失根"的事实。新一代华人即华裔新生代传统文化色彩淡化、传统文化资源流失的现象也令人触目惊心。

华裔新生代主要是指在中华圈(含中国大陆、香港、澳门和台湾地区)以外的新生代华人。他们出生、成长于居住国,长着东方人的脸,流淌着中华民族的血液,却基本没有受过中华文化的熏陶,大多既不能听、也不能说中国语言,更不会写中国字。这就是所谓的"香蕉人",因为香蕉表皮为黄色,而肉质却为白色,用以比喻皮肤为黄色,而思想、观念、文化、语言等却完全西化的华裔后人再形象不过。他们自幼全盘接受居住国的教育,满脑子的当地思想和地道的当地国语言,接受了居住国的文化教育和生活方式。据2008年寻根之旅夏令营活动开展的一项调查显示,荷兰学子认同自己华人身份的仅占被访人数的25%,而印尼学子则占66%。

在说英语、看美剧的大环境下成长的欧美新生代,从小接受居住地的同化教育,思维方式基本上已西化,语言和习惯渐渐偏离父辈,对中华传统文化越来越陌生,他们不认同父辈坚守的传统文化,与父辈冲突不断。据美国《侨报》报道"打江山"的老华侨或新移民与"坐江山"的新生代,对待过年过节就有两种情结:前者老早就张罗各种喜庆活动,而在当地出生的新生代却相对淡漠,对春节为什么要挂春联吃年夜饭,以及清明祭祖、端午吃粽、重阳登高等,一无所知。在不少家庭里,"香蕉人"看不惯父母谨小慎微的行事作风，父辈们也搞不懂子女张扬外露等价值取向。多数孩子从来不看中国电视和中文书籍。网上曾报道一位母亲为了给女儿补补中华文化，特意带她回国游览名胜古迹，已上大学的女儿除了对美食和美景感兴趣以外，对其他的一切都很排斥。新生代由于对祖籍中国和文化都不甚了解，对家乡故土的感情更远不如父辈深厚，甚至对老一辈华侨将辛辛苦苦挣来的钱用于兴办故乡公益事业的举动感到不理解。他们也回祖国投资兴业，但大部分人对经济效益的考虑远甚于本乡本土的概念。父辈传统的"根"文化意识在这些新生代身上正日益淡化以至消失。

早期老一辈在中国出生的华人华侨，祖祖辈辈在传统农业文明土壤中生活，系下了故土难离、落叶归根的情结。祖国就是他们的根，即使暂时栖身异域，最终还是要回归故里，振兴家乡，报效祖国。他们即使后来加入了居住国国籍，仍自觉是客人。到了其子、孙辈，其文化认同和心态上已经实现了从"落叶归根"到"落地生根"的质的转变，身份上也从客人变成主人。生活在欧美发达的工业文明社会，再也不可能产生如父辈那样的乡土情愫。而作为华裔，他们深感被边缘化，缺乏作为主人的安全感，因此，他们渴望成为真正的当地人。有学者曾指出：身份确认对任何个人来说，都是一个内在的、无意识的行为要求。个人努力设法确认身份以获得心理安全感，也努力设法维持、保护和巩固身份以维护和加强这种心理安全感。后者对于个性稳定与心灵健康来说，有着至关重要的作用。

老一代海外华人普遍没有文化，贫穷、落后、愚昧，备受当地社会排斥和压制，唯有在"唐人街"、"中国城"才获得心理安全感，于是他们一辈子生活其中。无可否认，"唐人街"等华人社区，对海外华人具有极大的凝聚力，给初来乍到的移民提供生活上的方便和精神上的安全感，对中华文化在海外的延续和传播起到极大作用。但从另一方面看，它客观上将华人限制、封闭在自己的圈子里，严重制约着他们与当地社会的联系，不利于华人开拓性的发展和融入到主流社会中。

而新生一代华人大多受教育水平高，据美国人口普查资料，华人高中毕业以上者占71.3%，其中大学毕业的占36.6%，分别比美国平均水平高5.3%和19.6%，具有硕士、博士学位的则比美国平均数约高一倍。华人在美国科技界占有突出的地位，为世人所瞩目。出于自身发展的需要，年轻一代的华人努力突破父辈身份的限定，身份并非是一种界定或者归宿，而是对自身拥有的文化资源的不断开掘；他们走出华人社区狭隘、封闭的圈子，力争融入当地主流社会，提升自己的社会、政治地位，因此与当地社会的同化、融合，是华人社会发展的必然趋势。

然而自身"黄皮肤黑眼睛"的外在条件，和内在的受家庭潜移默化影响而融入到血液中的中华文化传统意识，决定了他们无论如何努力，都难以彻底融入当地文化并与之形成内在的和谐，也难以逃脱强势文化包围下的卑微感受。这些华裔新生代一方面拒绝做"华人"，但内心深处又十分清楚自己并不被西方人所完全接纳，正是这一自我身份认同的矛盾导致其产生"民族认同疲惫"，这也就构成了香蕉人的"文化认同困惑"。海外华人是承载和传播中华文化的最重要的载体；另一方面，海外华人的自身形象也是中国软实力的重要组成部分。他们是外国社会和民众了解中国社会和民众的一扇窗户。基于海外华裔的现状，

加强对华裔新生代的华文教育和中华历史文化的宣传、熏陶，是一项艰巨而且需要长期坚持不懈的工作。

中华文化学院是以弘扬中华文化为宗旨，面向港澳台同胞及海外侨胞开展统一战线工作的文化教育学院。它作为传授中华传统文化、增强民族凝聚力的重要阵地，使更多的海内外同胞接受中华传统文化的教育了解博大精深的中华文化，从而增强海外华侨华人对中华民族的认同。此外还有文化"走出去"的形式，国家组织文化社团赴海外交流，加强与海外华侨华人的文化联系。比如在 2009 年新春之际，从中国的农历正月初三到正月二十，国务院侨办组织的"文化中国·四海同春"访美艺术团一行 40 人，历经 18 天，在纽约林肯艺术中心、波士顿约翰·汉柯克音乐厅、华盛顿马里兰大学音乐厅、洛杉矶帕萨迪纳大剧院以及旧金山硅谷佛林特中心奉献了 6 场民族特色浓郁的高端演出，与美国华侨华人一同度过了一年中最重要的传统节日——春节。与此同时，"文化中国·四海同春"访美艺术团一行还赴美国东西海岸，遍访华人社区，慰问新老华侨，鼓励华人企业家回国创业，使更多的海内外同胞接受中华传统文化的教育了解博大精深的中华文化，从而增强海外华侨华人对中华民族的认同。

三、中华文化的海外传播

2004 年 11 月 21 日，全球第一所"孔子学院"在韩国首都首尔挂牌。2014 年孔子学院迎来 10 周年华诞，10 年来，全球已有 476 所孔子学院和 858 个中小学孔子课堂，遍布 127 个国家，累计注册学员 345 万人。"孔子学院"的开办对于中华文化跨文化传播具有十分重要的意义。

（一）"孔子学院"是汉语教育的重要课堂

由于中国经济的发展，影响力的增强，世界上越来越多的人开始想要学习汉语，了解中国文化。为增进世界各国人民对中国语言文化的理解，为各国汉语学习者提供方便、优良的学习条件，中国政府大力发展"孔子学院（Confucius Institute）"。孔子学院即"孔子学堂"，它并非一般意义上的大学，而是推广汉语和传播中国文化与国学的教育和文化交流机构，是一个非营利性的社会公益机构，一般都下设在国外的大学和研究院之类的教育机构里。它最重要的一项工作就是给世界各地的汉语学习者提供规范、权威的现代汉语教材；提供最正规、最主要的汉语教学渠道。

美国高中有大约 2.4 万人学中文，但学习法语的美国高中学生是 100 多万。美国 3000 多所大学，只有近 800 所开设了汉语课程。时任英国财政大臣的布朗 2003 年来中国时说，英国在继续进口越来越多的家电、服装和其他东西的同时可以用出口一样东西来平衡，这就是英语。英语教学作为英国的一项出口，它的价值在 5 年里已经从 65 亿英镑增加到了 103 亿英镑，约占其 GDP 的 1%，将语言推广和文化推广相结合是发达国家向外传播自己的语言时所采取的一个基本政策。利用中国丰厚的文化资源，向全世界展示中国文化的智慧和魅力，汉语国际教育无疑是最重要、最关键、最有效的途径。

（二）"孔子学院"是传播中国文化的桥梁和纽带

世界各地的"孔子学院"因地制宜，不仅仅作为一个教授汉语的语言学校，而且开展一系列当地比较喜欢、容易接受的文化活动，在轻松愉快的氛围中让外国人感受博大精深的中华文化，展示五千年来中华文明的精粹与灿烂，提高他们的学习兴趣，促使其下一步积极主动的学习和接触更多的中华文化。伴随着汉语国际化的进程，学习汉语的外国人可以增强对中国的了解、认识与认同，这样慢慢传播下去，把中国文化与外界文化环境连接起来，让一部分学习汉语的外国人带动一片对中华文化感兴趣的人，从而让越来越多的外国人理解、接受中华文化。

孔子是中国传统文化的代表人物，以他的名字命名中国的语言学院是为了秉承孔子"和为贵""和而不同"的理念，推动中国文化与世界各国文化的交流与融合，以建设一个持久和平、共同繁荣的和谐世界为宗旨。未来中国向世界出口的最有影响力的产品不是衣服、鞋子、彩电、汽车等有形物，而是中国文化及国学。孔子学院已经成为推广汉语教学、传播中国文化及国学的全球品牌和平台。中国的孔子学院所做的，只是向世界各国仰慕中国文化的人民提供了一个领略华夏文明的窗口。并且这种传播是双向的，我国合作办学的大学也可以从外方学校学习到先进的办学模式、人才培养机制，甚至以当地的"孔子学院"为平台，开展经济贸易合作。"孔子学院"可以成为某种程度上的"民间大使馆"，不仅能教授汉语、传播中国文化，还能推动国内高校的国际化进程。

国际舆论的主流媒体充分肯定了汉语国际推广和"孔子学院"建设对推动文化交流沟通、促进世界和谐发展的重大意义。《纽约时报》2006年1月11日刊登了题为《中国的又一热门出口品：汉语》的评论，引用专家的话说，中国当局正在利用汉语文化来创建一个更加温暖和更加积极的中国形象。《华尔街日报》2006年9月1日发表的《汉语推广热全球》一文指出："中国政府的汉语推广战略的高明之处在于：推广教育和语言有助于加深外部世界对国家的了解，是扩大一国影响力的最有效途径；战舰能让别国人民暂时臣服，而让他们理解你的语言却能使大家成为朋友。这个主意真的很高明！"《纽约时报》在一篇评论中引用当地一所汉语研究机构负责人的话说："中国正在用汉语文化来创建一个更加温暖和更加积极的中国社会形象。"

中国在世界各地建立孔子学院，越来越多的外国人学习中国语言和文化，这正是中国"软实力"提升的一种具体体现。

四、国内语文教育现状与日渐淡漠的文化认同意识

（一）国内语文教育现状

1. 语文教育世俗化、功利化倾向明显

基础教育阶段，教学需要接受各级各类教育主管部门组织的检查、测验、评比。唯分

数论、唯高考成绩论成为检验学校教育教学质量的唯一标准。教师在"指挥棒"画地为牢的前提下，教学只能屈从于教学大纲，教师依据教学参考书把对课文的肢解性的解读，相关字、词、句的解释填鸭式地灌输给学生，只有这样学生才会在历次考试中永远胜出。这种做法严重抑制了教师思维的拓展，长此以往，定势思维，服从型教学，甚至照本宣科成为教师语文教育必须遵守的不二法门。著名学者丁辉在谈及知识分子的地位时曾说："文化人所做的文化的传承、传播，教育的工作是创造性的劳动，而创造性的劳动不仅需要创造性的心智与头脑，也需要这种心智和头脑得以运行的宽松的生活和工作环境。"长期以来，语文教育应该承担的培养学生真、善、美的情操，勤劳、俭朴的美德，追求真理、刻苦奋进的意志，挖掘潜能、丰富个性的功能没有得到很好的体现，因此学生的人文精神受到一定程度的压制。事实表明，如果学生没有将知识纳入到已有的认知结构、经验系统，这种做法对于他的生活世界就不具有意义和价值，设定答案的教育极大地限制了学生思维能力的发展，也在一定程度上破坏了学生的学习兴趣。

2. **语文教育的说教功能逐步弱化**

学生的成长、成人、成才，离不开家庭、学校、社会的共同教育。我们的教育目标是把学生培养成中国特色社会主义的建设者，改革开放的先行者，实现中国梦的后备军。对于学生的行为养成，家庭和学校都努力从正面引导、教育。即使有些独生子女自小养成一些不良习气，也完全可以通过学校教育加以矫正。尤其小学教师的言语举止、行为垂范对学生一生都影响甚巨，但问题是社会大环境有时候有些不尽如人意。心理测验表明，当学生辨别是非、真伪、美丑、善恶的世界观、价值观、人生观尚未真正形成时，负面因素对人的影响远远大于正面说教，因为负面的东西更具新奇感、诱惑力。如现今有的影视剧、品牌栏目一味追求高票房、高收视率，严肃主题娱乐化、庸俗化，镜头只对准"潮流前沿"贩卖暴力恐怖和低级趣味。尤其一些都市类报纸，满篇都是明星们的私生活绯闻，大都在宣扬一夜成名或一夜暴富，金钱至上、名利至上、个人利益至上成为标准。据一则新闻报道，湖北省武汉市人民路小学六年级二班的绝大多数学生居然把"土豪""美食家"当成自己的理想。这种病态意识无时无刻不在侵蚀着学生的思想，影响着学生的行为。高雅、勤奋、诚实、质朴等日渐式微，媚俗、浮躁、狡诈、浮夸等大行其道。语文教育中传承的"天下兴亡，匹夫有责"的担当，"富贵不能淫，贫贱不能移，威武不能屈"的信念，"穷则独善其身，达则兼济天下"的态度，"先天下之忧而忧，后天下之乐而乐"的美德虽然在学校有教师苦口婆心的教诲，学生的思想、行为也受到浸染，但更为可悲的是当学生走出校门，耳闻目睹了与学校所教有偏差，甚至矛盾的现象时，主流价值观就会被瓦解。学生践行基本的行为道德规范就会显得被动、盲目。

（二）文化认同意识淡漠

有个笑话，母老鼠带孩子在外散步，遭到猫的攻击，母老鼠学了几声狗叫将猫吓跑。事后，母老鼠语重心长地说："学好一门外语是多么重要啊！"当然，笑话终归是笑话，可笑话里反映出一个真理——外语是不同国家、民族、文化之间进行直接沟通和交融的主要途径，掌握好外语是全球化进程中的现代人应该具备的素质和能力之一。

　　任何事物都应有一个"度"，在中国我们看到的是"外语的过度热"甚至是走火入魔：大学生为"考托"、"考 G（指 GRE，即美国研究生入学考试）"、"考雅思"而奋战，中小学乃至幼儿园为双语教学而拼命，人们的求学和晋升必须依靠一门本不属于我们的语言。甚至街头的哥、的姐也时不时念叨几句"洋泾浜英语"时刻准备着为外国友人服务，连小商小贩也"ten yuan""one dollar"地往外蹦单词和老外讨价还价，全国各地雨后春笋般的外语培训班更是比比皆是。中国人从来没有像今天这样几乎疯狂地学习英语。

　　汉语的丰厚悠久和诉诸直觉的灵性，几乎令世界上其他文字无法匹敌。但现实生活中人们对于汉语的关注如此微乎其微。现实中一个个极具讽刺意味的例子，已经反映出我们的母语教育的问题。在复旦大学一年一度举行的汉语言文字大赛上，夺冠的不是中文系的学生，也不是其他学院的学生，却是该校的留学生队。在学术界里，重英语轻汉语的现象似乎更有日益加强之势。2005 年在上海举办的第四届全球华人物理学家大会上，有 500 多名学界精英出席大会。从论文汇编到会议网站，从演讲到提问，甚至会场门口的指南，全是英文。有学者申请用汉语作报告竟然没有获得大会主办方的同意。

　　在这种全民外语热的背后，掩盖着一个极为严重的问题——对母语的冷落。本来，汉语是联合国的六种工作语言之一，也是世界上使用人数最多的语言，是我们理应为之感到骄傲和自豪的一种语言。可在外语热的同时，国人对汉语却表现出一种严峻的冷漠。人们只会为能说一口流利的英语而自鸣得意，却毫不在意母语表达上的辞不达意；人们为托福满分而欢呼，却对母语的错别字连篇无动于衷。甚至在一些大学里，中文系学生过不了英语四级考试就拿不到学位，可写不出锦绣文章却没人计较。相形之下，汉语的被冷落，以及汉语运用中的粗糙化已经是不争的事实。

　　在母语意识淡漠的背后是对民族文化的淡漠。今天的青少年受到越来越多的以西方文化为代表的异质文化的影响。他们中的大多数热衷于吃肯德基、麦当劳等快餐，喝可口可乐，看好莱坞大片，今天"哈韩"，明天"哈日"，过"圣诞节""情人节"这样的洋节日的热情远远大过于中国的传统佳节。传统的东西在这一代人眼中变得像黑白照片一样苍白。以汉语为载体的中国民族文化正处于一种尴尬的危险境地。

　　一个民族的生存与发展首先要有本民族所特有的文化以及在这些文化中体现出的传统，这是一个民族能够长久地屹立于世界民族之林的根本所在。一个民族自身最具个性、独特性与民族性的文化对于一个民族的生存来说，犹如大树之根、大厦之基。大树没有了根，便失去了向上传送营养的场所；大厦如果没有了牢固的地基，随时都会有付之一炬的危险。而这个"根基"的维护靠的则是每一个民族成员都保持着共同的文化传承和文化认同。中华民族这个有着泱泱几千年灿烂文化的民族，虽然经历过风雨飘摇的岁月，却始终保持着其优雅、从容、古老又不失活力的文化，维系着生生不息的民族脉搏。我们的文化传统是"一个民族世世代代积累而成的精神财富，是一个民族发展动力接连不断的源泉。文化传统可以造成一个民族的自尊心、自豪感和自强精神"。千百年来，中华民族的民族性深深地维

系于我们隽永有致的汉民族语言当中，汉语承载着中华民族的民族精神，传递着民族的文化，我们唯有守护住自己民族的语言，方能守住民族"最后的指纹，最后的遗产"。

而母语及母语文化的安全问题不仅仅出现在中国。近几百年来，英语伴随经济实力而带来的优势，对其他许多国家的母语构成了巨大威胁，促使许多国家都重视维护母语的地位。如以色列，尽管英语很流行，但建国时仍确定希伯来语为官方语言。法国学者出席国际会议，向来强调使用法语。加拿大魁北克省为维护法语还专设了"语言部部长"。欧盟极力推进欧洲一体化，各成员国仍强调维护自己语言的独立性，并在政策上规定了各国使用母语的基本权利，以致欧盟一年仅翻译费用就高达 13 亿美元。苏联解体后，俄语不仅在世界上地位有所下降，其自身文法体系也由于大量外来语的涌入而受到严重冲击。俄罗斯第一夫人柳德米拉·普京娜曾因此大声疾呼："俄语正处于危难之中。"俄罗斯总统普京于 2006 年岁末正式签署关于在俄境内举行"俄语年"法令，通过"俄语年"活动提高全民的俄语拼写能力，重现与其大国地位相称的荣耀。由此可见，重视母语，保护母语，已成为当今世界各国备受关注的一项民族责任。

小结：

母语与民族情感；语言认同与文化心理；国内语文教育现状与日渐淡漠的文化认同意识。

思考题：

1. 海外华裔新生代的社会文化认同存在哪些问题？
2. "孔子学院"的开办对于中华文化跨文化传播具有怎样的意义？
3. 谈谈你对国内的语文教育现状的认识。

第四讲
语言文化的接触与融合

任何一个民族不能孤立于世,任何一种语言文化也不能自给自足。因此,语言文化之间相互引进或相互借鉴的情况必然出现,其结果常常在语言中打下深刻的烙印。

一、外来词的大量涌现

外来词又名借词,是指从外语里吸收进本族语言的词语。中文里外来词的出现便是中外文化交流的一个重要成果。

(一)汉唐时期的外来词

汉唐时期,是我国历史上空前高度统一的时期。文化多元,经济发达,军事强大,国力强盛,影响远及四海,在世界中占有十分重要位置。著名的丝绸之路(从长安,到河西走廊,经西域即今新疆,到安息即今伊朗,一路到达西亚和欧洲大秦)和海上丝绸之路(从广东沿海港口到达印支半岛,再到今天的马来半岛,穿过马六甲海峡,到达孟加拉湾沿岸诸国,最远到过印度半岛南端)就是在此时出现。丝绸之路穿过亚洲,到达欧洲,成为了该时期经济贸易的重要通道。此时很多新鲜的商品、新奇的动植物被带到中国,这些新事物名称也随之在汉语言中生根发芽,主要包括一些有关动物("狮子""骆驼")、植物("石榴""苜蓿")、乐器("琵琶""箜篌")等方面的外来词以及大量的佛教用语,并且开始广泛地运用到日常生活中,如"世界""南""北"等词语。其中有些外来词由于融入汉文化

时间久远,以至于我们误以为是汉语固有词,如"葡萄"一词。融入汉文化已经有2000年的历史,唐代就有著名诗句"葡萄美酒夜光杯",它实际上是汉代张骞通西域的成果。"葡萄"一词源自伊斯兰语,汉字转写方式很多,其中《史记》中的"葡桃"写法影响最大。甚至唐代诗人李颀《古从军行》还写出"年年战骨埋荒处,空间葡桃入汉家"的诗句。可以说外来词的引入开阔了人们的视野,也极大丰富了汉语的词汇。下表是一些代表性词语。

表4 汉唐外来词举例

类别	代表词汇
动植物	骆驼、狮子、鸵鸟、大象、苜蓿、蘑菇、石榴、葡萄、菠菜、胡椒、胡杨、胡桃、牡丹、茉莉、珊瑚、豆蔻
乐器	琵琶、箜篌、瑟
饰品	宝石、玛瑙、琥珀、胭脂、琉璃
佛教用语	佛、塔、劫、北、南、和尚、菩萨、刹那、世界、因缘、轮回、烦恼、大千世界、昙花一现、心心相印

(二)鸦片战争到五四时期的外来词

1840年前后是中国历史上最衰落的时期,也是从这一年开始了第一次鸦片战争。古老的中华民族开始寻找新的发展道路,汉语言文化的发展也在此时迎来新的契机。

西方列强用鸦片和坚船利炮打开清朝封闭已久的大门,给中国人带来了一个全新的世界。当英国人以侵略者和殖民者的身份入侵中国的时候,在经济、文化、政治等方面都和中国人民发生了密切的接触,这其中包括语言上的接触。由于处于第一次工业革命之后的英国在经济、文化、政治等方面都优于中国,处于先进地位,因此在汉英语言的接触中,英语作为强势语言开始排挤、替代较为弱势的汉语,汉语不得不在某些方面通过一些方式采用英语词汇。于是,大量的英语词汇开始在汉语中广泛应用,形成了英源外来词,如伴随着新的事物传播到中国的"鸦片""咖啡""夹克""电话"等,这些吃、穿、用的东西第一次来到中国,这些词语也首次出现在汉语中。此外还有一些外来词是源于俄语的,比如"伏特加"(俄罗斯一种著名的酒)、"苏维埃"(政府机关或者组织名)。而"蒙太奇"一词则是来自法语,表示一种制作电影的手段。

词语在借用的过程中会出现往返借用的现象,最典型的存在于日语和汉语之间。魏晋六朝以后,汉语对日语影响很大,汉字也被借用作日语的书写工具。但日本在19世纪60年代的明治维新之后,提倡向西方学习,引入了大量表达新事物、新概念的新词,这些新词用汉字来书写,同时也适合汉语表达新事物的需要,于是汉语又成批地从日语中以汉字的形式把这些词语借回来。例如"思想、具体、资本、学士、硕士、博士、卫生、封建"等。以"博士"一词为例,最早是一种官名,始见于二千多年前的战国时代。秦汉时"博士"一词表示的是掌管书籍文典、通晓史事的官职，后成为学术上专通一经或精通一艺、从事教授生徒的官职。后来"博士"一词被借入日语，而汉语又把日语中表示最高一级学位的"博士"一词借回来。中日两国文化上密切往来的历史，在汉语和日语所保留的共同词汇成分中得到了很好的见证。

（三）改革开放以来

1978 年党的十一届三中全会召开，中国开始实行改革开放。宽松的环境和开放的政策促使我国与别国开始频繁地接触和往来。物质上互通有无，文化上相互学习借鉴，全方位地与世界进行了接轨。特别是随着经济全球化和世界一体化进程的推进，各国之间的接触日益频繁，在语言文化上的表现尤为突出。英语作为世界上使用范围最广的语言，成为了世界各国人民交流的通用语。中国不断兴起的外语热（尤其以英语为主），在一定程度上加快了英语在汉语环境中的成长，促使了从英语里吸收大量的词语。

这些外来词深入到社会生活的各个领域、多个方面，使用起来也更加方便快捷，极易被大众所理解和接受。如今，我们的日常生活已经离不开外来词。我们吃的是"汉堡包"，喝的是"可乐"，穿的是"T恤""迷你裙"；出门可以坐"大巴"或"打的"；去"卖场"可以买到各种需要的东西；娱乐消遣可以去"酒吧""KTV""打高尔夫"；想买房子可以"按揭"；"雅思""托福"成为了众多莘莘学子的目标。可以说外来词无处不在，已经融入到现代社会文化之中。

这些外来词形成的方式多样，像"可乐（Cola）""肯德基（Kentucky）""咖啡（coffee）""沙发（sofa）""派对（party）""海洛因（heroin）"等，是通过读音在汉语里找出相对应的文字组成词语，从而具有新的意义，形成新的词语，这类词属于音译词。特别是在五四时期出现了大量的音译词，其中有的音译词保留至今，如"沙发""咖啡"等，但是有些音译词，如"梵阿铃（violin）""赛恩思（science）"，由于每个字的原义与外来词毫不相干，从字面上根本无法看出语义，后来就按照外来词的意义用相关的汉字来翻译，分别译为"小提琴""科学"。由于汉语是表意文字，因此这种意译方式的词语被长久地保留在了汉语中。像"卡车（卡为英语 car 的音译）""芭蕾舞（芭蕾为法语 bettet 的音译）""啤酒（啤为英语 beer 的音译）"这类词在翻译的时候是在音译的基础上又增加了一个表示义类的汉字。

近些年来，字母词大量涌现，即直接用外文缩略字母或与汉字组合而成的词，如"MTV（音乐电视，英语 music television 的缩略）""CD（激光唱盘，英 compact disc 的缩略）""WHO（世界卫生组织，英 World Health Organization 的缩略）""CEO（首席执行官，英 Chief Executive Officer 的缩略）。

二、从"洋泾浜英语"到"洋泾浜中文"

在历史发展的长河中，不同的民族，不同的国家之间的相互接触，为语言之间的相互渗透和相互影响提供了基础条件。美国语言学家爱德华·萨丕尔（Edward·Sapir)说："交

际的需要使说一种语言的人和说邻近语言或文化上占优势的语言的人发生直接或间接的接触。通常，当两种语言发生碰撞时，总会有一方显得较为强势，大量进入另一种语言，从而较大程度地影响甚至改变了另一种相对弱势的语言。"在汉语发展的历史长河中，曾经出现过大量的"洋泾浜英语"，发展至今，则出现了不少"洋泾浜中文"。

洋泾浜，原是上海黄浦江一条支流的河名，位于解放前英法租界之间，后来被填成一条马路，即今天的延安东路。当时随着大批从事经济掠夺的英商涌入，洋泾浜两岸中外商贾云集，当时外国商人不谙中文，中国人也不懂外语，在没有共同语言而又急于交流的情况下形成一种"商业英语"，主要特点就是以当地母语为主，夹杂许多英语词汇，属于不同语言人群进行交流的混合语言。洋人称作"皮钦语"（pidgin English），华人则叫做"洋泾浜英语"，其实质是一种"用英语词语说中国话"的不规则英语。

"洋泾浜英语"的起源为清代的外文翻译，他们被称为"通事"。当时在洋泾浜周边有一些略懂几句蹩脚英语的通事，当外国人来此做生意时，由于言语不通，他们便上来自充翻译，获取酬金，上海人称他们为"露天通事"。他们和外国人打交道时，用带有很浓重的上海、宁波口音，用汉语语法拼凑为简单的英语语句，这种似洋非洋的话，被人们称为"洋泾浜英语"。如"我不能"翻译为"My no can"，"两本书"说成是"two piece book"，"让我看看"说成是"let me see see"。上海人为了学"洋泾浜英语"，还编了一首"洋泾浜英语歌谣"，"来是'康姆（come）'，去是'谷（go）'，廿十四块洋钿'吞的福（twenty-four）'……"

中外交流的深入和日益频繁，使会外语的人越来越多同时懂中文的外国人也日益增加，这种洋泾浜式的英语开始式微。当历史的车轮滚滚驶向 21 世纪的今天，出现了大量的"洋泾浜中文"。所谓"洋泾浜中文"意指汉语中夹杂了大量英文字母或英文单词的现象。如报刊上曾刊载过这样的例子："Hi, 你好呀！This morning 我们对你的 case 进行了 discuss，我们发现，这件事情不 make sense。所以我们不得不遗憾地告诉你：与这件事有关的所有 project 都将被 cancel 掉。"这样的中英混杂表达方式的使用者多是在外企供职的白领人士，由于平时经常要跟外国主管打交道，接触英文资料较多，而且为了职位的提升，他们不得不努力让自己习惯用英语思维，时间长了，在中国同事之间就会不由自主地这样交流。除此之外，我们还常常听到一些电视节目主持人有类似的表达。

（1）"观众朋友们！你们 high 不 high 呀？"
（2）"下面我们让两位选手再 PK 一下！"

中英夹杂的表达方式就是这样扩散开来，广大受众在日常生活中像被动吸烟一样不由自主地接触着支离破碎的外语。结果使得现在的年轻人张口就是"喂，你们到哪里去 happy 呀？""我喜欢很 high 的歌"，这样的语句司空见惯，似乎已经成为人们追求时尚的一种表达方式。

暂且不论年轻人撇几句洋文、追求时尚的说话方式，甚至有的报纸公开用汉英混杂的形式做标题，比如，《上海加入 Live8》《MG：My 生活的 GENE》《哪款 AOC，卖到了 VDP》

等。这些标题，除非是专业人士，否则即便是懂英语的人也很难看懂，可以说汉英文字混杂已到了非常严重的程度。

2010年12月，新闻出版总署曾下发通知，要求进一步规范出版物文字。通知要求，在汉语出版物中，禁止出现随意夹带使用英文单词或字母缩写等外国语言文字；禁止生造非中非外、含义不清的词语；禁止任意增减外文字母、颠倒词序等违反语言规范现象。与此同时，广电总局也发出相关的通知：电视节目中所用外语和缩略词等，应规范使用。此前，清理汉英文字混杂现象的呼吁，多见诸报刊和语言学界，"两会"提案、专家撰文亦多有涉及。而这次以政府主动出击的方式来捍卫汉语的纯洁性，意义非同寻常。

这不仅仅是涉及保护我们汉语言文字的语言学问题，甚至是影响到国家文化安全的重大问题。曾有语言学家这样断言：世界文化史上最古老的三种文字中，古代埃及人的圣书字、古代苏美尔人的楔形文字，已经先后于公元前300—400年消亡了，眼下就只剩下汉字了。但伴随着英语的强势入侵，如果我们再置若罔闻，300年后汉语也将会消亡。这虽然有些危言耸听，但今天社会对汉语的轻视和对英语的盲目崇拜，已经到了非常麻木的状态，这不得不引起我们的高度关注。我们所讨论的不是英语的强势入侵，而是我们自己在面对入侵时自动解除了武装。对西方语言的盲目崇拜，对自己母语的麻木不仁，实际上是对民族文化的轻视和自信心的缺失。

我们强调保卫民族语言的纯洁，与所谓的民族主义是截然不同的两回事。一部五千年的文明史证明，我们中华民族历来强调融合其他民族的优秀文化为我所用。但是融合并非照搬，比如，在引用外来语方面，我们通过多种方式进行翻译，有音译形式的"咖啡""沙发"，有意译方式的"电话""银行""水泥"，此外还有音译加意译方式的"啤酒""芭蕾舞""迷你裙""哈巴狗"等。特别有趣的一个例子是"可口可乐"，它借自英语的"coca cola"，是一种著名饮料的商标。原词"coca cola"中的"coca"，是指饮料的原料中含有南美一种叫做"coca"的植物，"cola"则是为语音上的双声叠韵的效果而添加的无意义的音节。如果用单纯的音译，则"可卡可拉"最为相近，但这种译法对于我们接受起来较为困难。现在的译名"可口可乐"在保持了原词韵律结构的基础上，还有"可口，令人愉悦"之义。以此作为饮料的商品名称，其作用不亚于直抵人心的广告。此外，"托福"一词，其原词词义为"针对外国学生的英语水平考试"，译为"托福"就饱含了为参加考试者祈福之义，希望他们能够拥有好运气。这些外来词，都悄无声息地为我所用，极大地丰富了汉语的文化表达。

据史料考证：中国文化史上曾有三次吸收外来语的高潮。第一次汉唐通西域，佛教传入中国，外来语"葡萄""骆驼""世界""庄严""结果""现在""圆满"等西域语言和佛教用语引入了汉语，此后被我们使用了数千年，如今已很少有人知道这些词汇是舶来品。第二次外来语高潮是鸦片战争以后，从英语中引进了"坦克""沙发""吉普车"等，从日语中引进了"组织""纪律""政府""党""政策"等等一类词汇，现今这些词汇已融入我们的主流语言之中。这些机智巧妙的引用，是我们先辈智慧的结晶，诸多的外来语已成为我们语言文化中不可或缺的重要组成部分。第三次高潮是在改革开放以后，伴随对外交往

扩大和加深，外来语似大潮汹涌，如借自日语的"便当""写真"等堪称中国文化史上的一次盛举。毋庸置疑，外来词的引入、消化和吸收对促进中外文化交往和经济发展意义重大。

"洋泾浜汉语"的现象在当今社会之所以大肆流行，主要原因在于英语的重要性被空前地夸大，而对母语则重视程度不够。语言文字之争其实质是国家软实力之争，是话语权之争。近年来，世界主要大国都在用法律形式维护本国语言，法国把每年 3 月 20 日定为"国际法语日"，总统在这一天要出来讲话，号召保卫法语。德国人坚决反对德英语言混杂，提倡在德国要讲德语。美国近年也颁布法律，坚决维护其强势英语的地位。在这场文化角逐中，中国既要有海纳百川的开放胸襟和博大情怀，同时也要坚决捍卫我们的汉语言文化传统，因为这是我们中华文明传承发展的根基和命脉。

三、民族融合与语言文化融合

历史上从秦汉到隋唐，和汉民族发生融合关系的主要是"五胡"，即匈奴、鲜卑、羯、氐、羌等民族。其中以鲜卑族最为典型。鲜卑是发源于中国东北的一个古老民族，在中国的历史上占有重要地位。由于居于鲜卑山，因此得名。鲜卑族的拓跋氏在建立政权后，由于经济、文化发展的需要，开始学说汉话。古书中曾记载了孝文帝对咸阳王禧的一段话：高祖曰："……今欲断诸北语，一从正音。其年三十以上，习性已久，容或不可卒革；三十以下，见在朝廷之人，语音不听仍旧。若有故为，当降爵黜官，各宜深戒，如此渐习，风化可新。若仍旧俗，恐数世之后，伊洛之下复称被发之人。王公卿士，咸以善不？"

鲜卑族学习汉语的目的很明确，就是为了避免"数世之后，伊洛之下复称被发之人"，丧失了拓跋氏的政权。因此孝文帝于太和十九年六月"诏不得以北俗之语言于朝廷，若有违者，免所居官"（《魏书·高祖孝文帝本纪》）。鲜卑族统治者采用了语言融合的政策，语言的融合便加速了鲜卑族和汉族的融合。

当今社会语言文化交流更是比比皆是。不同民族文化通过交流而互相渗透，互为补充，融为一体，不断突破本民族文化的地域和模式的局限性而走向世界，不断超越本民族文化的国界并从全人类的评判和取舍中得到文化的认同，不断将本民族文化的区域资源转变为人类共享、共有的资源。语言与语言的接触亦是如此。在接触的过程中不同的语言彼此应从对方处获取营养，丰富自己的词汇，优化自己的结构，完善自己的表达。我们的民族语言通过与其他民族语言的频繁接触，不仅要保持与其他语言平等对话的地位，还要大大强化自己的表达功能，最终实现文化的整合，也就是文化主体对多元文化的比较、批判、选择和吸纳。

中国语言文化在走向世界的过程中，不可避免地会与外国的文化和价值观念有所冲突、矛盾和交锋。在这方面我们要加强文化自信，不断努力，使汉语真正成为多元文化中的"一元"。同时在尊重世界文明多样性的前提条件下，加强与不同文明之间的对话与交流，从而在这个地球村上构建人类共有的精神家园。

小结：

外来词的大量涌现；从"洋泾浜英语"到"洋泾浜中文"；民族融合与语言文化融合。

思考题：

1. 历史上有哪几个事情出现了大量的外来词？
2. 谈谈你对"洋泾浜"的认识。

第五讲
非语言与跨文化交流

  美国人问候时要握手,阿拉伯人则要亲吻双颊,日本人问候时要鞠躬,墨西哥人则常常相互拥抱。在土耳其,人们认为摸一下耳朵可以免受凶险目光的伤害;在意大利南部,这种手势却用来嘲笑人的懦弱无能;在印度,这又是自责或真诚的表示。在大多数中东或远东国家,用食指指人是不礼貌的行为。在泰国,示意某人走过来,需要手掌向下,手指前后移动;在美国,让人过来则应手掌向上,手指向自己移动;在越南,美国这种手掌向上的手势只能用来唤狗。汤加人在长辈面前应该坐下,而在西方晚辈应该站着。在美国,两腿交叉而坐表示放松;在朝鲜,这是社交禁忌。在日本,交换礼物要用双手;穆斯林人则视左手不洁,不用左手吃东西或传递物品。佛教认为,人在沉默时能大彻大悟;美国人则认为交谈出真知。美国人两眼正视对方,眼光直接接触,表示感兴趣,但是如果长时间盯着别人也是不合时宜的,会让别人产生不安和尴尬的感觉。许多在中国旅行的美国人觉得当地人对他们的凝视没有礼貌,常让他们很恼火,但他们并没有意识到这种现象其实在中国很常见的,只是出于好奇而已。

  哲学家梭罗曾说过,人际交流中,悲剧往往不是源于对话语的误解,而是由于不能理解沉默所致。国外学者研究表明:在交际中通过语言代码传递的信息仅占35%,而通过非语言代码所传递的信息则高达65%。同语言交流相比较,非语言交流更适宜间接地传递隐含的示意,其暗示作用可以更有效地传达信息。交际者往往能够依赖非语言交流来判断对方的真实意图,体会不可言传的交际内容。因此非语言交流具有更真实地传递信息,更准确地表达情感及在语境中起决定含义作用等功能，可以说非语言的交流对于跨文化交际具有十分重要的意义。

一、非语言交际的功能

非语言交际的重要性是由其自身的功能所决定的。有学者研究指出，非语言交际具有六个独到的功能：补足（complementing）、抵制（contradicting）、重复（repeating）、调整（regulating）、替代（substituting）和强调（accenting）。

（一）补足

非语言的暗示、面部表情、手势或人与人之间的距离等，时常被用来补充语言信息以起到补足信息传播的功效。"补足"一词表示该行为不能单独传播所想要传播的信息，举例来说，课堂上老师要让喧闹的课堂安静下来时，常常一边说"安静""肃静"等话，一边举起双手，掌心向下做下压动作以示"请大家安静"。有时为了引起学生注意，老师在说"请大家注意"的同时，还鼓掌，用掌声和话语来吸引学生的注意力。这些"下压"和"击掌"的手势都在交际中起到对语言信息的补足作用，强化交际者信息的传播，这就是非语言交际的补足功能。

（二）抵制

有的时候非语言交际信息和语言交际信息相互矛盾。在某些场合，人们为了掩饰自己愤怒、悲伤、不安的心情，常常会对他人说"没什么""没事"之类的话语，而自己却会流露出激动、不安的眼神和面部表情，甚至会泪流满面，此时他们的语言交际和非语言交际行为无法联系在一起。因为任何人都明白"没事，没什么"是句谎言，是交际者用来掩饰自己的内心世界的托词。当语言交际和非语言交际之间发生矛盾时，后者往往是真实的，对前者有否定意义。因此非语言交际具有抵制或否定的功能。

（三）重复

以非语言交际方式再次阐述语言信息是"重复"。重复不同于补充，它可以单独存在，不需用与其对应的语音信息来加强。"重复"是为了强调或阐明语言信息，例如，人们在冷饮部买冰淇淋时，往往嘴里说"来两份"，同时还伸出两个手指头以示意。使用手势重复语言信息的交际方式既明确又快捷。

（四）调整

点头、拍人的肩膀等这些非语言交际方法可用来协调人与人之间的语言交际，起到一定的调剂作用。例如，在一个经验交流会上，人们往往按照座位顺序挨个发言。为了节省时间，保持大会安静，主持人不需每次宣布下一个发言者是谁，而只需在上一个说话者发言结束之际，向下一个发言者点头示意该轮到他讲话了。发言过程中，发言者可以降低说话的语调以暗示某个意思的完结。这种场景下的"点头""降低语调"都是调节语言交际的非语言行为。

（五）替代

用非语言交际代替语言发出信息，即替代。替代是一种常用的非语言交际方式。比如，在喧嚣的学生餐厅等候朋友一起进餐时，为了让你的朋友看到你，你往往不会高声呼叫而代之以招手示意。又如，带小孩到朋友家做客，当小孩调皮，为了不破坏当时的气氛，往往不便于大声斥责或打骂孩子，而只是怒目而视以警告自己的孩子。以上都是由于环境的需要用非语言交际替代了相应语言行为的典型实例。

（六）强调

恰当地使用某些非语言行为可以对语言行为起到强调和突出的作用。强调的主要功能是强调口语信息中的特别之处。演讲者在演讲要点前后会停顿，叙述过程中会加重语气，提高音量。这些非语言的行为都会起到突出或者强调论点的作用。因为语气的加重、音量的提高都能加重语意的分量，使别人听得更加清楚，从而达到良好的接收效果。

二、非语言交际的内容

非语言交际包括语言行为之外的一切由人类和环境所产生的刺激，这些刺激对于信息发出和接受者都具有潜在的信息价值或意义。非语言交际包括的内容很广泛，其中表情、手势、身势、触摸、界域、服饰、副语言、时间、场景等是其重要的组成部分。

（一）外表和服装

从喷发剂到假发的使用，从瘦身运动到健身中心的兴起，从假睫毛到彩色隐形眼镜，都表示出人们对外表的极大关注。哲学家汤姆斯·福勒（Thomas Fuller）曾说过，"观其壳可知其核"。人们经常会根据一个人的魅力、着装及个人小饰品对其"知识、性别、年龄、亲和力、经济状况、阶层、品味、价值观和文化背景等"做出推断。研究表明，魅力迷恋在文化中已根深蒂固，它始于人生的早期阶段，即便是小孩子也更愿意选择与漂亮些的小朋友作伙伴。

注重外表的情况自古有之，而且相当普遍，这可以追溯到上古旧石器时代（约四万年前）。在旧石器时代，祖先们就已经开始把骨头制成项链和其他饰物。自那时起至今，历史遗迹和考古证据都表明，人们为了追求身体之美煞费心机。人们曾经以美的名义纹身，在身上系饰物，甚至不惜整形。如人类学家基辛所述："修饰身体具有文化上的普遍性。"在非洲，人们自古以来就有在脸上涂抹颜料画出各种色彩艳丽图案的传统。非洲人脸彩绘是部落文化中艺术的集中体现。非洲的部落文化认为，妇女在脸上涂抹出彩色图案是美丽的象征，因此在出席许多重要场合时，妇女除了佩戴各种装饰品外，还在自己脸上画

图 9　非洲人脸彩绘图案

出色彩鲜艳的彩绘图案。

文化深刻地影响着人们的审美标准，因为人们对"美"的评价标准和做出的判断都取决于文化的解释。在美国，人们青睐高个、苗条的女人。而在其他许多文化中，对女性魅力的看法则大相径庭。在日本，人们认为小巧的女人最有魅力。在传统的非洲社会里，丰满是美丽、健康、富有的标志，而纤瘦则是不幸、疾病或受丈夫虐待的标志。

而俄罗斯地区崇尚健美丰满的人。"人不必为肥胖而担心，只需为挨饿而焦虑。"这句俄语谚语正反映了俄罗斯的审美观。

但需要注意的是我们不能以静止的观点审视文化。文化具有动态变化性，随着中国、日本、非洲、俄罗斯文化同西方文化接触的增多，人们的审美观也在不断发生着变化。

衣服穿得多与少，样式如何等，也反映某种文化的价值取向。举例来说，阿拉伯人崇尚端庄，在大多数情况下，女孩子不许上游泳课，因为她们的身体不能裸露于外。在德国文化中，恰当的行为体现在得体而又保守的服装上。男士的职业装通常是这样的：刚刚熨好的深色西服，配以浅色衬衫和领带，深色的鞋袜。对举止和服装的保守态度是德国人所看重的，他们像重视他们的房屋外观一样重视个人外表。西班牙人也把人的外表同其社会地位联系在一起，在西班牙，地位高的人在大热天里穿西装打领带不足为奇。

在世界上许多地区，人们仍然穿着传统服饰。如阿拉伯，恰当的职业装应该是身穿宽松长袍，头戴白色头巾，并用黑色丝带系住。阿拉伯女人传统服饰的标准是遮住妇女的全身，不能显露或透视出身体的轮廓，只允许露出脸和手。因此，妇女最恰当的服装是头戴围巾，身穿长及地面的长袖衣服，外披黑色长披风。

不论是对于戴巨大沉重头巾的印度锡克教徒，还是戴蓝色圆顶小帽的犹太人，还是穿白色短袖套衫的非洲人，我们都应学会去接纳这些外在服饰的差异，这样才不会妨碍我们进行跨文化的交流。人们也许认为某一服装过于艳丽或者过于正式，但这些很可能就是某一特殊的文化价值观的写照，因为每一种文化都映照出人们特定的行为方式。

（二）身势语

身势语又称肢体语言（body language）或身体语言，是指由人体发出的具有表情达意功能的一套图像性符号，它包括目光语（eye language）；姿态，方位，姿势（posture）；手势语（gesture）；面部表情（facial expression）等等。相同的身势语在不同的文化中可能表达不同的意义及社会功能。在交际实践过程中，身体语言所产生的意义具有无限的丰富性和多重的暗示性。以法国为例，法国人认为自己是世界上唯一真正开化的民族：外向、奔放，热衷于一切令人震撼的、热闹的、诱人的事物。他们那潇洒敏捷的外表下面包含着丰富的身体语言。英国人则彬彬有礼但冷漠倨傲，他们沉醉在郁郁寡欢和自我克制中，有着无与伦比的历史的连续感，似乎历来就对周围世界的发展基本上无动于衷。而中国人含蓄内敛，中国文化在认识自然的过程中，依靠直觉和直观思考，把个人、自然和社会看作一个统一体。一个民族的身势语经过长年累月的使用，世代相传，该民族的历史背景、风俗习惯、宗教信仰、道德风尚，甚至思维方式都会反映在身势语中，因此探讨身势语背后的文化内涵具有十分重要的意义。

1. 身体姿势

同一行为或功能，因文化之间存在差异，也可能就会以不同的非言语行为来完成。例如，人们相见行礼的形式具有浓厚的文化气息和时代特征。在中国辛亥革命之前，中国人用磕头和作揖表示行礼，当时人们见面行礼叫作"道万福"，希望通过行礼给被行礼的人带来好运。辛亥革命之后用握手表示行礼，一般不论男女尊卑都用握手问好。即使同样是"握手"的礼仪，在不同的国家，握手方式具有一定的差别。如在美国，只有在被第三者介绍后两人才可以握手，而且男人之间的握手是很用力的。而新加坡要绅士般地握手，避免用力过大，通常男士要等女士先出手。俄罗斯人不允许两人隔着一道门或跨着门槛握手，以为这样做是不吉利的。韩国人与长者握手时，要以左手轻置于右手之上。在日本，见面不一定握手，只有见到朋友时才握手。在阿拉伯国家，伸左手与人相握，是无礼的表现。有些非洲人在握手之后将手指捏出清脆的响声，表示自由。荷兰人握手不允许对方靠得太近，更别说拥抱了。在印度，男女之间甚至连握手都不允许。而澳洲的有些土著人却用张嘴吐舌瞪眼表示欢迎。

在英国行见面礼的方式，和中国的"握手"礼仪相比形式更加多样化。不论他们在礼貌或称呼方面多么随便，当涉及行见面礼的问题时，英格兰人仍然十分谨慎保守。他们不喜欢，甚至讨厌与他人进行身体接触。在相互打招呼时，男人们第一次见面会握手，而在以后的见面中则可能会避免这么做。女人们则可以亲吻一边或两边面颊。她们这么做的时候，更愿意选择空吻——即亲吻者做出亲吻姿势，并在被吻者一边或者两边耳朵周围的空气中模拟合适的声音效果。因为英国人对于个人领域存在着一种本能的保护，

图10　法国的颊面礼

因此身体上的接触在英国人看来，能少则少，能免则免。然而法国人问候的方式则更有意思。礼仪对法国人来说意味着文明。法国人认为没有严格的礼节，就是没有受到教化的体现。法国人的颊面礼程序就十分明确。首先向左侧拥抱，然后向右侧拥抱，最后再向左侧拥抱，非常程式化。在巴黎，有时允许吻四下：左，右，左，右。法国人以吻致意使得法式行礼的独特方式变得玄妙无比。因此法国人和英国人相比，对于接触并没有那么的抗拒。

除了相见行礼方面的差异外，交际时对体态姿势的选择偏向也反映出一定的东西方文化差异。中国传统文化认为坐着的人往往处于支配地位：君坐臣站，父坐子站，上级坐下级站。位置也有一定的讲究：坐北朝南是尊位，右边为尊，左边为卑。因此，晚辈一般会给长辈让座以示尊敬。而在英法国家，情况却恰好相反。他们对"站"有着一种特殊的偏爱，他们站着开会，站着吃饭，站着聊天等。处于支配地位的人往往倾向于站着，以空间高度显示地位高。

2. 目光语

眼睛是心灵的窗户，是透露人的内心世界最有效的途径，一切情绪、情感和态度的改变都可以从眼睛里显示出来。中国绘画讲究"画龙点睛"，点"睛"能够传神，龙就活了。在汉语中也有不少关于目光的词汇，比如"冷眼旁观""目瞪口呆""瞠目结舌""眉开眼笑""横眉怒目"等。不同文化背景下，对于目光注视的适用程度也不一样。

阿拉伯人在一起交流时会用非常热情的目光凝视对方，因为他们认为双目是个人存在的钥匙，这种密切的眼神接触意味着支配和对自己立场的强化。而美国人则认为这种目光不适用于两个男人之间，这种长时间的凝视常常是同性恋的亚文化群使用的非语言代码的一部分。相反，英国人则把这种凝视看作绅士风度，强调交际双方要注视对方。法国文化同样也要求人们直视别人的眼睛，这是表示对对方或者对方谈论的话题感兴趣。他们在谈话中一般一直凝视着对方，以表示诚意和尊敬，而且在谈话中讲话方也注意回视听话方，以便及时了解听话方的回应，并显示其自信和坦诚。在法国，男子在公共场合凝视妇女是公认的文化习惯。这不但不会招来非议，还被认为是礼貌的象征。

而在中国文化中，中国人为了表示礼貌、尊敬或服从，往往避免直视对方。特别是女子习惯于目光下垂，表情应该是羞涩的。在中国文化中，女子若在公共场合用眼睛直勾勾地看着男子，被认为是轻浮的表现；男子一般也不直接凝视女子，否则会被认为是失礼。日本人与人交谈的目光一般落在对方的颈部，而对方的脸部和双眼要在自己的眼帘外，他们认为眼对眼是一种失礼的行为。所以在交谈时日本人喜欢并排坐着，目光看着共同的地方（常常是白墙或是地板），偶尔向两边瞟一眼。日本人不直视对方并不是不礼貌或不尊重他人，也不表示他们害羞或者做了亏心事。恰恰相反，这是礼貌和尊重对方的表现，特别是面对比自己地位高的人更是如此。波多黎各人同样不正视，避开眼光，以示尊重。非洲尼日利亚人甚至把正视别人看成是对人不敬的表现。

3. 手势语

手是人身体上活动幅度最大、运用操作最自如的部分。因此人们在日常生活中时时忘不了它，处处离不开它，即使在社交场合也要尽情发挥它的功能。于是五彩缤纷的手势语也就应运而生。手势语是身体语言最重要的组成部分，是最重要的无声语言。无论是过去、现在是还是将来都是人们交往中不可或缺的工具。世界不同的国别或相异的民族，同一种手势语表达的意思可能大体相同或相近，也可能截然相反。下面介绍几种常见的手势语。

（1）"V"字形手势语

"V"字形——中指与食指叉开、拇指与无名指和小指对接的手势早已成为世界语了，它源自于英国。因为"V"字在英文中代表了胜利"victory"，所以"V"字向人表达了胜利欢欣的含义。在美国一般表示"胜利"或"和平"。然而在第二次世界大战中，英国首相温斯顿·邱吉尔曾做过这个手势，当时引起了轰动。他出席一个场面盛大而又重要的集会，他一露面，群众对他鼓掌欢

图11 "V"字形手势

呼。邱吉尔做了一个表示"victory"的手势——用食指和中指构成"V"形。做这个手势时，手心要对着观众，而邱吉尔却把手背对着观众了，结果导致群众当中不少人鼓掌喝倒彩，甚至忍不住哈哈大笑。因为在英国，如果掌心向内做这种手势就是一种奚落或者说是在嘲笑对方，特别是带有上下快速移动手指的动作时就更是如此。

而在希腊，用此手势时则必须把手指背向对方，否则就表示污辱、轻视对方之意。因为在希腊一般"V"字手势代表了视对方为恶魔、邪恶之人。另外在历史上的百年战争期间，作战双方经常砍掉对方被俘人员右手的两个手指，这样他就无法拉弓箭了，所以这个手势在某些地方代表着伤害和失败。同样的一个"V"字形手势语在不同的国家其文化内涵却大相径庭。

（2）"OK"的手势语

将大拇指和食指搭成一个圆圈，伸直中指、无名指和小指。这一手势在美国和英国经常使用，相当于英语中的"OK"，一般用来征求对方意见或回答对方所征求的话，表示"同意""赞扬""允诺""顺利"和"了不起"。在中国，这一手势表示数目"0"或者"3"。在泰国，表示"没有问题"。在印度，表示"对""正确"。在荷兰，表示"正在顺利进行""微妙"。在日本、缅甸，表示"金钱"。在菲律宾，表示"想得到钱"或"没有钱"。在印度尼西亚，表示"一无所有""一事无成""啥也干不了"。在突尼斯，表示"无用""傻瓜"。另外，有些国家用这个手势来表示"圆""洞"等。

很多拉丁美洲国家认为这个手势语是一种不敬的行为，是侮辱人的手势。据报道，尼克松担任美国副总统期间，曾经用双手同时做出这种姿势向邻近的拉美国家的人们致意，其后果可想而知。

有一次，美国作家罗杰·阿克斯特尔出访法国，旅馆的接待员问他："你对房间满意吗？"他对接待员做了一个 OK 的手势。这个接待员带着愤怒的表情耸了耸肩："如果你不喜欢它，我们就给你另换一个房间。"因为很多法国人把这个手势理解为"零"或"无价值的"。

更有甚者，因为"OK"这个手势语还会引发官司。据报道，德国柏林的蒂尔加藤区法院审理了一桩奇特的官司。有位司机路遇警察，把手伸出车窗，朝警察做了个简单的手势：拇指和食指合成一个圆圈。于是，德国警察以侮辱罪把司机送上法庭。法官找遍文献资料，还请教了心理学家，最后判决：这个手势在德国有两种解释，怎么看待就是个人的事了，司机被宣告无罪。如果邀请柏林工程大学的符号学专家出庭，他们会告诉你，在 2500 年前的古希腊花瓶上就有"圆圈"手势。在希腊人眼里，这个手势同样有两种含义，都是正面的：象征爱情——嘴唇接吻的图形，或赞扬讲演者表达正确、用词精辟。至于侮辱性的解释，出现则要晚得多。

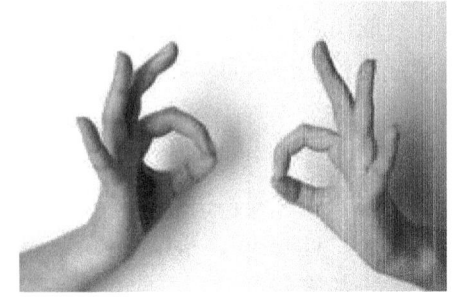

图12　"OK"的手势

（3）"Thumb（大拇指）"的手势语

"Thumbs up"翘起大拇指，一般表示赞成或夸奖。这是中国人最常用的手势，意味着"好""妙""了不起""高明""绝了""最佳""顶呱呱""盖了帽了""登峰造极"。值得一提的是在英美等西方国家，有时会看到有人站在马路边，朝驶过来的车辆伸出一只翘起大拇指的拳头。这时你不要误解成路人夸司机驾驶水平高，其实这是请求搭便车的表示，所以搭车也可以说"to thumb a lift"。另外在篮球比赛时，裁判员会一手执球一手竖大拇指表示一切就绪，比赛可以进行了。还

图 13 "翘起大拇指"的手势

有飞机驾驶员在飞机升空待发时，由于发动机声音巨大无法与地勤人员沟通，于是驾驶员就用竖大拇指的方式表示："I' am ready"。在尼日利亚，宾客来临，要伸出大拇指，表示对来自远方的友人的问候。在印度尼西亚，伸出大拇指指东西。在日本，这一手势表示"男人""您的父亲"。在韩国，表示"首要""父亲""部长"和"队长"。然而在希腊，如果将大拇指急剧翘起，就表示让对方"滚蛋"，是对人的极大不敬。在英国、澳大利亚、新西兰等国，这一手势可以表示数字"5"。

"Thumbs down"大拇指朝下，世界上有相当多的国家和地区都使用这一手势，但其含义不尽相同。在中国，把拇指向下，意味着"向下""下面"。在英国、美国、菲律宾，大拇指朝下含有"不能接受""不同意""结束"之义，或表示"对方输了"。墨西哥人、法国人则用这一手势来表示"没用""死了"或"运气衰"。在泰国、缅甸、菲律宾、马来西亚、印度尼西亚，拇指向下表示"失败"。在澳大利亚，使用这一手势表示讥笑和嘲讽。在突尼斯，向下伸出大拇指，表示"倒水"和"停止"。

（4）向上伸食指

世界上使用这一手势的民族也很多，但表示的意思不同。中国人向上伸食指，表示数目，可以指"一"，也可以指"一十""一百""一千"等这样的整数。在日本、韩国、菲律宾、斯里兰卡、印度尼西亚、沙特阿拉伯、墨西哥等国，食指向上表示只有一（次）的意思。在美国，让对方稍等时，要使用这个手势。在法国，学生在课堂上向上伸食指，老师才会让他回答问题。在新加坡，谈话时伸出食指，表示所谈的事最重要。在缅甸，请求别人帮忙或拜托某人某事时，都要使用这一手势。在澳大利亚，在酒吧、饭店向上伸出食指，表示"请来一杯啤酒"。在墨西哥、缅甸、日本、马来西亚，这一手势表示顺序上的第一。在中东，用食指指东西是不礼貌的。

（5）中指和食指交叉相叠

在中国，中指和食指交叉相叠表示数目"十"和"加号"。在香港，这一手势则表示"关系密切"。在英国、美国、法国、墨西哥、新加坡、菲律宾、马来西亚，这一手势表示"祝愿""祈祷幸福"。在澳大利亚，表示"期待""期盼"。在斯里兰卡，表示"曲折"和"邪恶"。在印度，表示"结束""完成"。在荷兰，表示"发誓""赌咒"，或指"对方撒谎"。

在尼日利亚，表示东西或数字"相加"。

（6）向上伸小指

在中国，这一手势表示"小""微不足道""最差""最末名""倒数第一"，并且引申而来表示"轻蔑"。在日本，表示"女人""女孩""恋人"。在韩国，表示"妻""妾""女朋友"。在菲律宾，表示"小个子""年少者""无足轻重的人"。在美国，表示"懦弱的男人"或"打赌"。尼日利亚人伸出小手指，含"打赌"之意。但在泰国和沙特阿拉伯，向对方伸出小手指，表示彼此是"朋友"，或者表示愿意"交朋友"。在缅甸和印度，这一手势表示"想去厕所"。

此外，像"to thumb one's nose"以大拇指按鼻，其余四指张开，表示轻视。在英美等国家，你会看到这种手势经常用在调皮的孩子们中间。他们用大拇指点着自己的鼻子，而其他四指张开不停地摇动，表示轻蔑或嘲弄。"to twiddle one's thumbs"无聊地绕动着两个大拇指，则表示无所事事、懒散。

（四）时间观

时间观是不同民族对时间的认识和理解，它是人类活动环境的基本因素，也是一个民族文化深层结构的一部分。一个民族内部的成员对待时间的方式以及重视时间的程度可以探知该文化的时间观。

非正式时间的大多数规则，并没有严格的界定。同文化的大多数组成部分一样，这些规则在潜移默化地发挥着作用。不同文化的人对非正规时间的理解存在极大差异。如果一个印度人邀请来访的美国人到他家做客时，他经常会说："随时过来！"几个星期后，印度人再次发出同样邀请。尽管美国人也答应来，但他实际上并未这样做。因为他认为，如果印度人真心邀请他的话，就会告诉他一个具体时间；而印度人则认为美国人不愿去拜访他，因为在他的文化中，礼貌的主人会让客人自己确定拜访的时间。

在美国和英国，赴商业约会可以迟到 5 分钟，但不可以迟到 15 分钟，更不能迟到 30 分钟。而迟到 30 分钟在阿拉伯国家则是完全正常的事。意大利人赴宴则可能迟到两个小时，埃塞俄比亚人也许两个小时后才到，而爪哇人也许就不去赴宴了——他们接受邀请只是为了给主人个面子。

在非洲，人们赴约、出席会议和社交活动总要迟一些，但这种拖延在德国则被认为是不礼貌的行为。而中国人很可能迟到的时间超过主人所能够等待的时间，让人家的肉煮老了，菜也失去了色泽；也可能提前到达，让主人手忙脚乱，因为当时主人也许尚未准备好，或女主人正在梳妆打扮。

通过观察某种文化成员做事的快慢，我们可以探知该文化的时间观。

德语中有一句话"守时就是帝王的礼貌"。守时已经成为德国人的一种习惯，并且融化到每一个德国人的血液里了。有学者指出："在德国，准时是理所当然的，实际上人们对此简直到了痴迷的程度。"德国人做什么事都要提前计划，要预约，甚至去看望父母也要提前打招呼。包括德国的公交车都很守时，说几点几分到站就几点几分到站，几乎很少迟到。

美国的生活节奏很快，美国人看上去总是忙忙碌碌的。对于他们来说，总有事情要做。美国的商人和职员，把自己的工作时间以 15 分钟为一个时间段写在效率手册上的做法很普遍。快餐店、速溶咖啡、微波炉等，种种便捷条件有助于人们快速做完事情。美国人仍在不停地研制更快捷的电脑、更快的车。"不要浪费时间"这类的话伴随美国的孩子长大。当因为某事耗时太多而逐渐失去信心时，他们更相信法国的谚语：耐心只是驴子的美德。而其他文化对时间有着完全不同的看法，因而他们的生活节奏也不同于大多数美国人。例如，日本、阿拉伯、中国文化的时间观同美国的格格不入。以谈判为例，在和日本人谈判时，美国人喜欢开门见山，直入主题。他们相信，"时间就是金钱"。关于天气、旅行、棒球的寒暄，大约 15 分钟是可以接受的，但是超过 15 分钟他们则认为是不可理喻。而日本人却很想了解他们的生意伙伴。他们认为，最好同美国朋友进行广泛、深入的长谈。日本人乐于几个小时甚至成天地交谈。印度尼西亚人也不喜欢压力和紧迫感。他们认为时间是个无边之池。"印尼语里有个词语可描述这种时间观，即橡胶时间。说明时间伸缩自如，富有弹性。在非洲，缓慢即是规则，甚至慌慌忙忙的人会被认为是有行骗的嫌疑。

人们对于节奏的阐释形式多样，一项研究曾指出，连人们走路的步速也反映了文化的时间观。英国人和美国人走路要比中国人和印度尼西亚人快得多。

（五）空间与距离

有学者研究认为分属不同文化的人社会实践不同，思维方式不同，因此人们的空间关系和领地要求在不同文化中就有其特有的规矩和程序。空间的变化可以影响交际，起到加强交际的效果，甚至还可以超越言语的作用。

所谓个人空间是指围绕在我们身体周围的看不见的无形界限，我们占有并称之为属于自己的那片领地。作为这一领地的所有者，我们通常决定谁可以进入，谁不可以进入。如果私人领地受到侵犯，不同文化的人会做出不同的反应。人们或许后退，或许紧张得双手出汗站在原地不动，或许以暴力做出反抗。人们的反应不仅仅是独一无二的个性展现，也显示出人们不同的文化背景。

在中国，人们在公车上或者电梯里，摩肩接踵、肩肘相碰的情景司空见惯，人们对此以平常心对待。对西方国家的人来说这是难以容忍的，当被迫靠近他人的身体时，通常会向对方说一声"Sorry"，以示并非故意侵犯别人的空间领域。

这是因为强调个人主义的西方文化诸如美国、英国及澳大利亚等比起强调群体文化的中国和日本等要求更大的私人空间。一旦个人空间受到侵犯，他们倾向于采取攻击性的态度。在他们看来，私人空间是神圣不可侵犯的。美国个人主义者非常重视个人空间距离，男性在交谈时总是保持 45 至 80 厘米的体距。站得太远不方便，站得太近又违反身体体距。男性之间除了短暂的握手之外很少有身体的彼此接触。他们从来不手拉手或彼此相拥而坐。在美国和澳大利亚文化中，男性之间经常的、长时间的身体接触表明是同性恋。而在中国，男性不仅身体可以互相接触，还可以长时间地握手，以表明两人很深厚的感情。这一做法使西方男性惊恐不已。

人们交谈时相互间的距离及其变化是整个交际过程中不可分割的重要组成部分。和具

有不同文化背景的人交流时，不同的空间语言观念很可能会引起障碍。

  在一次国际性的会议上，两个代表，一个是墨西哥人，另一个是美国人，他们会议间隙正在讨论污染问题。在整个谈话过程中，那位墨西哥人一直在不断地靠近对方，而那位美国人却不停地后退，直到美国人被逼到会议大厅的墙角。

原因是墨西哥人在交谈时通常习惯保持很近的体距，否则他们就会觉得不舒服、不友善。而美国人恰恰相反，他们认为与不太熟悉的人交谈时应保持较大的身体距离，否则就会感到不自在、不被人尊重。因此如果不同文化的人在交往过程中意识不到个人空间的差异，很容易产生误解甚至冲突。

人们对待交际距离所持的态度反映了不同的社会价值文化、传统习惯及生活方式。由于所处环境、文化氛围的不同，人们对个人空间距离也有不甚相同的理解。阿拉伯人一般不会有被侵犯的概念，因为他们喜欢聚在一起，触碰对方，感觉对方，甚至可以近到能闻到对方的气味。而德国人则恰好相反，他们有很强的自我意识，对侵犯距离的理解是以视觉为区分界限的。因此他们极其注重间隔距离来保护自己的个人空间领域。

不同文化对办公室空间的概念及其使用也各有不同。德国是个严谨的民族，平时工作也习惯于关闭办公室的门，制造一个封闭的空间，以保证个人活动的独立性。因此能理解他们为什么对门的要求极高，如双层隔音门。若没有经过允许直接进入办公室或擅自打开门，则被视为举止粗鲁或严重的侵犯行为。在中国，人们偏好于把门敞开，如果门被关上了，则表示某个重要的、紧急的会议或者特殊的谈话正在进行。英国议员们处理公务都是在议会大厅进行，这显示出他们喜欢在宽敞、开阔、开放的环境中工作。而美国议员们处理公务都在自己独立的办公室里，所以对英国的办公地点不太适应或者深感恼火。相反，英国人也对美国人为什么要求提供独立安全的办公室而颇为费解。

文化甚至影响座位安排的方式和含义。以中国和西方国家为例，按照中国的传统思想，最尊贵的位置必须是最显要的。位置的安排一般以面朝门和面朝南为上，面背门或面朝北为下。所以中国老百姓建造房子一般以坐北朝南为准则。而西方文化认为最尊贵的位置应该是最靠近主人的座位，以右为上、左为下。在中国，男性宾客一般由男主人陪同，女性宾客则由女主人陪同，一般也会分桌而坐。由于西方国家更倾向使用长方形餐桌，男女主人会分别坐在长桌两侧，男女宾客间隔而坐。男主人一般陪同女宾客，女主人陪同男宾客。男主宾坐在面朝门的座位上，职位、年龄、身份最低的人坐在背对门的位置。男主宾坐男主人右方，女主宾坐女主人右方。西方国家，儿童往往不出席宴会，如果出席，也要单坐一桌。在餐桌上也要像成年人一样，男女交叉坐。在中国，非正式宴会常常邀请儿童出席。儿童可以和成年人坐在一起。

  （六）沉默

非洲有一句谚语："沉默也是讲话。"可见沉默也是一项非常有效的非语言交流手段。古典作曲家也认为管弦乐的音程处理得恰到好处，就能够使紧接其后的"沉默"在表现形式上与前面的音乐形成鲜明的对比。

　　沉默不失为一种强有力的信息。有一个故事讲了美国哲学家爱默生同英国著名作家卡莱尔在沉默中"交谈"数小时的逸事。故事中，爱默生在欧洲旅行其间与他的偶像卡莱尔见面。他们俩默默地坐了几个小时，分别时，双方都热情告别，并对富有成果的会见互表道贺。虽说这只是一则逸闻趣事，但从中可见沉默在沟通中的力量。

　　沉默影响人际交流，它可使交流稍有停顿，给参与者一些时间去思考，去反思或压制一种情感，去寻找一个答案或引入一个新的话题。在整个交流过程中，沉默也有助于反馈信息——告知交谈双方某一个思想是否表达清楚或者这个思想的重要性。同其他非语言信号一样，沉默的含义有多种，可释义为同意、缺乏兴趣、感情受到伤害或者轻蔑。何时讲话、何时保持沉默或某种沉默有何等意义等问题存在着广泛的跨文化差异。有研究表明，对于"你愿意嫁给我吗"这个问题的答案，英语中的沉默表示犹豫不决；日语中，沉默可以理解为接受。对西非的黑人种族伊博人（Igbo）来说，如果女方仍然站在那里就表示拒绝，如果她跑开则表示接受。

　　沉默并非美国主流文化所认可的交流方式。他们会通过谈话、看电视、听音乐和从事其他各种有声活动远离沉默。大多数美国人认为，谈话是一个重要的活动，他们以谈话为乐趣。除了美国之外，犹太文化、意大利文化和阿拉伯文化皆强调朋友、家人之间的交流，极力避免沉默。这些文化都非常重视交谈，阿拉伯有句著名谚语说"舌头就是宝剑"。希腊文化也确信，与人为伴、与人交谈是幸福生活的标志。这些文化丝毫不提及独处、沉默等概念。在历史和文学作品里也不乏辞藻华丽的语言和对话。对于亚里士多德、柏拉图、苏格拉底这些思辨哲学家赞不绝口的文化绝不认可沉默这种交流方式的魅力。这同崇尚寂静平和的文化环境形成了鲜明的对照。

　　东方文化就是一个典型，这是因为东方传统中的沉默观与西方截然不同。东方人与他人在一起时，不会由于没有说话声而感到不安，也不必尽量避免话语间断。事实上，许多东方传统的观念都认为，话语破坏了一种氛围，那种内在的平静和智慧只有通过沉默才能够获得。东方有许多信仰佛教的国家，而佛教的信条之一就是话语具有欺骗性，并认为"通过话语进行的思想交流不如凭直觉的心与心的交流可靠"。日本就有许多谚语强调沉默比话语更有价值，如"打中的总是爱呱呱叫的鸭子""话语多内存少"以及"恶从口出"等。沉默在印度文化中也起着重要作用。印度人认为："自我实现、拯救、真理、智慧、和平和幸福，都是在沉思内省中即个体内部交流中获得的。"这些沉默观和美国的谚语"会哭的孩子有奶喝"做比较，不难想象两种风格迥异的人们在一起进行交流会产生怎样的问题。有研究指出，美日商业谈判中，对同一段时间的沉默有不同的理解，日本人利用沉默的时间"考虑美国人的提案"，而美国人则以为"日本人是在抵制"。鉴于跨文化交流形式存在的文化差异，我们更应了解不同的文化对谈话、沉默的不同的看法，以帮助我们减少焦虑，避免种族中心主义。

总之，一种文化的非语言就像它的语言一样具有独特性，在跨文化的交流中具有十分重要的作用。

三、非语言交际能力的培养

在进行跨文化交际时，交际者会自觉或不自觉地用自己的文化规则来决定自己的非语言行为，并对对方的行为、情感、动机、意图做出消积的判断，从而导致交际中断，甚至失败，甚至对有关人的人格、态度，乃至智力等各方面的怀疑。因此，为了达到成功交际的目的，我们必须弄清交际双方的文化以及非语言行为差异，提高对这些差异的敏感性以培养自身非语言交际的能力。关于非语言交际能力及其培养，我们可以概括为：

（一）观察与体验

观察、评价和恰当地使用非语言行为是培养非语言交际能力的重点。因为注重观察并亲身经历非语言交际会提高认识非语言交际行为规则的能力，也会加强对非语言行为的正确理解，从而提高非语言交际乃至跨文化交际的有效性。

（二）提高敏感性

要养成有意识地观察非语言行为规则的习惯，观察人们什么时候，在什么场合，怎样使用非语言进行交流，从而提高对这些规则的敏感性。

（三）适应差异

在跨文化交际中，交际者对不同身势行为、体距行为等非语言行为会产生心理和生理上的反映，这是很正常的现象。交际者应调节对非语言行为差异的各种不适，以积极的心态主动适应交际中的行为差异，并在异常情况出现时，尽量控制自己的情绪，以便交际顺利进行。

补充阅读：

德国人的时间观念

德国人的时间观念极强。在德国，"遵守时间"不仅被视为是一个人教养程度的体现，而且也被德国人自豪地称为德国文化的一个重要组成部分。凡是稍微正式的活动，他们必先做出计划，请人做客或举行活动，一般会在一两个星期之前就发出邀请。正式活动的邀请中还会附一张回执，告知被邀请人，如不能参加也请在规定日期前通知主人。在这种情况下，如果被邀请人不做任何回答，那会被认为是不礼貌的。

德国人勤勉矜持，讲究效率，崇尚理性思维，时间观念极强。他们不喜欢拖拉、不守纪律和不讲卫生的习气。多数德国商人都具有上述性格。在商务活动中，德国商人讲究穿着打扮。一般男士穿深色的三件套西服，打领带，并穿深色鞋袜。女士穿长过膝盖的套裙、连衣裙，并配以高筒袜，化淡妆。不允许女士在商务场合穿低胸、紧身、透明的性感上装和超短裙，也不允许她们佩戴过多的首饰（最多不过三件）。与德国人打交道时，应在这些方面加以注意，有助于赢得好感和信任。反之，则会被视为无礼。在公关谈判中，德国商人不仅讲求效率，而且准备周详，他们瞧不起"临阵磨枪"缺乏准备的对手，喜欢在商谈前稳妥做好谈判议程安排。在谈判中他们倔强好胜，表现得较为固执，难以妥协，因而交涉中很少让步。但他们重合同、讲信誉，对合同条文研究得极为仔细与透彻。合同一旦签订，任何对合同的更改要求都不会得到他们的理会，他们执行合同也十分严格。德国人在交谈中很讲究礼貌。他们比较看重身份，特别是看重法官、律师、医生、博士、教授一类有社会地位的头衔。对于一般的德国人，应多以"先生""小姐""夫人"等称呼相称。但德国人没有被称为"阁下"的习惯。

德国人一般早晨起得比较早，早晨 7 点左右，大街上就已熙熙攘攘，人们忙着购买食品。他们还比较注意购置家具、布置房间以及衣着的享受。他们平时是较节约的，但在一年一度的旅行期间，则希望尽可能地享受一番。商店的营业时间为每周 5 天工作日，通常从早晨 9 时至下午 5 时，中间有 1 小时午餐时间。一些商店星期六开业，银行周末都休息。8 月份是多数企业的夏季休息时间。德意志是一个很爱学习的民族，在早晚上下班时间，很多德国人就是看着报纸打发堵车时间的。据报道，德国政府为解决老年护理人员短缺，实施了一项特殊政策"储存时间"制度。它的基本内容是公民年满 18 岁后，应利用公休日或节假日义务为老年公寓或老年康复中心服务。参加老年看护的义务工作者可以累计服务时间，留待换取以后自己享受他人为自己服务的时间。德国政府实施这项政策后，得到了公民的广泛拥护。一些老年公寓和康复中心福利机构发现，来此报名的人特别多，特别是那些中年妇女。她们认为，若干年后，自己将被通货膨胀漩涡甩出富裕阶层，到那时如果"储存时间"，自己的生活就有保障，因此储蓄钱财远不如"储蓄时间"好。

德国人选择假期的灵活性很大，景点很少人满为患。德国法律规定，除了公休假外，政府职员和企业员工还有 24 天的法定休假日，人们可以带薪休假，并可以自由选择一次还是多次用完这 24 天。便捷的交通条件也使德国人在出游时间上有了更大的选择余地。尤其是两三天的城市旅游，一年四季随便找个周末就可以完成。德国国内铁路发达，无论从东到西，还是从南到北，到任何景点乘火车均可一日到达。即便到德国以外的欧盟国家旅游，也是一件很简单的事情。

据德国有关部门的一项调查统计显示，一个平均寿命 80 岁的德国人一生中要睡 24 年零 4 个月，但工作时间只有 7 年，而他一生中看电视的时间就达 5 年半，吃饭时间为 5 年。一个男人做家务的时间不多，有 9 个月左右，可在路上堵车的时间高达 6 个月。一生中人们与上帝祷告的时间是 2 个月。在 1961 年，德国工人每年工作 2104 小时，美国工人为 2024 小时；到 2000 年，德国工人每年工作 1462 小时，美国工人为 1877 小时。德国和中国大部分地区一样，一日三餐。早餐一般在 7 点，午餐一般在下午 1 点，晚餐在晚上 7 点。有的地方午餐和晚餐之间喝午后咖啡，吃蛋糕。与中国的饮食习惯不同，德国人最讲究、最丰盛的不是午餐、晚餐，而是早餐。在旅馆或政府机构的餐厅，早餐大都是自助式，有主食、肉类、蔬菜、饮食、水果等，不仅品种丰富，而且色香味俱佳。而在普通百姓家，不论其家境穷富，其早餐的内容一般都大同小异：首先是饮料，包括咖啡、茶、各种果汁、牛奶等，主食为各种面包，以及与面包相配的奶油、干酪和果酱，外加香肠和火腿。德国人吃饭的效率很高，他们可以在短短的 10 分钟内把这些丰盛的食物搭配完毕并吃完，为其一上午紧张的工作提供能量。德国的午餐一般都在单位食堂或快餐馆就餐，是名副其实的快餐，如一个由土豆、沙拉生菜和几块肉组成的拼盘，外加一杯饮料。在有家庭主妇和未成年孩子的家庭，午餐也较简单，如一块熟牛肉、肉饼配煮菜和面包，或炖牛肉配米饭和生菜。再简单的就像中国的打卤面一样，用肉汁拌意大利面条，饭后喝一杯咖啡或吃一个冰淇淋。德国人简化午餐并不是为了省钱，而是为了节省时间。

德国人的家庭晚餐通常是冷餐，内容很丰盛：一盘肉食的拼盘；鲜嫩可口的蔬菜，如小萝卜、西红柿、黄瓜；新鲜的水果，如葡萄、樱桃。有的家庭主妇还摆出各种风味的干酪，主食是面包。晚餐时间比较宽余，一家人围坐在桌前，边吃边聊。

除了一日三餐外，有些德国人习惯在下午 4、5 点钟"加餐"，即喝杯咖啡或茶，吃块蛋糕或几块饼干。中上层家庭喜欢在此时邀请朋友来家里品茗聊天。在这样的聚会上，客人可以品尝到饮誉四海的德国糕点，德国妇女一般都练就一手烤制点心的手艺。不过在当今快节奏的社会生活中，这种午后清闲的享受也只有在周末、假期或休假时才有可能。正是严谨的时间观念和自由充足的休假时间，铸就了德意志这一个极其团结统一的民族。德国人，可谓是一个走在时间钟表上的国家。

小结：

非语言交际的功能、内容和培养。

思考题：

1. 非语言交际功能有哪些？
2. 举例说明手势语在不同文化中的内涵。
3. 如何理解沉默在不同文化中的内涵。
4. 如何提高非语言交际能力？

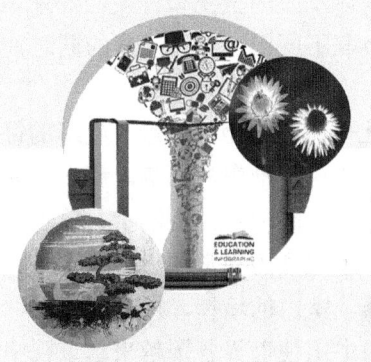

第六讲
汉语热与英语全球化

据报道称,韩国"最缺汉语教师"。同样,最近几年,欧美大学里选汉语作为第一外语的人数激增,不少美国人也都告诉自己的孩子,要从小学汉语。美国的汉语班年年爆满,有的不得不通过摇号的方式决定哪些孩子能上,甚至有两个家庭为争夺一名汉语保姆竟开出高达 7 万美元的薪水。美国亚洲协会副主席迈克尔·莱文说:"目前,汉语绝对是炙手可热。汉语如今就是那些位于美国偏远地区的人们都想说的一种语言。"再看德国。目前越来越多的德国中小学生开始学习汉语,德国现有约 150 所中小学开设了汉语选修课程或者汉语兴趣班。北威州和巴符州的一些学校甚至将汉语列为第二外语,德国也出现了"汉语热"。在全球化语境中,中国经济的可持续发展和东方文化魅力,已经开始在更多的国家获得认同,并与巨大的商机联系在了一起。

一、《功夫熊猫》与中西文化

2008 年乘着北京奥运刮起的"中国热""汉语热",美国梦工厂推出的以中国为背景的动画片《功夫熊猫》迅速风靡全球,引起了巨大的轰动。截至 2008 年 11 月 5 日,《功夫熊猫》的全球票房总收入已超过两亿美元。《功夫熊猫》如何能取得如此好的商业成绩呢?关键在于成功地将中国元素融入了美国好莱坞式的叙事方式中。因此该片兼具中西方两种文化因素,从而使得中美两国观众既能从该片中感受到本国母文化的特点,又能感受到一定的异国情调。

（一）中国元素的设计与体现

随着中国对外开放的深入，中国经济的高速发展和对外交流日益增多，中国几千年的文化沉淀也吸引了大量的国外眼球，中华文化越来越受到国际友人的重视和喜爱。好莱坞制作大亨也认识到中国文化巨大的市场潜力，他们在不断汲取不同国家文化元素的同时，也为自己的作品注入了中国文化这一新鲜的血液。

《功夫熊猫》最大特点是中国味道浓郁。浓浓的中国文化气息从始至终弥漫了电影的每一个角落。除了功夫与熊猫这两大中国元素之外，阿宝家的传统手推车与面馆，和平谷的四人轿、鞭炮、针灸与传统庙会；村民们的生活习惯也很符合中国特点，毛笔字、筷子、包子和面条，就连螳螂都喜欢喝面条汤等等，都给观众带来了强烈的视觉冲击；在建筑风格方面，飞檐斗拱、红墙绿瓦，寺庙中装饰的山水画、瓷器，室内的墙壁、柱子、桌子，都带着深厚的中国情怀。日益强盛的中国经济和日益强大的中国使世界各国越来越重视中国文化，甚至制作方为了增添异域风情，表现神秘的汉语文化，他们宁肯舍弃"tortoise"和"master"的英文翻译，而使用汉译的"Oogway"和"Shifu"。

1. 中国的功夫

中国功夫在外国人眼里，既神秘又强大，有着令人难以捉摸的奇妙魅力。欧美人在谈论"Kung Fu"时，总喜欢在前面加上"Chinese"，这是多年前香港功夫巨星李小龙主演的功夫片打入欧美市场后，留给外国人最深的中国文化烙印。在设计片中的功夫时，好莱坞动画大师们绞尽脑汁，力求展现原汁原味和地道的中国功夫。《功夫熊猫》中的中国功夫没有

图14 《功夫熊猫》剧照

被西方式的妖魔化手法神化，也没有华丽的慢镜头来敷衍观众，展现给观众的打斗招式是写实的，很有真实感。同时它们的格斗技巧也展示了动物的原始本能，如仙鹤的轻盈优雅、猴子的顽皮敏捷、老虎的凶猛稳健、螳螂的机智灵活、蛇的敏捷和瞬间爆发等。师父的五个徒弟（鹤、螳螂、虎、猴、蛇）的创作灵感来源于中国武术中的五大著名风格。而片中的主人公熊猫阿宝，更是倾注了设计师大量的心血。熊猫是中国的国宝，憨态可掬，人见人爱。为了突出阿宝憨厚可爱、搞笑幽默的一面，设计师在阿宝身上借鉴了成龙的功夫，比如丰富的面部表情、夸张的肢体动作、随拿随打的幽默式武功。在阿宝与雪豹泰龙决斗时，阿宝物尽其用，一会儿拿竹子当高跷踩，一会儿用铁锅把泰龙的脸打扁，打斗的形式没有招式，胡乱搅和加杂技式的翻来跳去，把成龙的绝技全部都安放在熊猫阿宝的身上。

2. 景观设计与服装道具

除中国功夫以外，《功夫熊猫》的故事背景发生在中国古代，其景观设计、布景、服装甚至道具均充满了中国元素。为了做好动画中的每个细节，忠实反映中国特色，美术总监花了 8 年时间钻研中国文化、艺术、建筑、山水风光。影片一开始就弥漫着浓厚的中国文化气息。从片头剪纸画的梦工厂标志，到长达 6 分半钟融合了剪纸、泼墨、皮影等多种中国文化的片尾动画；从中西合璧的音乐，到故事的编排，中国味弥漫在电影的每一个角落。《功夫熊猫》的场景充满了中国风格，影片在一幅水墨画一般的背景下开始，令人赏心悦目。当熊猫看到神龟宫殿金碧辉煌时，一座厚重的宫殿出现在虚无缥缈的山顶，宫殿建筑庞大，气势雄伟，金色、红色为主，给人以厚重感。在建筑风格方面，飞檐斗拱、红墙绿瓦，寺庙内装点了很多山水画、瓷器，室内的墙壁、柱子、桌椅等都按中国的乡村风格绘制。而大熊猫的故乡——中国四川一带的自然美景也在影片中得到淋漓尽致的展示，云雾缭绕的高山、空灵悠远的青山翠竹、细腻古雅的亭台轩榭、喧嚣热闹的宽街窄巷、风光秀丽的田园等，都展示了阿宝故乡的秀美。

片中角色的服装设计也极具中国风。悍娇虎与小螳螂的身上穿了一件唐装，背上写着一个圆形的"寿"字；阿宝穿了一条极具中国乡村风情、补丁重重的大裤衩；片中的道具如阿宝家的传统手推车与面馆，和平村的四人轿、鞭炮，针灸与传统庙会，无处不在的汉字，还有村民们手拿筷子、吃包子、面条等，给观众带来意想不到的视觉冲击和强烈的吸引力。在音乐方面，配乐采用清一色的中国民族乐器，如二胡、古筝、唢呐、箫、木笛、锣鼓等，奏出悠长婉转的中国音乐，韵味十足。

3. 汉语借词

世界上所有的语言都随着时间的推移和社会的变迁而不断发展变化。当某一特定语言中的词汇无法描述当时社会的某些特定事物时，人们往往通过创造新词语或借用其他语言的词汇来表述，并最终把它们纳入本民族语言的词汇中。每一个民族语言都离不开吸收其他民族语言来丰富自己。英语尤为突出。英语在其 1500 多年的发展历史当中就从世界各个语种吸收了不少借词，汉语是其中之一。电影《功夫熊猫》片中角色的名字就大量地保留了中国汉字的原汁原味的发音，如 "Po（阿宝）、Majiang（麻将）、tofu（豆腐）、Oogway（乌龟）、kung fu（功夫）、Tai Lung（太郎）、Zeng（曾）、Shifu（师傅）、Chorh-Gom Prison（桃岗监狱）"。其中，"Majiang" "tofu" "kungfu" 是字典上原来就有的单词，属于保留原有的汉语借词；"Po" "Tai Lung" "Zeng" "Chorh-Gom Prison" 等这些人名、地名保留汉语发音，也符合翻译习惯；对于乌龟 "Oogway" 和师傅 "Shifu" 这样的名字，英语里本身就有相对应的名词 "tortoise" 和 "master"，然而电影里却保留了它们的汉语发音，这使人想到一首歌曲中的歌词："全世界都在学中国话，孔夫子的话越来越国际化。"中国文化讲究长幼尊卑，年龄、经验、师长是权威的标志。而在美国或其他西方社会，因其文化取向、人际关系与东方截然不同，对相互"称呼"语的使用和对其意思的解释也自然相差悬殊。英美国家的人们追求自由、平等、随性，在称呼语上越来越愿意直呼其名。这就是为什么我们经常看到一些年轻人，乃至一个家庭中的子女在称呼年长者及他们的父母亲时都直接用他们的名字，这对讲究礼貌礼仪的中国人来说简直是不可思议的。就拿最基本的称呼语来说，我们在将汉语作品译成英语时，常常将某些称呼直译成英语。如"王老师"按照汉语的表达习惯将其译为"Teacher Wang"，但这样的翻译是不符合英语习惯的，正确的译法应该是"Mr/Mrs/Miss Wang"。再回过头来看一看电影《功夫熊猫》，如果我们把影片中的师傅一词译为"master"就带有主仆关系的味道，不仅不能体现中国人尊师重道的悠久历史文化，甚至还可能引起误解。可见，英语也正在全球化的大环境下受到强烈地冲击而不断吸收新词汇，特别是吸收汉语词汇。据统计，2006年英语新增词汇20000个，这一数字是2005年的两倍，而其中20%是汉语词。

4. 中国传统的哲学观

中国传统文化中蕴藏着无限丰富的人文资源，特别是儒家哲学是对生命的自觉，是一种人化的真理。

在影片中，当乌龟大师为陷入困顿和苦恼的阿宝指点迷津时，所表述的那段谚语译成中文即是：昨日之日不可留，明日之日未可知，今日之日胜现金。这是模仿"诗仙"李白的诗句，要传达的思想和意味是"把握现在"。这种思想和人生态度正是传统儒家所积极提倡的"现世"精神的最好表证。孔子曰："未知生，焉知死？"（《论语》卷六）如果连活着的事情都没做好，何必去谈论那遥不可及的死呢？孔圣人一直这样谆谆教导我们：做好眼前的事，活在当下。从而把握此时此刻、今时今日，才能自强不息、刚健有为。所以，乌龟大师的微言大义正体现出中国儒家所一以贯之的"现世""入世"的精神和情怀。

在乌龟大师与徒弟老鼠师傅告别一段，大师的"仙逝"伴着漫天飞舞的海棠花"羽逝成仙"，这种对生死的理解超乎我们的预期。一方面，体现出中国传统思想关于人的生命就像草木的生长，伴着花开花落生命也生死轮回，花木的凋零也同时预示着生命行将结束而到了人生的尽头；另一方面，暗示着大师的离别不是生命从此消失，而是归属到宇宙自然中与天地万物融为一体，这一点与中国古人所倡导的"天人合一""与天地同构"的理想境界何其相似，同时也正是道家尤其庄子哲学中所建构和憧憬的人生至高境界。

当熊猫爸爸以"面条世家""面条血脉"引以为荣，在不经意间说出"那秘之又秘酿造秘汤的配方就是Noting"从而启发阿宝领悟"龙卷轴"的精义时，这一点正映射出道家哲学所潜心探求的"无为而无不为"的思想境界。并且由此衍生出的"无招胜有招""心如止水，乱则不明"的"太极思想"以及影片最后片段所展现的"太极功夫"，都极有力地证明了好莱坞在这部影片中对于"中国境界"的理解和关注。这种理解、关注与认同也证明了作为拥有悠久历史文明、深厚人文底蕴、深邃文化精神的中国传统文化在面临西方强势文化的侵蚀和挑战时所彰显的文化影响力和民族魅力。

（二）西方文化元素的体现

1. 崇尚个人奋斗的价值观

《功夫熊猫》毕竟是体现美国价值观的影片，它所体现的是美国社会所推崇的个人奋斗的价值观。众所周知，美国的建国历程是一个不断从大西洋沿岸向太平洋沿岸开拓的过程。在艰苦的开拓历程中，美国人所能依赖的没有别人只有自己手中的斧头和来复枪。独特的建国历程培养了美国人独立自主、崇尚个人奋斗的特性。因此，梦工厂特意将最影响阿宝命运的两个关键人物设定成与中国传统价值观不一致的形象，影片中主角熊猫阿宝的父亲以鹅的形象出现，他的授业师傅以浣熊的形象出现，这在注重家世门第的传统中国社会是无法想象的。而这正是在糅合中国元素基础上用美国价值观说话的手法，鹅父亲、浣熊师傅的形象正表明阿宝的成功跟家庭背景、师门背景无关，是自我奋斗的结果。从影片情节安排中，我们能更清楚地看到这一点。影片开头阿宝的父亲反复向儿子灌输这样一个观念——阿宝家是面条世家，血管里流淌的是面汤，因此阿宝也一定要成为面馆的接班人。然而整个影片却告诉我们所谓的命运是可以通过个人努力改变的。阿宝父亲年轻时也曾有过当豆腐师傅的理想，但父亲放弃了，选择继承面条馆，仅仅因为面馆是爷爷传下来的，要继承传统。而当父亲要阿宝延续家族命运的时候，阿宝却反抗了父亲的意志，最终通过努力实现了自我理想即成为保卫和平的大侠。阿宝的成功与他的面条世家背景毫无关系。

在中西文化交流中，西方价值观中重个性、重个人自由权利、强调竞争、鼓励开拓创新的积极成分逐渐为中国人所认同和吸取。自我意识是人的主体意识的前提，西方以自我为价值尺度的价值观念，唤醒了长期以来中国人缺乏的自我意识，增强了中国人的主体意识。

只有意识到自我的存在价值和意义，才能确立自身的主体地位，更好地发挥自己的积极性和创造性。自我选择、自我实现、自我超越成为当代中国青年普遍认同的价值观。关于竞争观念，中国人在参与全球化过程中，也接受了西方这种重视竞争的价值观。物竞天择、优胜劣汰，只有敢于竞争，才能在竞争中发展自己击败对手，使自己立于不败之地。

2. "小人物拯救大世界"的情节套路及荒诞幽默的风格

影片《功夫熊猫》故事情节套路的设计也体现了典型的美式幽默的风格。故事所讲述的是一个小"人"物，甚至为多数"人"所鄙夷的、毫不起眼的小"人"物而最终成为大"英雄"的故事。这是典型的美国式个人英雄主义题材电影，同时也映射出梦工厂在三维动画影片中对迪斯尼及整个社会主流价值观念的颠覆和反叛。如果说迪斯尼类动画电影热衷于对优美、和谐、崇高等传统审美类型的表现和推崇；那么，好莱坞的创作者们则更倾向于对荒诞、解构、颠覆等表现手法的运用和演绎，最典型的莫过于《怪物史莱克》系列。而这部影片中，熊猫阿宝不仅是中国某地区一家鸭子面馆的服务生，其家世代以做面为生，而且我们的主人公一出场就给人以捧腹大笑、忍俊不禁的角色效应。阿宝不仅天生懒惰、好吃、身体臃肿不堪，而且还是个爱幻想、爱做美梦的理想主义者，再加上美国当红影星杰克·布莱克的量身配音，这样一个身材肥胖、爱好幻想、好吃懒做、嘴巴总是喋喋不休的憨态可掬的熊猫形象便在眼前"活"了起来，成为一个让我们喜爱备至的有血有肉的银幕卡通形象。这一点，也正是美式幽默风格的集中体现。就是这样一个平凡小"人"物，通过自身的努力和足够的幸运成为众人艳羡不已的"龙战士"并得到了"龙卷轴"，再靠自身的机智和聪慧领悟到了功夫的"至高境界"，从而打败了邪恶势力强大的"太郎"，最终完成以一己之力拯救整个村落的光荣使命。这种小人物成为大英雄拯救世界的套路，已成

为好莱坞商业类型片屡试不爽的剧情模式。

（三）中西文化的交融

电影《功夫熊猫》所有的元素都和谐统一至中国文化背景下，电影的主题向人们展示"要想成为别人眼中的英雄，先要成为自己的英雄，只要对自己有信心，找到自我价值，才能让别人看到你的发光之处"这一思维模式和价值观念。"追求和平，讲求和谐"已成为东西方文化的共同核心价值，成长和励志的故事本身就有全球适应性，好莱坞在这方面充分迎合了东西方观众的审美品位。它不单是中国文化或美国文化的展示，更是两国文化的完美结合。一方面影片有着好莱坞一贯的生动曲折的故事情节，滑稽搞笑的角色动作，栩栩如生的角色形象，精湛高超的制作技术，封闭完美的大结局等，同时中国的传统文化也在片中得到淋漓尽致的展现，让东西方的观众都享受到了一道丰富的多元文化大餐。这也让人们充分领略到了中西价值观互相借鉴与融合的现实。

二、英语全球化与汉语热

《功夫熊猫》是中西文化合璧的一个优秀典范，同时也让全世界联想到两个热门名词："英语全球化"与"全球汉语热"。

根据联合国教科文组织的调查，当今世界上大约有 6 万种语言，英语是其中使用范围最广的语言。70 多个国家以英语作为官方或半官方语言，有 3.8 亿人以英语为母语，约 16 亿人不同程度地使用着英语。英语作为交际的工具几乎无处不在，它已成为国际关系中的主导语言。在人类历史上，从没有一种语言像英语这么广泛地传播，这么多人在使用。英语已经成为世界语言（world language）或强势语言（dominant language），这是无可争辩的事实。据统计，"全世界发行量最大的前五位报纸均为英文报纸，它们是《纽约时报》《华盛顿邮报》《华尔街日报》《泰晤士报》《星期日泰晤士报》。全世界 160 种语言学期刊中，将近 70%是用英语出版。"英美两国的广告更是充斥世界的各个角落，英语也成为了互联网的"官方语言"。难怪有英语为母语国家的人曾戏谑地说："我们原来要把炮舰和外交官派往海外，现在我们只需要派英语教师就可以做到了。"

随着时代的不断发展和进步，"全球化"逐渐成为政治、经济、文化、教育等诸多领域里的一个"关键词"。中国在全球化的进程中同样保持了旺盛的生命力，显示了其强大的优势地位：改革开放 30 多年来，经济获得了前所未有的快速发展，综合国力日益增强，同时作为一个人力资源丰富、国土面积广大的国家，在市场上又占据了优势的地位。翻天覆地的巨大变化以及得天独厚的人文、地理资源吸引了世界各国的目光。尤其是 2008 年奥运会的成功举办，中国与世界各国的交往与联系日益广泛、深入。在这样的政治、经济、文化背景下，世界各国纷纷把眼光投向中国，汉语正逐渐成为世界关注的焦点。

其实，20 世纪 70 年代就曾出现过一次汉语热。那时由于中美关系缓和，中国恢复联合国席位，世人以崭新的目光看到一个走向世界的中国，一股学习汉语的热潮首先在美国兴起，继而影响带动了整个西方世界。但由于当时中国的经济影响力尚小、对外经济联系程度不深，那股汉语热未能持续多久。与30多年前的汉语热相比，当前的汉语热之所以范围如此广泛、人数如此众多、势头如此强劲，就在于中国是在一个经济全球化的时代背景下迅速崛起的。

这样的一个世界性汉语热背景，主要反映在以下几个方面：

（1）中国的经济发展给世界带来了前所未有的商业机会与就业机会，或可称为"中国机会"。外国人学习汉语的原因多种多样，但对于大多数不辞辛苦、自觉自愿来学中文的"老外"来说，功利性目的是其基本的动力，即学好汉语能给他们带来许多求职和就业机会，或更多的商业机会。中国在世界经济与贸易领域中的联系网络已经深入而广泛、密切而频繁，拥有世界上最庞大人口的中国为世界提供了前所未有的市场和无限的商业机会。来华投资以及来中国从事贸易的外国公司越来越多，这就需要大量懂得汉语和中国文化的人才，不然难以很好地把握商机。同时，在海外投资的中国企业也越来越多，这些海外中国企业也需要大量懂得汉语的外国人。即使仅仅从大量中国人出国旅游这一件事来说，对象国就需要大量懂汉语的导游、导购、翻译以及娱乐、餐饮等相关行业的服务工作人员。韩国的年轻人如今要在一些大公司谋职，即使已经从美国的大学拿到了博士学位，也还得过中文这一关。这一切都说明，学好汉语就意味着商机或就业的机会。

（2）中国经济的成功发展使世界对中国的未来有信心，对中国的前景怀有希望，或可称为"中国希望"。中国从1978年到2010年，30多年间经济保持了年均10%左右的持续高速增长，而且中国经济在未来相当长时期内的可持续高速发展的前景仍然被世界所普遍看好；同时中国的经济发展也带动了各项制度的改革和创新，一个潜力无穷而且生机勃勃的中国，必然让世人产生希望和遐想。因此，学习汉语对于许多人来说，不仅意味着现在的机会，也意味着未来的机会。诚如法国总统希拉克所说，法国人未来选择学习汉语是一种极佳的选择。"中国希望"或"中国前景"无疑促使许许多多的人把学习汉语作为对未来的选择。一些国家之所以把汉语列入国民教育体系，主要原因也在于此。

（3）中国的发展和日益崛起，带来了中华民族文化自信心的回归和海外华人华侨民族认同感的强化，或可称为"中国认同"。海外华人华侨由于特殊的历史原因，或在一些发达国家里，民族文化长期受到歧视与压抑，或在如东南亚的一些国家里，其对母国文化的认同被加以种种限制。在中国积贫积弱的时代，他们的文化自信心自然也比较弱。而如今，随着中国经济的发展、崛起和国际地位的大幅度提升，华人华侨有了更多的民族自豪感，重新找回了中华民族的文化自信心，他们对中华文化的认同感重新强化。在这种情况下，马来西亚华人关于"是华人就得学汉语"的观念很有代表性。这也是大多数华人华侨让子女学习汉语的文化心理动因或精神动力，而华人华侨子女成为了海外汉语学习者的一个庞大群体。

（4）在快速和成功发展的同时，中国给世界以新的形象，并展现出中国独特的文化魅力和发展模式，或可称为"中国形象"。近些年来，中国以积极开放的心态和负责任大国的形象走向世界，也迎接世界。在经济上与国际接轨，在政治上成为国际规则与制度的合作者，在生活中有姚明在美国打球，在科学技术上有"神舟"飞船上天。所有这一切，都使世界看到了一个良好的中国形象。中国发展还带动了"北京共识"取代"华盛顿共识"的讨论，"中国模式"成为世界上许多人的新希望和兴趣点，并促使一些人从中国的传统文化中寻找成功因素，如中国的儒家伦理与经济发展的关系、中国价值观的世界意义等。因此，中国成功而独特的经济发展模式、中国文化的复兴态势与中国积极开放地走向世界，共同塑造了一个实力增长而行为良好的"中国形象"。许多人学习汉语的兴趣，正是被这"中国形象"所激化。

（5）中国政府的推动也在一定程度上催化了海外的汉语热。"汉语水平考试"的推广、"汉语桥工程"的实施、海外"孔子学院"的创办、中国派遣汉语教学人员出国直接执教或培训当地的汉语师资，等等。这些措施都是经由中国政府批准和同意实施的，大体上反映了在当前的世界性汉语热中的中国政府的作为。

《功夫熊猫》的热映就是一个典型的案例，影片中那浓浓的中国味道使我们看到日益强盛的中国经济和日益强大的中国使世界各国越来越重视中国文化。中医、中国神话、儒道文化和中国功夫等中国元素在外国人拍的电影中越来越多地出现。这让我们为中国文化受到世界重视而高兴的同时也心情沉重。因为我们看到外国人拍摄出了中国味道浓郁的电影，而在国内则是英语热及其文化冲击的现象泛滥，当今的汉语热多少显得有点"内冷外热"。改革开放以来，随着中国对外语人才需求的增加，中国人的英语学习取得了突飞猛进的发展。中国学生学习英语的人数、规模达到空前的程度。英语成了中国各级各类考试的"重工业"，从小学、初中、高中、大学、考研、考博到职称考试，无一能脱离英语考试。更为"可悲"的是，中国大学生在四年的在校学习中在英语学习上投入了相当大的一部分光阴和精力。有的学校把英语四、六级过关与否与毕业证书、学位证书等挂钩。莘莘学子们整天埋头苦读英语，啃英文单词，为英语而"疯狂"，更有不少学生希冀能"托英语的福"而漂洋过海。在同等的条件下，英语好则意味着能有更好的待遇和升迁的机会。中国的英语教育产业应运而生，已经发展到"从娃娃抓起"。从少儿英语到各级各类辅导班，到考研考博辅导班，一路走俏。不得不说，中国的教育，尤其是外语教育，已经热得发烫。相比之下，中国国内汉语与中文教育出现的问题却日益严重，如学生的中文水平比之20年前明显下降，文句不通、辞不达意的现象也比比皆是。

在学习一种语言的过程中，我们并不仅限于学习语言本身，而总是会接触目标语所反映的文化，并且与之发生对话。而且"对目标语文化的了解和学习，也是语言学习的重要内容之一"。在与目标语文化对话的过程中，我们潜移默化地会受到目标语文化的影响，从而可能形成对目标语文化的认同甚至某种程度的崇拜，并进而对本族语言以及文化形成"冲击"。这种现象在当今中国社会中早已屡见不鲜。例如：当听到别人夸奖时，现在已很少听到有人（尤其是年轻人或者大学生）会用中国式的自谦了，取而代之的是一句很自然且脱口而出的"谢谢"，甚至是"Thank you"；一起拍照时，总有人把食指和中指竖起形成"V"字（victory 的首字母）象征胜利；兴奋时大喊"Yeah"也很顺理成章等等。或许这并不奇怪，正如有学者所指出的："文化因素一直伴随着语言的学习，外语教学从刚开始就重视语言的学习与文化的学习相结合。而这也是英语教学目标的重要内容之一。"

　　西方人的生活方式和文化风情大量引进，正如有学者所指出的，"我们既引进了西方先进的生产技术设备，同时也引进了大批的文化产品，以可口可乐、麦当劳、好莱坞电影、迪斯尼、多媒体等具有象征意义的美国文化为代表，一方面改变着我们的生活方式，也改变了我们的生活观念；而另一方面，它同样冲击着我国的文化工业。"在我们的一则电视广告上，有人曾动情地说某食品有"真正的美国口味"，难道美国口味就比中国口味强吗？难道外国的月亮就比中国的圆吗？圣诞节、情人节，这些西方节日在中国也早已家喻户晓，在许多地方得到隆重庆祝（虽然这其中含有许多商业因素在内）。西方的传统节日正逐步取代承载丰富文化内涵的中国传统节日，如圣诞节、情人节正在被越来越多的年轻人所追捧；而中国的传统节日如端午节、七夕节则有被"打入冷宫"之感。

　　我们在大量引进文化产品的时候，却很少有输出，从而形成了"文化逆差"现象。我们每年引进无数部国外影视和文化产品，而我们的文化产品却很少"出口"。据统计，我们的文化产品输入与输出的比例高达 10:1。我们是一味地引进，以"多了解外国文化为荣"，而我们土生土长的东西却被认为难登大雅之堂。我们往往一味迁就西方人对中国文化的无知，而把自己禁锢在西方人的思维方式之中。要知道"全球化"并非"美国化"，也不是"英语化"。数以十亿计的人口的语言和文化在全球化过程中应该有自己的话语权，而不应该在这个浪潮中被淹没。

　　当今的世界日益成为一个"地球村"，不同文化的交流、交融、交锋比以往任何时候都更加频繁。在这样的背景下，更加需要我们以理性、科学的态度进行文化的反思，正确看待自己的文化，正确对待别人的文化，充分认识中国文化的独特优势和发展前景，进一步坚定我们的文化信念和文化追求。

小结：

　　《功夫熊猫》与中西文化；英语全球化与汉语热。

思考题：

　　1. 《功夫熊猫》如何体现中国元素的？
　　2. 世界性汉语热的背景体现在哪些方面？

第七讲

港澳台地区的语言文化

港澳台地区都是中国领土不可分割的部分，由于其特殊的历史、政治、经济背景与该区域所衍生的特殊的民情，诸多特殊性交织在一起，构成了该地区复杂的语言关系。以下将分别介绍港澳台三地区的语言状况。

一、香港的语言文化

（一）香港的语言发展简史

香港从一个默默无名的小渔村，发展成为一个赫赫有名的国际大都市，经历了100多年的艰辛历程。香港的历史，伴随着祖国的兴衰，充满着惊涛骇浪。香港的语言面貌同样经历了曲折、激烈的动荡和变化，香港语言使用的历史可以划分为五个阶段。

1. 土粤语初始阶段（1842年之前）

香港历史上属于宝安县，在唐以前没有正式的历史记载。虽然在今天九龙的李

图15　香港城市景观

郑屋村附近，发掘到东汉时代汉人的墓穴，但却没有汉族居民生活的证据。到了唐代，开始有军队在今天的"屯门"驻守，也就有了这个地名的由来，但还是没有常住人口的记载。到了宋代，江西吉水人邓符协，也就是锦田邓氏的祖先，看到锦田风水不错，于是决定在退休以后来那里开垦，成为定居香港的第一批移民。同时期的内地移民，还有上水的侯氏、粉岭的彭氏，宋末又有移居新田的文氏，加上明初来到上水的廖氏，合称"新界五大家族"。但这些早期移民讲的方言是一种类似广州话的"土粤语"方言，跟粤语的代表广州话（白话）有明显区别，其使用范围主要在现在的新界一带。

香港的客家人和客家话是随着"迁界事件"来到香港的。清代初年，满清政府不堪郑成功在东南沿海的武装骚扰，命令沿海居民分两次后撤50华里（约30公里），到8年后的1669年才"复界"，准许居民回去。但由于迁界时造成不少人口伤亡，很多居民不愿回去。到了1700年以后居民的数目还是偏低，严重影响广东珠江口以东海岸几个县份的生产秩序。1727年，署理两广总督何克敏建议从其他地方招来人口恢复耕种。结果，大批居民从广东东北的五华、兴宁和梅县等地来到宝安、惠阳和东莞一带开垦。1762年以后，客家人大批移民到香港，形成了第二大方言群——"客家方言"。

2. 广州话流行阶段（1842年—1945年）

香港被英国占领以后，英国统治者在政府层面使用的基本上都是英语，直到1882年以后才有少数学校开始教中文，但是平民的交际语言基本上用的还是广州话（白话）。到了20世纪20年代，由于香港市区的发展需要，又从潮州输入了大量的劳工。这些人到了后来竟然超越客家人，成为香港的另外一个主要方言群体，同时开始形成香港的第三大方言群体——"潮汕方言"。

3. 多方言并用阶段（1945年—1967年）

香港经历了抗战、国共内战以后，从20世纪50年代初起，随着来自全国各省各地的移民拥至，香港成为一个多方言群体并存的地方，包括广州话、四邑话、潮州话、客家话、闽南话、上海话和普通话。其中讲广州话的最多，大概有49%；讲四邑话的人口约有19%；讲潮州话的有11%；讲客家话的有8%；讲闽南话的有5%；讲上海话的有3%；其余都在一个百分点左右。此时外普通话开始兴起，不仅成了中小学除了粤语之外的主要教学语言，而且广播、电影以及歌曲都普遍使用。

4. 粤语为主导阶段（1967年—1997年）

受国内"文化大革命"的影响，1967年香港发生了"左派"暴动。港英政府为了有效控制局势，加强香港人的认同感，在语言政策上采取了一系列措施，核心是推广粤语，排斥"国语（即普通话）"，这主要包括：除了英语，广播电视都只能够使用粤语；禁止中小学教"国语"；取消中学会考"国语"科目；开始拍摄粤语电影，推行粤语歌曲。从80年代开始，香港社会进入一个以粤语交际为主的时代，放弃母语方言的风气渐渐蔓延到新界，所谓"宁卖祖宗田，不卖祖宗言"的神话开始破灭，新界客家村庄的小孩已经不会讲客家话了。到了20世纪90年代，香港客家人跟孙辈沟通的语言，90%以上的家庭都采用了粤语。客家话在香港的消亡成为不可逆转的事实。

5. 两文三语阶段（1997年至今）

1997年香港正式回归祖国大陆，香港特区政府实施了"两文三语"的语言政策，即书面上中文与英文并存；口语上则是普通话、粤语和英语并存。"两文三语"的语言政策首次出现在1997年10月的第一份施政报告中。报告针对当时语文教育重读写轻听说的实际，专门为义务教育阶段学生提出的语文能力标准。正如董建华先生在施政所说："我们的理想是所有中学毕业生都能书写流畅的中文、英文，并有信心用广东话、英语和普通话与人沟通。"政策实施以来各个阶层的香港居民，包括政界、工商界、教育界等，学习普通话的热情高涨，普通话水平测试成了热门话题。短短几年的时间，能够说普通话的人数急剧增长。但是这仅仅限于口语，书面语方面则几乎没有太大的变化。

书面语的"中文"充分体现了香港地区的特殊性。它是中文，但不是标准中文；处处可以发现粤语、英语、文言的成分，却又都包容在中文的框架里边。因此，它是一种特殊的书面语言变体，有人把它称之为"港式中文"：即以标准中文为主体，带有部分文言色彩，深受粤语和英语的影响，并有独特的社会词和流行语，在词汇系统、结构组合、句式特点以及语言运用等方面跟标准中文有所不同，主要在香港地区普遍使用的汉语书面语。这样，港式中文一方面跟香港居民口语使用的粤方言相对，另外一方面，它又跟全国普遍使用的标准中文相对，从而形成了自己的特色。

（二）"港式中文"的语言特色及文化内涵

"港式中文"的语言特色概括起来主要包括以下几个方面。

1. 方言词汇的代用

由于受到粤方言的影响，"港式中文"出现了使用粤方言的词语来替代汉语标准语的现象。香港普通居民的语言使用实际上实行的是"双轨制"，即口头上说的是粤语，书面上写的是汉语共同语（即普通话）。虽然有比较明确的分工，但是实际上两者是相互影响的，尤其是口语对书面语的影响更为显著。当他们自己使用汉语共同语写作时，粤语的某些词语，以及某些表达方式就常常掺杂进来，比如名量词跟名词的组合，不能仅仅归之为一种习惯，两者之间实际上存在着某种语义的双向选择性。这正是汉语语法组合规则的一条总纲，具有极大的解释力。例如"间"作为量词，在标准中文里与名词的搭配能力非常有限，可以与之搭配的名词主要限于"房"，以及与之相关的"屋子""卧室""客厅"等等，属于"专职量词"。可是在"港式中文"里，"间"却特别活跃，与名词的组合能力非常强，在一定程度上能与标准中文的量词"个"相媲美，诸如学校（大、中、小）、工厂、公司、诊所、医院、餐馆、大排档、商店、超市、银行、邮局、酒吧、教堂、赌场、大使馆、旅行社、养老院、娱乐场所、电视台、球会（即俱乐部）之类的名词，都能与"间"搭配，属于"泛化量词"。这显然是受到了粤语的影响。

如：

（1）香港有<u>八间</u>接受政府资助的大专院校，各有不同的历史和传统。(《明报》2001年10月3日A2版）

（2）以规模而言，德国的运送行动最大，该国共有<u>五万间私人银行</u>。(《东方日报》2001 年 9 月 8 日 A2 版）

（3）一九九八年美国<u>两间</u>非洲大使馆遇袭之后展开的调查也得出同样的发现。(《星岛日报》2001 年 9 月 29 日 A6 版）

（4）纽约<u>一间</u>电视台报道，执法人员相信两架飞机遭恐怖分子骑劫，发动这次惊天袭击。(《苹果日报》2001 年 9 月 12 日 A2 版）

2. 方言语法的借用

标准汉语本来没有的语法，由于受到方言的影响，结果造成了新的格式。例如在标准中文里，"有"只能用作动词，带体词宾语，如"他有一本书""面粉里有砂子"等，但是不能带有动词性宾语或者小句宾语。因此我们可以问"你有没有钱？"也可以回答"有钱"，或者"没有钱"。但是绝对不能问"你有没有买到？"也不能回答"有买到"。而只能够问"你买到了没有？"回答是"买到了"或者"没买到"。

在港式中文里，"有"除了带体词性宾语之外，还有一种很特别的用法，就是直接出现在动词前面，表达一种特殊的体貌意义。这种用法中的"有"已经相当虚化，可以看作是一个语法标记了。

例如：

（1）全国广播公司及《华盛顿邮报》在演说后的调查发现，全国七成九人都<u>有收看</u>这次演说，是十年来收看率最高的一次总统演说。(《明报》2001 年 9 月 22 日 A6 版）

（2）案发当天他们四人同去参加友人的婚宴，婚宴期间，他注意到两名死者都<u>有喝酒</u>，自己也喝得酩酊大醉。(《东方日报》2001 年 8 月 15 日 A9 版）

以上两例中，充当句子谓语的动词短语前都附着一个"有"。不难看出，这些句子都有一个共同的表示完成的语法意义。那么，标记词"有"是否就表示完成这一语法意义并只表示这一意义呢？

我们不妨扩大考察的范围，看看下面的例子：

（3）我们仍<u>有保持联络</u>，但没有什么进展。(《明报》2001 年 9 月 23 日 A25 版）

（4）他并强调，香港与国际执法部门<u>有定期交换恐怖活动情报</u>，警方有足够能力对付恐怖活动。(《明报》2001 年 9 月 20 日 A14 版）

很明显，例（3）的意思是"保持着联络"，例（4）的意思是"定期交换着恐怖活动情报"，在句子中都有"持续"的语法意义。可见，港式中文以"有"置于动词之前充当了一种体标记，这在语言类型学中并不罕见，其他语系的语言中也有类似的用法，如英语中的"have"和法语中的"avoir"在保留实词用法的同时，也已虚化成为表示体范畴的情态动词。

3. 语义的混用

某个词语在标准中文本来具有的语义和用法在"港式中文"里却具有了其他的语义或者用法，从而造成了混用。最常见的就是"同形异义词语"。

第一种情况是词性不同，语义不同。

例如：

此外，沙丽此行也有重大收获，事缘她在酒店房间所用的枕头睡得她非常舒服，故索性向酒店购买一对回来与阿 Lam 分享，<u>认真</u>恩爱。（《东方日报》2004 年 2 月 23 日 C1 版）

在标准中文里，"认真"可以是形容词，表示"严肃对待、不马虎"的意思，例如"他是一个认真的人"。在港式中文里除了这一意思之外，还是副词，且只能够做状语，表示"确实、的确"的意思。此外，这类词还有"化学""花心""意图""八卦"等。

第二种情况是词性相同，词义不同。

（1）马会前职员不满遭炒鱿，满腔愤怒无从宣泄，竟将矛头指向寓所附近的马会投注站，在个半月内八度向投注站捣乱，包括泼<u>油</u>及倒水入自助售票机泄愤。（《东方日报》2004 年 4 月 16 日 A38 版）

（2）公司内数名职员纷纷闪避，其中一名被红<u>油</u>泼中左手的男职员追出门外，目睹三人沿后楼梯逃跑。（《苹果日报》2004 年 4 月 1 日 A1 版）

标准中文里，"油"包括好几种意思：一指"动植物体内所含的液态脂肪"，例如"豆油""菜油"；二指"矿产碳氢化合物的混合液体"，例如"石油""油气"；三指"固态的动态脂肪"，例如"猪油""牛油"。而在港式中文里，除有跟标准中文相同的含义外，"油"还常常指"油漆"。在香港，店铺、写字楼等地被淋油漆恐吓的新闻屡见不鲜。例（2）中的"红油"指的是红色油漆，显示两地对油的含义理解有所不同。此外，这类词还有"地牢""电梯""人工""尾数""大堂""工人"等，都有不同的理解。

第三种类型是词义不同，搭配对象也不同。

（1）表扬本港电影业成就的尖沙咀新旅游点"星光大道"将于四月<u>开幕</u>，在本周日举行招聘会，聘请四十名亲善大使和纪念品销售员。（《星岛日报》2004 年 3 月 3 日 A14 版）

（2）为迎接迪斯尼乐园在 2005 年<u>开幕</u>，旅发局来年其中一个重点是拓展"家庭旅游"，自由行旅客是重点对象之一。（《明报》2004 年 2 月 24 日 A9 版）

在标准中文里，"开幕"的本义指"戏剧、歌舞等演出开始时拉开舞台前的幕布"，引申泛指"会议、展览会的开始",相对于"闭幕",例如"开幕词""开幕仪式"。在"港式中文"里,"开幕"除了跟标准中文一样的用法之外,其"开始"义的搭配对象远远多于标准中文,店铺、场馆的开业在香港都可以称之为"开幕"。香港20世纪20年代的《工商日报》已有"书院开幕""店铺开幕"的搭配,叶圣陶的长篇小说《倪焕之》(1928年)中就有"生活开幕"的用法,可见,香港沿用了"开幕"过去的用法,内地则缩小了使用范围,所以产生了差异。此外,这类词还有"醒目""主持人""行使""身家""孤寒""辛苦""裁判""刁钻""发达""密实""犀利""小气""阴湿"等。

第四,褒贬感情色彩的差异。

例如:

> 余志稳又指出,当局在检讨咨询及法定组织工作时,会优先检讨平机会主席角色问题,并研究应否加开行政策总监的职位,以平衡主席的权力。(《苹果日报》2004年2月14日A8版)

在标准中文里,"检讨"一词的常用义是"找出缺点和错误,并做自我批评",带有贬义色彩;在"港式中文"中用来表示"总结分析、研究",无所谓褒贬之义。

4. 外来词的借用

粤语吸收了较多的外来词,其中主要来自英语。"港式中文"中吸收的外来词更多,比如标准中文的"公共汽车"在香港被称为"巴士","出租车"在香港称为"的士"。

"港式中文"除了具备以上的语言特点之外,在称谓方面也具有其自身的特色。

香港同胞在称呼时既有地方习惯,又夹杂有英语的音译。一般来说对陌生男士称"先生",女士称"小姐""太太",中年妇女称"小姐"也无妨。年纪大的下层市民称"师奶""阿婶"更显亲切。在非正规场合,对中老年男人可称"阿叔"、"阿伯",对年轻男女可称"哥哥""姐姐"。对男性来说,称"兄"的频率很高,甚至年纪大的称年龄小的也喜欢以"兄"相称。

香港同胞除极相熟外,在姓氏前一般不冠以"老"字,相熟男人则可称"老友""老细"(不宜发于女士之口)。但"工友""大姐""姑娘"一类称呼已不合时宜。对于注重图吉利、讨口彩的香港同胞来说,一些称谓是大有禁忌的。香港的中老年女性忌称"伯母",因为"伯母"与"百无"谐音。"百无"意味着一无所有,是穷光蛋。无论做生意的人或是普通家庭妇女,都忌讳这种称呼,而称之"伯娘"就显得亲切多了。

香港同胞虽然生活接近西方,比较开放,但他们的日常语言、生活习惯还保留着一些东方古老传统的忌讳,如果不熟悉他们的习惯,在人际交往中恐怕会发生不快。内地人向别人介绍自己的妻子或丈夫时,往往会说:"这是我爱人。"但对香港同胞来说,这个称谓是说不得的,"爱人"的称呼在英语中是指"情人",俗称"相好的"。据说,不少到祖国内地探亲旅游的香港同胞,听到内地许许多多的老夫老妻彼此称"爱人",有的大惑不解,有的失声而笑,有的心里自问:"难道这么多老人都在谈情说爱吗?"原来,在香港只有恋爱的男女才互称"爱人",而介绍自己的丈夫或妻子时,一般说"他是我的先生""她是我的太太";称别人的丈夫和妻子时,也是"你的先生"或"你的太太"。

香港的语言、称谓并非只有崇尚洋文的趋向,它对中国古文化的营养,也是竭力吸收的。譬如,香港同胞称父亲作"老豆"就是一例。"老豆",是广东人称自己父亲的习惯口头用语,甚至当面也这样称呼。"老豆"实为"老窦",来源于旧《三字经》的"窦燕山,有义方,教五子,名俱扬",意思是五代时期人窦禹钧教子有方,后来五子登科。于是,窦燕山成为世人景仰的"模范父亲",人们往往把教子有方的"父亲"喻为"老窦"。由于粤方言的"豆"与"窦"同音,故此"老豆"遂被作为对父亲的尊称。

在香港,人们对政府机关公务员、警察等习称"阿 sir",女性称"miss""madam"。小商店站柜台的称"老细""事头""事头婆"。工人、艺匠、服务匠等称"师傅"。男侍、售货员可称"伙计",但不如"老友"好。女侍仍称"小姐"。香港用职衔称谓"某经理""某董事"者很少见,多数称"某先生",介绍时则说:"这是(职衔)某先生"。唯对在教育界任职的人士则以职衔相称,如称之"某校长"、"某主任"以示尊重。对上司或官员常称"某sir",如果你称之为"同志"那恐怕就让对方感到可笑。香港同胞习惯把"同志"视为同性恋者,于是乎就有"男同志""女同志"之称,也就是男同性恋者或女同性恋者的别称。而在几十年前,香港有一个流传于江湖圈的称呼"老同志"(简称"老同"),却是指一般吸毒的人士,后来,又被称为"道友"。

作为香港书面语的"港式中文"是标准中文的一个地域变体,实际上也是语言,包括外语、古汉语、汉语方言、汉语标准共同语相互接触、渗透、交融的必然结果,这也使"港式中文"成为语言交融分析的典型样品。

(三)"两文三语"政策的现实意义

香港实施"两文三语"政策是由香港特区的社会性质决定的。香港是典型多元文化的国际大都市,西方文化的传统意识、价值观念与华夏文化的生活习俗、饮食起居相互交融形成复杂的语言关系。而语言作为人类文化的重要组成部分,同时又是人类文化的主要载体,它蕴含着人类文化的各种信息,因而它具有文化性质、文化价值和文化功能。"两文三语"同时体现了中西合璧复杂的语言关系,并兼顾国际化与本土化两方面的需求。

1. 国际化的体现

众所周知,英语在香港回归前已经占据了首要地位,香港自1842年被割让,港英政府为使英语能成为香港的主要语言,真正保障英国在香港的利益做了规划。他们一方面利用地理优势发展经济,利用国际商贸交易带动香港整个社会生活,从客观条件上来巩固、提高英语的地位,为实施英语政策创造条件;另一方面又利用经济繁荣的国际商港招牌,将英语政策渗透进从教育到就业的各个领域,从主观上控制了汉语的发展。经过漫长的殖民统治历史,英语已作为权势的象征,在择校、就业、职位提升等方面显示了它的优势,这种定势直接触及了港民的切身利益,也在千家万户的港民心中扎下了根。在这种情况下,"两文三语"充分利用这方面的资源,显然是过渡阶段协调语言关系的有效策略。

2. 本土化的体现

据香港特别行政区政府统计处公布的数据,从 2001 年到 2006 年,香港华人一直占全港人口的94.9%到95%，由于大多数港民的母语是汉语，采用"两文三语"的政策不仅容易获得港民支持，也是弘扬汉民族精英文化和传承乡土地域文化的根基。回顾过去，在殖民社会文化的语境下，港民从20世纪60年代起就已经表现出对本民族语言明朗的态度和深厚的感情，就开始在香港社会各阶层为把中文提升成正式语言做出努力；70年代，由语言矛盾引起的中文运动体现了80%香港市民的愿望，它促进了中文为法定的语言，也为确定中文的法律地位奠定了基础。尽管香港市民目前对中文的理解仍然是言文不一的白话文（书面语）和粤语（口语），与言文一致的普通话相比，方言、乡音更使港民有充满依恋的情感，所以，粤语虽然是汉语的一种方言，却一直是多数港民日常交际的工具，并得到广泛的认同，在社会上占有牢固的强势地位。

（四）"两文三语"政策面临的问题

回归祖国后香港的大众传播媒介，如报纸、电台、电视台在逐步增设普通话教育栏目。最近几年，香港推广普通话大联盟已形成了香港历来规模最大、组织最完整的普通话推广活动。不少港民主动接受短期培训，并在学习中利用书面语来比较粤、普两语的不同表达，坚持从"书同文"中感受普通话。但香港地区现实的语言使用情况是：英语在书面语上一直占优势；回归以后粤语在口语方面优势上升，英语口语在某些领域的使用让位于粤语；标准汉语书面语正在争取与英语平起平坐，但离目标还有一定距离；学习普通话的人数越来越多，但使用场合仍然十分有限。据2006年的调查数据显示，讲普通话的仅为0.9%，讲英语的为2.8%，讲粤语的为90.8%。有学者认为：虽然香港官方主张全面推行母语，但是长期的殖民地历史使中文在公共场合并没有想象中的强势，英文的地位则很高。这种情况越是在上层越明显，如大学的大小会议中，主要沟通语言仍是英文。在某些官方的服务行业，英文往往是首选。人们对此的认知标准就是香港是一个国际城市，英文是业务的语言，优秀的英语能力，也普遍被认为是一种个人的成就。法定语文事务署专员曾说内部会议以英语为主，如果只有本地同事，则可能转为粤方言。然而本地同事每天在网上阅读的新闻，做的摘要、演示文稿，则仍是英文为主。

由此可见，由于香港历史上英语与汉语的复杂关系，普通话在香港的境遇是处于地位强势和认同弱势的矛盾之中，要在英语和粤语之间求得发展还需要一个长期的过程，香港的"两文三语"现状在一定时期内还将长期存在。

（五）香港的电影文化

150多年来，东方文化与西方文化、传统文化与现代文化在香港这块土地上互相碰撞、渗透，形成一种多元文化的混合体，香港的电影文化就是其中的一个典型代表。

1. 香港电影的主题与文化历程

香港电影（Hong Kong Film）是电影史上的一个奇迹。1901年香港出现第一家电影院喜来园，开始放映国外无声影片。1913年，黎民伟与美国华美影片公司合作摄制了《庄子试妻》，标志着香港电影制作的开始。1930年，黎北海等创办香港影片公司，黎民伟创办联华影业公司，香港电影事业开始步入大规模运作阶段。联华影业公司拍摄的社会教育片、爱国片成为香港电影的主流。正如黎民伟联华影业公司成立宣言中所言"公司之电影旨在超迈思想，纯

洁道德，敦厚风俗"，黎氏宣言在相当一段时间规范着香港电影的文化内涵与走势。

香港电影在二战后迅速复兴。其中影响最大的当推邵氏"黄梅调"电影。代表导演是李翰祥。"黄梅调"影片的故事大多取材于民间故事，深受香港与东南亚华人的喜爱。李翰祥拍摄的《貂蝉》《江山美人》《梁山伯与祝英台》等"黄梅调"电影，引发了整整十年的"黄梅调"高潮。黄梅调影片的流行有其重要的社会文化心理。战后香港人对文化认同迷失的强烈追寻孕育了"黄梅调"电影的流行。正如许乐博士在《香港电影的文化历程》中所言："在这些黄梅调电影中，邵氏不经意间为海外华人建构起了一个想象中的家国世界。这样一个虚幻的影像世界在当时一度满足了海外华人对于祖国和家乡的思念之情。"

2. "无厘头"狂热与香港喜剧电影文化

香港自有电影以来，喜剧一直是主流。香港喜剧电影也是极具香港本土特色的一个重要类型片种。李翰祥、楚原、许氏兄弟、张坚庭、周星驰，这些几乎伴随了一代人成长的喜剧明星，他们的许多影片巧妙地反映了香港几十年来的社会状况，在嬉笑怒骂、妙趣横生中张扬着逆境中求生存的草根精神。香港喜剧片反映世俗日常生活，重在描摹人生万象，针砭人性缺陷和弱点。

鬼马喜剧的代表是许氏兄弟。1974 年，许冠文、许冠杰、许冠英自组许氏兄弟公司，公司的处女作喜剧片《鬼马双星》创造当年港产片的票房纪录。1976 年，许冠文编导喜剧片《半斤八两》，该片成为该年度港片票房冠军。《鬼马双星》和《半斤八两》的推出打破了武打片独霸香港影坛的局面，极大地推动了上世纪 70 年代香港喜剧的丰富和发展。

功夫喜剧的代表是成龙。1978 年，成龙因主演《蛇形刁手》和《醉拳》而一举成名，并因此成就了一个新型片种：功夫喜剧。它是传统喜剧片与功夫片的相互结合，这种喜剧风格不但注重现实生活和语言趣味，而且还有着极强的动作性。

提到"无厘头"喜剧，必然想到周星驰。"无厘头"是粤方言，本应写作"无来头"，因粤方言"来"字与"厘"字读音相近，故写作"无厘头"。一般指故意将一些毫无联系的事物现象等进行莫名其妙组合、串联或歪曲，以达到搞笑或讽刺目的的方式。上世纪 90 年代，周星驰的出现，令香港喜剧电影达到了一个更加辉煌的时代。虽然整个香港电影业并无太大起色，并有下滑的趋势，但只要是周星驰主演的喜剧电影，必定十分卖座。1990 年，《赌圣》创下了香港票房历史最高的新纪录，周星驰亦成为喜剧新贵。之后，《赌侠》《龙的传人》《无敌幸运星》等片让其喜剧天才一展无余，"无厘头"风格也逐渐形成。至今，周星驰的《鹿鼎记》《九品芝麻官》《唐伯虎点秋香》《国产凌凌漆》《大话西游》仍为人们津津乐道的"无厘头"风格代表作。

"无厘头"文化是香港上世纪 90 年代兴起的以周星驰为代表的次文化，并长期主导香港娱乐文化。"无厘头"文化是年轻人广泛接受的喜剧艺术表演形式，将嬉闹与搞笑，夸张与纵乐推至极致。美国电影学者大卫·波德威尔在评述周星驰电影时谈到那些张狂的作品时称，"无厘头"文化实际包括出色的创意与匠心独运的技艺，是香港给全球文化的最大贡献。这不仅是一场视觉盛宴，更是周星驰电影在娱乐精神引导下所取得的美学财富之一。"无厘头"文化充斥草根式笑话、触动受众神经质的幽默表演，并利用表面毫无逻辑关联的语言和肢体动作，表现出人物出人意料、看似矛盾的行为方式，效果往往滑稽可笑。

3. "无厘头"喜剧与香港商业电影文化

众所周知，香港电影走的是商业化道路，具有浓厚的商业味道。在香港，任何文化现象最终会与商业存在着联系。"打开文化的外衣，商业常常既是起点，也是终点。有人把这种文化命名为工业文化，当文化被商业渗透的时候，文化就只是形式，商业才是目的。"香港电影自从上世纪70年代开始试图以娱乐影片作为主打开拓市场，并取得了巨大成功。

香港特有的中西交融文化特点孕育了香港电影商业文化的繁荣。香港电影强调实用化和大众化，商业化的主流使得香港的通俗文艺十分兴旺。香港受现代化、商业化市场冲击，流行的大多是通俗文化的商品。因此，香港导演知道观众喜欢什么，市场需要什么。市场、观众永远是香港电影的风向标。正如陈嘉上导演所言，"香港导演和内地导演的成长经历十分不同，香港导演看电影是到电影院去，他们很清楚地知道观众的反映。……香港导演就是在这种环境中磨砺出来的，所以'拍电影给观众看'这个概念在香港导演心里是根深蒂固的。"

作为类型影片的一种，周星驰"无厘头"电影被多数观众肯定并获得了巨大的商业成功。周星驰"无厘头"电影在追求喜剧效果时有着鲜明的商业化特点。在高度商业化的香港影坛，周星驰"无厘头"电影自然会遵循一条很商业化的道路。

进入21世纪，作为导演的周星驰开始认真地表达自己的一些东西，开始表现出对人类命运的思考，重视人性本质的表现，为高度商业化的香港电影注入了难得的温情主义。"拍商业片不能只考虑赚钱，正像要达到一个目标，而不考虑目标一样"，所以，拍电影的目的是什么？电影的本质是什么？这些问题经常拷问周星驰，也拷问着他的电影。周星驰没有忘记作为艺术家的责任感与社会良心，于是2008年，周星驰隆重推出《长江七号》。

二、台湾的语言发展

（一）台湾的语言发展简史

台湾自古是中国领土不可分割的一部分。元朝在澎湖设"巡检司"，管辖澎湖、台湾民政，它隶属福建泉州同安县。自明代以来台湾就受到了倭寇的不断侵扰。后来西班牙、葡萄牙、荷兰等列强相继侵扰台湾，1662年荷兰投降，郑成功收复台湾。1684年清政府在台湾地区设立一府三县，隶属福建。甲午海战清政府和日本签署了《马关条约》，将台湾和澎湖列岛割让给日本。台湾地区从而成为了日本的殖民地，

图16 台湾的"日月潭"

开始了长达 50 年的日据时期。1945 年 8 月 15 日，日本宣布无条件投降，台湾重新回归祖国。新中国成立前夕，蒋介石以及国民党的部分军政人员跑到台湾建立了政权，直到今天。现在的台湾是一个多族群组成的地区，一般可分为原住民、闽南人、客家人和外省人四个族群。据 2012 年统计的数据，台湾全地区人口约 2323 万人，其中"闽南人"约占 67.5%；"客家人"占 13.6%；"大陆各省市人"占 7.1%；"原住民"占 1.8%。近些年伴随台湾人与东南亚国家人民通婚（大部份是台湾男性和东南亚女性通婚）的日益增加，所谓的第五大族群即"新住民"出现。在这个仅有三万多平方公里的区域内，多族群杂居相处，语言相互影响，从而形成了一个复杂而有特色的语言环境。

历史地看，台湾的语言状况，大致可以分为以下五个时期。

1. **南岛语时期（1660 年以前）**

在此期间，台湾居民主要为原住民，从大陆迁徙台湾的移民很少，据粗略估计，至 1648 年，移民仅为 2 万人。因此从原住民的语言和文化看，属于南岛语时期。

2. **闽南话和客家话移入时期（1660 年—1895 年）**

郑成功收复台湾后，大批汉人移民进入台湾，主要是福建的闽南人和广东的客家人。清代是大陆向台湾移民规模最大、时间最久、人数最多的时期。从嘉庆十六年（1811 年）至光绪十三年（1887 年）的 76 年间，台湾人口又增加 100 万以上，大陆移民已达 320 万，约占全台湾人口总数的 88%，而祖籍福建的占到了 83%。汉族人口很快超过了原住民人口，伴随移民进入台湾的闽南语和客家话，特别是闽南语自然成为了台湾地区占优势的汉语方言。

3. **日语影响期（1895 年—1945）**

1895 年，清政府签定了《马关条约》后日本开始了对台湾地区的殖民统治。

当时的日本政府深感语言隔阂给行政工作带来了极大不便，又因为语言是民族属性最重要最基本的特征，所以首先把推行日语作为文化殖民的桥梁。日本人在台湾地区设立了"国语传习所"（此处的"国语"实指日语）。据 1939 年的统计，台湾全岛的"国语传习所"合计达 15126 所，学生数达 891660 人之多；全台湾了解日语者，约有 2568000 余人，达到了 48.74%。日本人为了在台湾推行日语，还常采用家庭奖励的方式。凡是一家人经常用日语交谈，并且采用日本人的生活方式，那么，这个家庭就经常可以获得以下的优待：子女进入小学校及中等学校的要求，得优先予以考虑；得优先任用为公务员；请求营业牌照及就业时予以优待；得选任为社会公共

图 17　日本的"浮世绘"艺术

团体的职员及其他名誉职；请求赴日本考察时予以方便；配给实物时，数量比一般家庭多；如全家改用日本式姓名，则优待更多。在日本对台湾进行统治的50年里，日语的普及有了迅猛的发展。而台湾自身即是一个富有多种语言的地区，在闽南语、客家话以及各原住民的语言之中被强行灌输进了日语词汇，使得台湾语言中保存了为数众多的日语词汇以及结构形式，主要是直接取自日语或音译自日语的词语。从电视台的"星星物语"节目，到报纸上的"浮世绘"，从手上的"便当"到家里的"多桑"，类似的词语比比皆是。当时输入的日语词汇大多属于食物、文化、礼仪风俗等类型，至今仍有许多日语词汇扎根于当地的语言中。

4. "独尊国语"期（1945年—1990年）

1946年，"国语推行委员会"成立，旨在希望汉语能够在短时间内取代日语。在此后的40多年中，汉语地位得到了很大的加强，日语的影响式微，方言使用也有限。所推行的"独尊国语"的语言政策成效显著。从整体上看，汉语地位在全台湾地区有了很大的提高。

5. 多语多方言的发展时期（1990年至今）

随着台湾岛内的政治变动，本土文化思潮得到了进一步的发展，语言领域亦随之出现了本土化的语言运动，此时闽南语、客家话和原住居民语言的地位得到了提升，方言也成为了共同场合使用的语言。就语言的社会状况来看，"台湾国语"是高阶语言，闽南话是中阶语言，客家话、外省话和原住民语言是低阶语言。在台湾的外语则主要是英语。

（二）"台湾国语"与普通话的差异

案例分析：

> 2005年亲民党主席宋楚瑜访问大陆，谈及夫人对自己的支持，用了很"窝心"一词，令许多大陆记者瞠目结舌原来在台湾地区"窝心"是很温馨的意思，与我们方言中所具有的"受到委屈或侮辱后无法发泄心中苦闷而产生的窝心气"含义简直是大相径庭。无独有偶，参演过古装琼瑶剧的某一大陆演员也有关于"窝心"的纠结经历：他曾对剧本中的"好窝心"一词提出修改意见，认为可能会引起大陆观众的误解，但来自台湾的导演却不接受，结果"官司"一直打到琼瑶那里……

海峡两岸同胞虽然讲的是相同的语言，使用的是相同的文字，在分离数十年后存在着不少沟通"障碍"，相同的词语却具有不同的含义，诸如此类的例子在两岸语词中为数不少。除了案例中的"窝心"一词外，还有"公车"。在大陆指公家单位的汽车，在台湾指"公共汽车"；"酒店"，在大陆是宾馆、旅店的意思，在台湾却指喝酒玩乐的地方。

更常见的是同一事物具有不同的称谓。大陆的"网络"在台湾叫"网路"，大陆的"熊猫"在台湾叫"猫熊"，台湾的"机车"是大陆的"摩托车"，台湾的"计程车"是大陆的"出租车"，台湾的"幼稚园"大陆叫"幼儿园"，台湾的"捷运"是大陆的"地铁"，大陆的"立交桥"在台湾被称作"交流道"，台湾的"行动电话"是大陆的"手机"，台湾的"滑

鼠"是大陆的"鼠标"……

两岸语词差异，是时光流转和时代变迁留下的印记。两岸由于社会制度、生活方式等不同，加之多年阻隔形成了用语差异，这种差异的成因大致可归纳为以下几类：

1. **新词的出现**

随着社会的发展，两岸都有新生事物出现和新词产生。"春运""民工潮"等，是伴随大陆的社会现象出现的新词语。而对于"愿景"一词则在台湾地区使用较多，它是指"所向往的前景"，往往是企业更高层次的追求，类似于人们常说的"理想"。2005年国民党主席连战来访，"愿景"一词就出现在了胡锦涛与连战于4月29日进行的会谈的公报中，随后收录于《现代汉语大词典》第5版。"愿景"成为了从台湾来到大陆的一个"新词"。

2. **旧词的沿用**

1949年以后，诸如"里长""邮差""次长"等名词在大陆日渐消失，在台湾却依然沿用。此外，一些较为"古典"的句式和用法在大陆使用频率已不高，在台湾却是书面表述中的常用语，如"敬启者""顿首""端视""厥为"等等。在口头表达中，台湾人也喜欢用一些比较"书面"的词，如"吊诡""激赏"等等。

3. **方言的渗透**

近年来，台湾新闻是大陆民众关注的热点。台湾电子和平面媒体的新闻中，有些词汇让大陆民众很是费解，比如"龟毛""头家""吐槽""奥步"等等。这些看似奇怪的词汇来自闽南方言，有着独特的韵味，在台湾社会十分流行。"龟毛"有挑剔和洁癖的意思，"头家"是当家人的意思，"吐槽"是揭老底，"奥步"是出阴招。

4. **外来词的引入**

经外语翻译而来的语汇，在两岸的词库中都有一定份额，但翻译所造成的差异也十分可观，如"硅谷"和"矽谷"、"智慧财产权"和"知识产权"、"激光"和"镭射"都是典型例子。此外，由于历史的原因，台湾日常用语也受到日本影响，"欧巴桑（大妈）""欧吉桑（大叔）""便当（盒饭）"等词皆源自日本。

（三）**台湾文化特色**

台湾文化是以闽南人为代表的闽南文化、客家人为代表的客家文化与外省人带来的新文化在台湾共处融合的结果。同时，还有原住民所代表的南岛文化。除此之外，由于台湾日治时期长达50年（1895年—1945年），加上当代的欧美与东亚流行文化对台湾地区的深刻影响，台湾文化也融合了日本、欧美等地的文化特色。

传统农历的春节、端午节、中秋节等在台湾地区属于法定节日，此外还有不少深具台湾特色的民俗庆典，台湾的城隍、妈祖、关圣帝君等祭典活动成为台湾特殊文化，神祇阵头结合武学和艺术的八家将、宋江阵、舞龙舞狮民俗表演变成台湾特殊技艺文化，著名的有明华园、霹雳布袋戏、九天民俗技艺团等，其中有些表演团体已迈向国际舞台。

台湾传统民众颇看重农历，并依所载吉辰良时作为房屋落成、新店开张，或婚丧喜庆等日常活动的准则，也会依其生肖冲卦作为婚姻参考。"安太岁"在台湾民间也十分盛行，它是一种汉族民间信仰，香港称"摄太岁"。认为每年都有冲犯太岁的生肖，如属该生肖者，需要祭祀太岁神一年，以求太岁神保佑自己消灾免祸。一开始，"安太岁"是在家中摆设太岁神位，晨昏供奉一年。而今现代工商社会步调繁忙，一般人多到寺庙"安太岁"，以趋吉避凶。

台湾地区文化的另一特点是深受日本影响。从日治时期的日本的温泉、日本酒、杂烩、和室等到现在的日式料理、卡拉OK、电视剧、漫画、动画片、电视游戏、流行时尚等，包括目前台湾地区有三个电视频道还专门播放日本节目和日本动画，影响可谓深远。许多年轻人喜欢日本偶像明星、搜集日本流行资讯，这些喜欢日本文化的青年人称为"哈日族"。根据2010年"台日交流协会"实施的调查结果显示，超过5成以上的台湾人民认为日本是他们最喜欢的国家，更有7成多的台湾民众表示对日本感到亲近。

三、澳门的语言现状

"你可知Macao不是我真姓，
我离开你太久了，母亲！
但是他们掳去的是我的肉体，
你依然保管我内心的灵魂。
三百年来梦寐不忘的生母啊！
请叫儿的乳名，叫我一声'澳门'！
母亲啊母亲！我要回来，母亲！～～母亲！～～"

一曲七子之歌，道出了千千万万澳门同胞的心声。我们都知道"Macao"指的是澳门，澳门为什么又被称为"Macao"呢？传说，葡萄牙人来到澳门，都在澳半岛妈祖庙的门前面的海滩登陆，登陆时听到华人称那个地方为"妈庙"，音译为葡萄牙语便是"Macua"，"Macao"是英文的拼法，澳门通用"Macua"。

澳门的多语种最能让人感受到中西文化的交融。"澳门历史建筑群"里有一座17世纪前后建设的古教堂，可以看到一个有趣的细节，教堂左右两个告诫室上写着：本神父可接受中文普通话、广东话、英语、法语、葡语五种语言的忏悔。当地的导游小姐解释说，澳门有二十多座教堂，面对来自中西方的各路信教门徒，许多落地生根的西方神职人员精通多种国家语言，努力为他们排忧解难。总的来说，在澳门，无论在哪里人们都可以听到粤语、普通话、英语、葡语这三种语言四种腔调。这种独特的语言特色不但出现在口头语之中，各种出版物、印刷品、街头广告等也都是用这三种语言呈现给当地居民的。另外，尽管杂居四百多年，葡萄牙语词汇几乎完全没有进入汉语词汇。这同邻近的香港英语词汇大量进入汉语词汇的状态形成了鲜明对比。追根溯源，最主要是因为葡萄牙统治者对当地语言的排斥和藐视，这样使得澳门华人因血缘和传统而深植内心的语言"抗体"更加强大。

澳门作为一个多语多文化社会，语言使用状况较为复杂，常被誉为"语言博物馆"。如

语 言 文 化 十 五 讲

果说香港的语言情况我们概括为"两文三语",那么澳门语言的使用状况则大体可以概括为"三文四语两字"。"三文"即中文、葡文、英文,"四语"即粤语、葡语、普通话、英语,"两字"即繁体字、简化字。正是因为澳门的多语现象使得澳门不仅双语人口较多,而且还存在一些"三语人""四语人",甚至"多语人"。

澳门的汉语口语主要是粤方言。在广播媒体方面,澳门的广播电台、电视台主要使用粤方言;交通运输的海、陆、空服务业采用的是粤方言;学校的教学语言也是粤方言。据2001年的统计数据显示,粤方言的使用人数占据了87.86%,可以说在澳门,粤方言是最主要的语言交际工具。

在澳门,普通话是一种"高层语言",多用于社交领域和一些官方场合。说普通话的人群可以分为两类,一类是以普通话为母语,这类人群在澳门为数很少;另一类是后天学会普通话的,这类人群增长很快。澳门普通话的另一种形态是"归侨华语",主要指由东南亚归侨带来的附有内地色彩的汉语,相当于我们所说的"地方普通话"。澳门回归后,普通话的地位明显上升,难怪2005年的《澳门日报》曾全版刊登招聘广告,把具备普通话能力列为录用机场贵宾室经理、国际机场贵宾服务行政主任、餐饮服务员等多个职位的优先条件,大有和国内的英文能力作为人才录用条件相媲美之势。

早在澳门开埠之初,福建人驾驶的船只就以澳门为避风或转运的港口,那时便有福建人在澳门出入。在澳门经贸发展的过程中,越来越多的福建人进入澳门,与之结下了不解之缘。作为澳门标志性建筑的妈阁庙和享誉亚洲的妈祖石雕,都与福建人有着密切的关系。闽方言对澳门语言产生了重要的影响。据有关数据统计,说闽方言的人数是说普通话人数的两倍多,比说其他方言的人数总和还要多。

葡萄牙语是国际上的一种重要语言。澳门曾经是葡萄牙的殖民地,所以葡萄牙语在澳门占据十分重要的地位,即使是在澳门回归后的今天葡萄牙语仍然是一种重要的语言。从绝对数字看,现在澳门公务员中以葡语为母语的人数比中文为母语的人数少;但从人口比例看,葡语的数目还是很大。一些操葡萄牙语的人员位居澳门政府高职,葡萄牙语也是立法领域的重要语言,大多数法律文件用葡萄牙语书写的。

在澳门,英语不是官方语言,但却是金融、商业、教育、科技等领域的通用语言,可以说英语在澳门的社会中发展迅猛。一位葡萄牙教育家曾说:"在澳门,英文教学的重要性值得考虑。在一个以中文为主要语言,葡国行政管理的地区,英语却占有特殊的地位,这是不可忽视的事实。与葡文学校相比,英文学校无论哪一个程度的人数总是领先,而且学生人数随着年级的升高而增加"。澳门21世纪的语言状况证实了这位教育家的忧虑并非多余,英语的确在澳门的社会和经济发展中扮演着十分重要的角色。

长期以来,澳门的教育发展得并不乐观,文盲较多,澳门居民的英语水平也比较低。同时由于汉、葡、英等多种语言的长期接触,交互影响,澳门居民的语言有时表现出一种克里奥尔语化的倾向,其主要特征为通俗甚至粗俗,调侃甚至具有讽刺的功能。这类语言在语音、词汇和语法方面都具有鲜明的语言特征,其中词汇方面的特征最为突出,集中表现为广泛吸收不同语言的许多词汇,例如来自马来语的词汇有"passo(饭碗)""sapeca(硬币）""sanco（痰盂）""para（菜刀）"等，来自粤方言的词汇有"minpao（面包）""iamcha（饮茶）""faichi（筷子）"等等。

　　博彩业在我国澳门的经济中扮演着重要角色。博彩业在澳门可以分成五大类：赌场、赛马、赛狗、彩票和足球博彩，与之相应，澳门的博彩语言也是一大特色。

　　澳门的语言现状基本可以概括为：作为官方语言，只有中文和葡文，排序是中文在前，葡文在后；作为社会普遍的交际工具，则是中—葡—英三语，粤方言广泛使用，普通话得到推广，葡语仍在使用，英语的使用范围在不断扩大而且在澳门的社会中发挥着越来越重要的作用。

小结：

　　香港的语言文化；台湾的语言文化；澳门的语言现状。

思考题：

　　1. 香港的语言发展经过哪四个阶段？
　　2. "港式中文"有哪些特点？
　　3. 谈谈你对香港电影文化的认识。
　　4. "台湾国语"与普通话的差异有哪些？

第八讲

网络语言与社会

一、网络语言与语言变体

2014年7月21日,中国互联网络信息中心(CNNIC)在京发布第34次《中国互联网络发展状况统计报告》(以下简称《报告》)。《报告》显示,截至2014年6月,中国网民规模达6.32亿,其中,手机网民规模5.27亿,互联网普及率已达到46.9%。互联网的普及不仅影响了我国的社会、经济生活,而且也深刻地影响了我们的语言生活。网络语言作为一种新兴的有别于传统平面媒介的语言形式,以其简洁生动的形式,一诞生就得到了广大网友的偏爱,发展速度之快,传播范围之广,让所有人都始料不及。虽然网络语言在表现形式上有别于传统的语言表达,但它在本质上是现代汉语的一种社会变异,是一种新兴的社会方言,是伴随网民这一群体的出现而产生的社会语言现象。正如有学者认为"网络语言是语言的一种功能变体,已经成为特定人群使用的一种语言变体"。网络语言的变异包括语音变异、词汇变异、语法变异、语域变异等。

(一)语音的变异

语音变异的一个主要表现就是运用谐音手法来书写语音变化。汉语里大量的同音词、同音字,为谐音手法的运用提供了良好的条件。在网络上,网民们经常利用语音上谐音的汉字来记录语音的变化。它包括两种形式:普通话谐音和方言谐音。此外,叠音词也是语音变异的一个表现形式。

1. 普通话谐音

主要是利用语音同普通话相近的字、词的谐音现象。这类网络流行语的语音与普通话类似，为了形成一种幽默的表达效果。比如"斑竹（版主）""驴友（旅友，背包族）""稀饭（喜欢）"。这些谐音词的最初流行往往是因为最初的网民在聊天中使用的是智能拼音输入法，键入"版主"拼音的时候，屏幕上首先出现的是"斑竹"，为了加快网络打字速度，网民们就使用了这样的谐音转换并且造成一种戏谑的语言效果。

2. 方言谐音

主要是利用方言与汉语普通话之间较为接近的语音进行造字、造词的现象。借助网络传播的力量，方言谐音受到很多网民的喜爱，成为较为活跃的网络流行语。这些方言谐音的流行主要是受地域经济发展的影响。比如在改革开放后，随着珠三角地区经济的繁荣，香港的流行文化强势进入大陆，粤方言就首先成为一种流行趋势，"70后""80后"的年轻人几乎每个人都会几句粤语，各种粤方言的谐音现象也就乘势进入了汉语普通话领域。比如"偶（我）""灰常（非常）""灰机（飞机）""酱紫（这样子）""母鸡（不知道）"。无论是普通话的谐音还是方言的谐音现象，其中很多词语属于错别字，对于网络语言的规范性影响很大，应该加以限制和引导。

3. 叠音词

网络中出现了很多规范汉语中不能重叠的词语，这些新造的叠音结构除了可以增加音乐感和形象性之外，还具有口语中的亲昵、俏皮语气，因而备受年轻网民的青睐。如网络交际中喜欢将"漂亮"说成"漂漂"，"东西"说成"东东"，"笨蛋"说成"笨笨"，这是利用了语音的重叠表现出了亲昵、俏皮的语气，甚至平添了几分调侃戏谑的意味；甚至平时的一些负面词汇通过重叠形式也被赋予了俏皮之意，如将"坏蛋"说成"坏坏"。

网络语言中的这些语音变异词汇并非造就一种新的语言，而是将通行的普通规范的语言变得陌生化，网络语言反映了年轻人追新求异的心理特征。年轻人是网民的主体，由于他们思维活跃，喜欢追求新奇的事物，因此在语言表达上也不满足于用平直的词语，而是追求个性化，追求语言的生动、活泼、形象。网络语言中的这些词语能够充分表现他们追求自我、追求与众不同的心理。

（二）词汇变异

词汇是语言系统中最活跃的部分。在语言的发展和演变中，词汇的发展变化最为显著，网络语言的特点亦是如此，它突出的表现在词汇上。词汇的变异主要表现为旧词赋新义，汉语造新词，字母缩略语，方言词汇的出现，给网络语言披上了一件色彩绚丽的外衣。

如果你在网上被人叫做"天才"，千万不要沾沾自喜，以为自己很了不起，其实，在网络世界中的"天才"是"天生的蠢材"的意思。而像这样的例子，还有很多。它们往往是网民利用现有的词汇材料将其歪曲解释，增加其新的意义。这些意义一般都诙谐幽默，但往往与旧义无关或相反。这样一来，许多词语的感情色彩也随之发生了变化。例如："楼上"指"前一个帖子或上一个帖子"，"冲浪"指"上网"，"踢"指"聊天室管理员或论坛负责人驱赶违规用户"，"灌水"指"随便乱发文章"，"不错"指"长成这样子不是你的错"，"可爱"指"可怜没人爱"。"讨厌"一词则改变了感情色彩，由贬义转为了褒义，指"讨人喜欢百看不厌"。此外还有更多变为贬义的词，如"蛋白质"指"笨蛋+白痴+神经质"，"贤惠"指"闲适得什么也不会"，"天生丽质"指"天生没有利用价值"。以上这些网络词汇，调侃味十足，但它的交际领域只限于特定的网络语境中，离开了这种语境，交际者就难以把握其中的意义。

在绚丽的网络语言中，大量的汉字新词层出不穷。所谓的汉字新词就是利用汉字中原有的语素，按照原有的构词方式造出的词语。首先是伴随着互联网的流行而出现的与网民和网络有关的词语。例如"网虫"指痴迷的"网络爱好者"，"爬虫"即上网。另外还有像"网吧、网管、网友、网龄、网速、网瘾、网站、网址"等等。"网"作为常用的词根被广泛的运用，可以说是天下尽在一"网"中。

此外，由于打字便捷的需要，一些字母缩写形式在网上"遍地开花"。这其中包括汉语拼音的缩写，例如："BB（宝贝）""DD（弟弟）""JJ（姐姐）""PPMM（漂亮妹妹）""PMP（拍马屁）""BT（变态）"。英语在网络上已经十分流行，英语字母的缩写这种"快捷方式"更是倍受青睐，例如："BF（boy friend 即男朋友），BBS（bulletin board system 即电子公告板）""FT（faint 即昏倒）""BTW（by the way 即顺便说一下）""CU（see you 即再见）""DIY（do it yourself 即自己动手）""THX（thanks 即谢谢）"。"缩略语是解决词语太长和节奏太急之间的矛盾的结果"。在现代社会中，词语音节过长不便于信息迅速传达。语言随着社会的变化不断进行着自身的调节，缩略语具有简洁、经济且信息量大的优势，它体现了现代社会追求时效的心理。受到交际工具的局限，网络交际与口语交际相比具有滞后性，网络词语中的字母缩写在一定程度上提高了网络交际的效率，但它往往不能准确地传达信息，随意性较强。

方言指生活在某一地区的人们相互交流所使用的语言，是语言的地域分支。由于互联网的超地域性质，它可以让天南海北的人们齐聚一个聊天室。尽管网民基本上全部都会用标准的现代汉语，但是为了显示其地方特色，或是模仿某地方言显出自己的别致，他们会把某些有特色的方言词语带进来。例如：

你说的<u>丝洒子</u>嘛！（四川话，是什么）
我蛮<u>稀罕</u>她的，大家不要这么说人家啊！（河南话，很喜欢）
<u>贼</u>垃圾。（东北话，很）
<u>偶</u>觉得还可以。（港台话，我）
<u>阿拉</u>不信那个邪。（上海话，我）
没事瞎<u>咋呼</u>！！！（河南话，大声说话）

方言词的使用，使同一方言区的人们倍感亲切，不同方言区的人们甚觉有趣、幽默。幽默是中国人特有的一种情感，其幽默感常表现在语言的调侃上。林语堂曾说："幽默是一种心理状态，进而言之是一种观点，一种对人生的看法。一个民族在其发展过程中，只要才能与理智横溢到足以痛斥自己的理想,幽默之花就会盛开。"网络交际有别于现实世界的人际关系,在现实世界里人们的交际必须遵守一定的规则,语言的表述必须遵守一定的规范,从某种程度上给人造成较大的束缚,在网络上人们的这种束缚得到了释放。

网络词语中有大量的运用修辞格创造的词语,如"鼹鼠生活""皮肤网站""灌水""恐龙""菜鸟"等,这些词语形象生动,引人联想。中国人的思维方式具有形象性、联想性、类比性的特点,这与西方人注重分析、推理的逻辑思维是完全不同的。

网络词语作为一种新的交际工具记录了网络生活的方方面面,它随着网络的发展而发展变化,从这类语言的发展变化中我们可以探索到网络生活的变化以及现代人的思维状况。虽然网络词语的交际领域一般限于网络空间,但对于其未来,我们认为,有些会伴随社会的发展而逐渐淡出历史舞台,有些则可能进入现代汉语的词汇领域,成为人们日常交际的普通用语,因此对于网络词语我们应该辩证地认识和理解。

(三)语法变异

语言是一个系统,它的各个成分要素之间不是彼此互不相干的,而是互相影响共同发展的,在五彩缤纷的网络词汇之间维系着语法,语法同样显示出超越常规的特性。

这是一段典型的网络语言的对话。

甲:哪儿?
乙:上海,U
甲:北京。见到U真高兴
乙:me2!呵呵
甲:家?
乙:no.公司
甲:MMorDD?
乙:D!我有事,走先,886!
甲:OIC,BB!

从这段对话中我们可以看到,在不影响沟通的前提下,各种材料可以信手拈来,任意组合,显示出很大的随意性。汉英混杂,符号和字母混用,在网络语言中十分普遍,有的已经成为网民的惯用语,如"有事请call(呼叫)我""3KU(thank you 即谢谢你)""CBL(cool bi la 即酷毙啦)""大家+U(加油)"等等,可以说是不胜枚举。

网络语言中的句子,由于受到英语语序的干扰,或是标新立异的原因,或是其它因素,常常出现与现代汉语不相符的语序。如:

不要忘了伊妹儿我!

这很容易让人想到英文句子"Do not forget to e-mail me",英语的语序在这里干扰了汉

语。有的网民为了强调某些句子成分而将其前置，例如："郁闷呀，我现在。""什么什么呀你。""漂在海外。"

有的倒装甚至还形成了约定俗成的句式。如"……先"的句式，有"走先！""强帖啊，签个名先！"。"……都"的句式，有"难过死了都""这么一会儿就传完了都"。

现在还流行一种叫"……的说"的句式，"的说"放在句子末尾，并无实在意义。例如："今天晚上谁去散步的说？""我还真有点儿舍不得说。"

（四）语域变异

近年来，各种"体"类的网络语言迅速在网络世界走红，并逐渐渗透到日常生活的诸多领域。"**体"网络语言的运用在语言学上被称为语域变异。所谓语域变异是指"根据社会语境运用的正式度而发生的语言表达形式的变异，即在语言使用过程中故意违反语言使用常规，脱离了所使用的语域"。当前网络语言中常见的"体"包括"甄嬛体""陈欧体""淘宝体""凡客体""蓝精灵体""撑腰体"等等。

2012 年，随着电视剧《后宫甄嬛传》的热播，剧中"古色古香"的台词也让观众为之倾倒，那种文艺情调十足，语调不急不缓，口气不惊不乍，从容大方的古诗风韵被称为"甄嬛体"。"甄嬛体"在得到甄嬛迷们的细细品味之余，也引发了广大网友的纷纷效仿，形成一股全民大造句的热潮。一时间"数学版""五一放假版"等各种版本的"甄嬛体"在网上流传开来，言语间颇具古风雅韵。例如学习版的甄嬛体："方才在《精练》上看到一道数学题，出法极是诡异，私心想着若是这道题让你来做，定可增加公式熟练度，对你的数学必是极好的。"意即："这道题我不会做。"警方提醒版的甄嬛体："您好，如果您拒接陌生来电那是极好的，因为陌生来电多数存在诈骗隐患，但您若是接了确认有恙再挂断是最好不过的了。相信您也愿密切联系警方，虽然会耽误一点时间，倒也不负警方提醒。"意思是警方提醒："陌生号码来电不要随意接听，陌生未接来电更不要回复，防诈骗需警觉，有问题找民警。"

"陈欧体"又称"聚美体"，源于 2012 年末聚美优品网站的宣传广告。该广告一经推出，迅速蹿红网络，受到网友的热捧。广告主演陈欧（陈欧是聚美优品的 CEO）的广告词如下："你只闻到我的香水，却没看到我的汗水；你有你的规则，我有我的选择；你否定我的现在，我决定我的未来；你嘲笑我一无所有不配去爱，我可怜你总是等待；你可以轻视我们的年轻，我们会证明这是谁的时代。梦想，是注定孤独的旅行，路上少不了质疑和嘲笑，但，那又怎样？哪怕遍体鳞伤，也要活得漂亮。我是陈欧，我为自己代言。"这则广告贯穿了考试录取、工作受挫、恋爱告白等场景，讲述了年轻人在质疑声中的不屈和成长，上演了一场梦想成真的微电影。很多"80 后""90 后"网友在观看后纷纷表示，这则广告道出了他们的心声，很受启发，也很感动。一些主流媒体也认为这则广告少了噱头和推销，多了励志和正能量，句句都能深入人心。此后，这则广告除了获得网友的竞相转发，也掀起了一股模仿热潮，各种版本的"陈欧体"在网络上纷纷涌现，调侃意味十足。例如："你只看到我的体重，却没看到我的努力，你有你的肌肉，我有我的肚腩，你嘲笑我腿不够细，手不够壮不配吃喝，我可怜你缺乏减肥的乐趣，你可以轻视我们的身材，我们会证明这是谁的时代，减肥是注定痛苦的旅行，路上充满了反弹与身材走样，但那又怎样？哪怕饿晕，也要晕得有型，我是胖子，我为自己代言。"

"淘宝体"最初见于淘宝网卖家对所售商品的描述，最常见的字眼为"亲（"亲爱的"的简称）""包邮哦""好评哦"，其语言形式亲切、可爱，似有儿语戏谑之感。但其语言形式背后，反映的是一种讨价还价的交易或者说是买卖双方利益的直接博弈。之所以采用亲切活泼的语言形式，主要源于人们对于网络购物诚信的质疑以及在实际交易中所具有的如履薄冰的心态。轻松、亲切、活泼的"淘宝体"恰恰能够起到缓解人们内心疑虑的效果，因此在网络购物平台迅速走红。更为值得关注的是这种来自淘宝网的语体，正在逐渐渗入各个领域，喊"亲"的声音屡见不鲜，甚至出现于大学的录取通知、警方的交通宣传等。

"凡客体"始于韩寒给凡客诚品所做的广告，最具代表性的是王珞丹的凡客广告词："爱表演，不爱扮演；爱奋斗，也爱享受；爱漂亮衣服，更爱打折标签。不是米莱，不是钱小样，不是大明星，我和别人不一样，我和你一样，我是凡客。"这种以"爱……，不爱……，是……，不是……，我是……"为基本叙述方式的广告被誉为"凡客体"。"凡客体"这种内心独白式的广告语言坦率、真诚、有细节，很好地表达了靠自我奋斗、努力获得成功的"80后"一代的成长心态。从广告传播角度看，应当说，"80后"人群是凡客广告的目标受众，而这些受众大多为喜欢网络等新鲜事物的上班族、上学族，于是网络空间成为他们互动、沟通、交流的最直接纽带，同时网络空间也成为了他们展示自我、调侃朋友的最有效平台，也正是由于网络传播具有实时不间断、网上人际、跨媒介、多向互动等特点，使得凡客体这种"有态度的广告"能够在短时间内迅速走红，并涌现出各类人物版本的"凡客体"。

《蓝精灵》是带给许多"70后""80后"快乐童年的动画片，随着2011年暑假电影版《蓝精灵》的热映，流行起了各种职业版的"蓝精灵之歌"，它们将《蓝精灵之歌》的歌词进行改编以此反映某种职业的生存状态。以"会计版"为例："在那山的那边海的那边，有一群小会计，他们可爱又聪明，他们每天输凭证，他们没日没夜迷失在那无垠的帐表里，他们沉着冷静相互都支撑。噢，可爱的小会计，噢，可爱的小会计，他们结帐编表加班不加薪。"这种把职场遭遇用《蓝精灵之歌》进行戏谑化表达的语言方式被称为"蓝精灵体"，它体现了人们对于儿童时代温暖生活的回忆和对现代社会生活压力的一种自我嘲讽。

在一段时间内，新闻中频频爆出路人看到老人摔倒后不上前帮助或上前帮助后遭到老人或老人家人的讹诈的事件，所以很多民众表示不愿意帮助路边摔倒的老人或者幼童。随后网络上揭露出许多关于中国人冷漠，不敢帮助他人的新闻。2011年10月18日，北京师范大学教授、经济学家董藩转发一条微博，号召民众抛弃后顾之忧，支持大家帮助摔倒的老人和幼童。这条微博迅速获得了广大网友的支持转发，并对这条微博进行了再创造，利用各大高校校长的口吻为扶起跌倒老人或幼童的善行进行全方位的保驾护航，于是网络上出现了各种版本的"撑腰体"，如北大副校长版："你是北大人，看到老人摔倒了你就去扶。他要是讹你，北大法律系给你提供法律援助，要是败诉了，北大替你赔偿！"

"**体"的这种语域变异与网络的特定情景化密不可分。学者弗格森曾指出"参与经常

反复出现的交际情景的人会逐渐开始在这些情景中使用相似的词汇、相似的语调特征以及一些特有语法和语音片段。"特殊术语代表经常复现的事物或事件,它能够促使交流更加便捷,便于建立同感等。"包邮、好评"等都是网络交易经常复现的环节,"爱……,不爱……,是……,不是……,我是……""敢爱敢恨"是"80后"年轻人共同的心理特征,"可爱的蓝精灵"则能唤起一代人对童年生活的美好温暖的回忆,可以说网络语言"**体"承担了某种特定情景化的功能,加之网络媒体具有传播速度快、范围广、影响大的特点,增加了网络群体性事件的易发性,因此,各种"**体"网络语言能够在短时间内迅速从网络传播开来,并逐渐渗透到日常生活的诸多领域。网络上"**体"的流行还在继续,但是它们能否作为强势语言模因一直传播下去,却还是一个疑问。

"**体"作为网络语言的一种特殊类型成为时下颇具争议的话题,它对全民语言的冲击可谓泥沙俱下。比如,本来出现于网络交易平台的"淘宝体",逐渐渗透到了教育、政治、公检法等领域,比如某大学的淘宝体录取短信,交警宣传语推出淘宝体,外交部的官方微博也在使用淘宝体,本来严肃、正式的场合却使用了戏谑化的语言,因此引发了各界的广泛争议,同时也就引起了人们对于网络语言规范化问题的高度关注。

二、网络语言变异原因

(一)网络语体风格的自由性

网络是个虚拟的世界,网络言语交际具有自由、轻松、娱乐等语体特征。在网络交际中,人们无需受到现实世界的制约,可以选择任何时间和地点与网友进行交流,任意使用能够表达意义又能为对方接受的表达方式,因此网民们"常常突破日常语言的规范,创新变异的形式"。各种语言变异形式的使用,常常使语言幽默风趣,突破常规思维限制,在交流的过程中,人们的身心得到一种休息和放松。

(二)网民的求新求异心理

网络语言是网民们彰显个性、标新立异的心理反映。网络言语交际的主体是年轻人,他们思想开放,反对传统,喜欢标新立异,富于创新精神。他们利用网络虚拟空间开放、自由、多样化和个性化等特点,在语言交流过程中,不断创造新词或将旧词赋予新意,或是将常规语言进行重组或别解,创造新的语言形式,或仿拟影视作品或文学作品的名言警句、成语格言等,使得语言突破常规思维,幽默诙谐,妙趣横生。有的则抨击社会现象发人深思,如"股市猛于虎,房市猛于股"。同时网民们为了达到娱乐目的,放松身心,有时会故意对传统的一些表达方式进行扭曲和破坏,从而创造出一些带有戏谑意味的词语,如"恐龙""青蛙""贤惠""蛋白质""白骨精"等等。

(三)社会现实的映照

现代社会生活节奏加快,人们惜时如金,因为时间就是金钱,那么怎样在最短的时间内传递最大量的信息仍然是网民们考虑的重点。为了节省时间,提高效率,网民们在交际过程中使用了大量的英汉缩写词、谐音词，大量的短句、独词句甚至非语言符号等来传递信息，交流思想感情。此外，语言作为一种社会现象，产生于社会又服务于社会，社会文化生活中的一些热点现象如"楼脆脆""躲猫猫"，一些行为和话语如"我爸是李刚"等经常被网民们引用并派生出一系列语词。

（四）社会文化心理的反映

最能承载社会文化的网络语言应该是语域变体中的各种"体"，它不但继承了中国传统的修辞文化，而且反映了当下年轻人孤独的社会文化心理。

1. 中国修辞文化的历史传承

中国人自古就十分讲究语言形式的表达，在"适应表达内容和语言环境的前提下积极调动语言因素、非语言因素，获取最理想的表达效果的对语言的加工"，即我们通常所说的修辞学。我们使用语言交流思想、传达信息，如果能够恰当地使用修辞，就能够达到生动形象、新颖独特的效果，因而就能够给人留下深刻的印象和更多的语言美感。

"凡客体"的广告文案"爱……，不爱……，是……，不是……，我是……"，从修辞学的角度看，大量使用了排比、对比、反复和递进的修辞方法。"爱"与"不爱"，"是"与"不是"的反复罗列、组织，前后形成鲜明对比，凸显了广告主体的敢爱敢恨，彰显真实自我个性的情结。从"爱……"到"也爱……"，从"我不是……"到"我是……"，用层次的递进的效果烘托出广告的主角，并从肯定到否定到肯定的叙述角度凸显了广告主体的特立独行和非世俗化的人生态度。而"蓝精灵体"则是以歌词的形式，反复吟唱"在那……，有一群……，他们……，他们……，噢，可爱的……"，通过语言形式的美好、纯真与表现内容的枯燥、沉重之间的巨大反差，来构建人们对童年无忧无虑生活的美好回忆。

而这种看似很简单的修辞表达形式却具有很强大的生命力，其缘由来自模因的变异规律。模因论认为"变异形式越复杂，模因被传播的可能性越小；形式越简单，越接近原始模因形态，越容易记忆，其所承载信息的生命力也就越强，予以复制、传播的可能性也就越大。"因此，我们可以看到"**体"类网络语言简单体现力量的良好传播效果。由此可见，源远流长的语言修辞文化因素正在对今日的网络语言产生着潜移默化的重要影响。

2. 孤独心理与言语趋同

"蓝精灵体"反映了众多行业、领域包括建筑工、销售员、程序员、记者、导游等的生存现状，基本上都是对加班多、薪酬低的工作现状的不满。这些阶层的人们在内心经历了孤独无助之后，每个个体都希望能够在虚拟世界的群体中寻求到归属感。于是，一旦出现新颖的、富有代表性的语言表达形式，便成为了连接不同领域但具有共同心理诉求的网民的纽带。正如心理学家吉尔斯（Giles）和史密斯（Smith）所揭示的人们在交际中的言语趋同现象（linguistic convergence），指"在言语交际过程中，交际一方改变自己原有的言语习惯或语体以接近谈话对方的言语风格，为的是获得对方的认同、好感和理解。"从社会心理学观点看，"**体"能够在网络语言中迅速走红是个体向往群体归属的一种心理表征。

网络语言是随着网络的兴起和普及而出现的一种语言变异现象，这些语言变异现象的出现的确给网络语言注入了新的活力。例如"陈欧体"作为正面的语言势力，产生了积极

的语言效应，但因为受到一些亚文化的影响，也时常涌现一些不良的语言，如"酱紫"等明显就是错别字的翻版，这些语言如果得不到规范和纠正必将危害我们的语言环境。因此，我们要继续支持乐观、正面的网络流行语，反对不健康的语言现象，从而建设一个更加和谐美好和文明健康的网络环境。对于网络语言的未来，文学家艾默生的一段话描述得更为形象："语言是一座城市，每个人都可以为这座城市添砖加瓦，但这座城市的健康、有序、纯净和美好，更需要大家共同努力。"

小结：

网络语言与语言变体；网络语言承载的社会文化。

思考题：

1. 网络语言的变异形式包括哪几种？请分别举例并加以分析说明。
2. 网络语言反映了哪些社会文化心理？
3. 谈谈你对网络语言的认识。

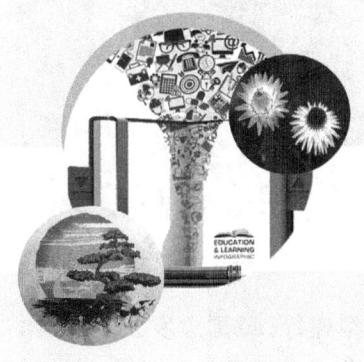

第九讲
文化比较

一、中韩文化比较

近些年来,我们经常会看到这样的年轻人群体:他们热爱韩剧、韩国音乐、韩国的烧烤,甚至还要学习韩语,俨然成为"韩流"文化的追随者,社会上的"韩流"之风十分盛行。所谓"韩流"通常指韩国电视剧、电影、音乐等娱乐事物在他国产生的地区性影响。"韩流"一般是从韩剧开始,韩剧的流行也带动韩国电影、音乐、食品和韩语的流行。"韩流"已经成为随着三星、LG、现代等大型跨国公司的发展而崛起的韩国经济的同义词。

韩国文化对中国年轻人的影响之大源于两国语言文化之间的密切联系。中国和韩国同属于亚洲文化体系,在漫长的历史进程中,韩国曾大量吸收中国的语言文化,并与自己的固有文化相结合,形成了独特的文化特色,特别是在礼仪习俗和称谓语中的表现尤为突出。

(一)礼仪习俗方面

韩国曾被西方国家称为儒教国家的活化石,在韩国能够看到很多中国儒家文化传统的影子。

1. 成年礼

韩国,虚岁20即为成年,政府规定每年5月的第三个星期一为"成年日",成年日要行传统的成年典礼,包括"冠礼"和"笄礼",它始源于中国古代男女的成年礼仪。"冠礼"亦称"男礼"或"丁礼",为"礼之始"。男孩子加冠后,自己的言行举止就要符合社会的

图18 韩国的"笄礼"仪式

图19 韩国的"冠礼"仪式

规范,他人也要以成人之礼相待。传统的成人礼仪式,在韩国很盛行。韩国虚岁20为成年,这与中国古代弱冠之年相合。据《礼记·士冠礼》载,冠礼仪式庄重繁复,要经过十几道程序。正式的加冠分为初加(加缁布冠,表示成年)、二加(加皮弁,表示从此要服兵役)、三加(加爵弁,表明有权参加祭祀了)。男青年加冠后,还要为其取"字"。中国古代,"童子无字",字是成人的一个标志。《礼记·冠义》云:"已冠而字之,成人之道也。"中国古代女子15岁及笄,表示成年可以出嫁了,嫁不出去的姑娘,最迟20岁也要行"笄礼"。与"冠礼"相比,"笄礼"有挽发盘头以笄簪之,而少了三加。如今韩国的女生和男生一样,也是20岁行"笄礼"。"冠礼""笄礼"完毕后,是见尊长(向家长行跪礼)和礼宾(向主持者和重要来宾行跪礼)。最后一项是茶果宴会,整个仪式肃穆庄重。

2. 社交礼仪

在社交中,韩国文化很注重"礼",甚至在很多人都迷恋的韩剧中我们都可以窥见一斑。韩剧中的人物不仅有俊朗的外表,更重要的是人与人之间和谐的关系。比如,韩剧中晚辈跟长辈喝酒时,一定要侧过身去,而且要先给最年长的人倒酒。透过华丽的外表,真正吸引我们的还是儒家的传统文化,它唤醒了我们对"礼"的怀念。看韩剧多了的人,自然会很谦卑,也许是因为我们骨子里就有相同的"礼"文化。可以说"韩流"盛行一方面体现出年轻人对于韩国文化时尚的外表的追求,而更深层次的动力也是对礼教文化的向往。

韩国人崇尚儒教,尊敬长辈、服从上级、讲究秩序,是必不可少的。在长辈面前,晚辈一般不能吸烟,喝酒要经过允许,且要背过脸去喝。就是对同班同学中比自己年长的师兄师姐,也要敬重有加,自己点烟、喝酒也要背过脸去。吃饭时应先为老人或长辈盛饭上菜,老人动筷后,其他人才允许吃饭。晚辈和长者谈话时要摘去墨镜。早晨起床和饭后都要向父母问安。乘车时,要让位给老年人。

在交际场合,韩国人一般都采用握手礼作为见面礼节。在行握手礼时,他们讲究使用双手,或单独使用右手。当晚辈、下属与长辈、上级握手时,后者伸出手来之后,前者须先以右手握手,随后再将自己的左手轻置于后者的右手之上。韩国人的这种做法,是为了表示自己对对方的特殊尊重。韩国妇女在一般情况下不与男子握手，而往往代之以鞠躬或者点头致意。韩国小孩子向成年人所行的见面礼，大抵也是如此。在社会集体和宴会中，男女也要分开进行社交活动，甚至在家里或在餐馆里都是如此。

韩国人的民族自尊心很强，反对崇洋媚外，倡导使用国货。在韩国，一身外国名牌的人，往往会被韩国人看不起。因此需要向韩国人馈赠礼品时，宜选择鲜花、酒类或工艺品。酒是送韩国男人最好的礼品，但不能送酒给妇女，除非你说清楚这酒是送给她丈夫的。但是，最好不要送日本货，特别是不要特意指出这一点。在接受礼品时，韩国人大都不习惯于当场打开其外包装。

韩国人热情好客，如有人邀请你到家吃饭或赴宴，应带小礼品，最好挑选包装好的食品。席间敬酒时，要用右手拿酒瓶，左手托瓶底，然后鞠躬致祝辞，最后再倒酒，且要一连三杯。敬酒人应把自己的酒杯举得低一些，用自己杯子的杯沿去碰对方的杯身。敬完酒后再鞠个躬才能离开。

3. 餐饮礼仪

韩国人在饮食方面也有特别的礼仪：

（1）韩国人的餐桌是矮脚的小桌，宾主席地盘腿而坐，年轻人更会在长辈面前跪坐在自己的脚底上，绝不能将双腿伸直，否则会被认为是不懂礼貌；

（2）韩国人没有端起碗吃饭的习惯，也不能用嘴接触饭碗，碗盖可以取下来随意放在桌上，左手要老实地藏在桌子下面；

（3）韩国人吃饭的顺序是右手先拿起勺子，从泡菜中盛上一口汤喝完，再用勺子吃一口米饭，然后再喝一口汤、再吃一口饭后，便可以随意地吃任何东西了；

（4）勺子在韩国人的饮食生活中比筷子更重要，勺子负责盛汤、捞汤里的菜、装饭，筷子只负责夹菜，不管你汤碗中的豆芽儿菜怎么用勺子也捞不上来，也不能用筷子，不要用匙和筷翻腾饭菜，不要挑出自己不吃的食物和佐料，也不要让食物粘在匙和筷上；

（5）汤匙和筷子不能同时抓在手里，不要把匙和筷子搭放在碗上，使用筷子时汤匙要架在饭碗或其他食器上，筷子不夹菜时，传统的韩国式做法是放在右手方向的桌子上，两根筷子要拢齐，2/3 在桌上，1/3 在桌外，主要是为了便于拿起来再用；

（6）用餐时不要出声音，咀嚼声音要小，尽量不谈商业话题，也不要让匙和筷碰到碗而发出声音，给长辈倒酒时得用双手，喝时得侧身手掩以示敬意；

（7）共享的食物要夹到各自的碟子上以后吃，醋酱和辣酱也最好拨到碟子上蘸着吃；

（8）用餐时，不要漏出嘴里的食物，不能咽的骨头或鱼刺，避开旁人悄悄地包在纸上扔掉，不要直接扔在桌子上或地上；

（9）用餐不要太快也不要太慢，要与别人统一步调，与长辈一起用餐时，长辈先起身离开后，才可以起身；

（10）用餐后，汤匙和筷子放在最初位置上，表示有始有终。

（二）称谓语

韩国语称谓系统一般分为两大子系统，即亲属称谓系统和社交称谓系统。

语言文化十五讲

1. 亲属称谓

韩国语亲属称谓系统与汉语相类似,其语义功能相当细密,可以区别直系和旁系、血缘与姻亲、长辈与晚辈、年长与年幼、男性与女性等。韩国语亲属称谓基本上可分为"长辈与晚辈之间""同辈之间"两种称呼方式。

长辈与晚辈之间的称呼规则:

(1)对长辈要在称谓后边加上表示尊敬的词尾[nim](相当于汉语的"先生、大人"),称祖父为"祖父大人",称父母为"父亲大人"和"母亲大人"。这种称呼在大家族中是最为普遍和常见的,但随着韩国社会的发展,"核心家庭"即婚后单独生活的家庭越来越多,年轻人对长辈的称呼也随之简便起来,倾向于直接称呼"爷爷""奶奶"或"爸爸""妈妈"。

(2)在韩国语中,父亲的兄或弟用"三寸"来表示,母亲的兄或弟用"外三寸"来表示。"寸"是韩国固有的用来表示与自己亲属关系远近的称谓语,在母亲的兄或弟前加上"外"。但需要注意的是,"寸"只是称谓名称而不是面称,当面称父亲的兄或弟时:年纪大的人习惯用仿汉语的称呼即称"伯父"或"叔父";年轻人则喜欢仿照对自己爸爸的称呼"叔父"为"小爸爸",称"伯父"为"大爸爸"。当称呼母亲的兄或弟时,无论是年纪大的人还是年轻人,都习惯称其为"外伯父"或"外叔父"。这表明韩国是一个比较注重直系与旁系区别的民族。

(3)长辈对晚辈的称呼很简单,一般长辈都直呼晚辈的名字或小名。

同辈之间的称呼规则:

(1)对于长于己者一般用亲属称谓,如"哥哥""姐姐",对于幼于己者一般多用名字或小名。但有两点需要注意:一是男性与女性称呼"哥哥""姐姐"时有各自的专用语;二是男性称呼"哥哥""姐姐"时,常要附上表示尊敬的词尾[nim],以此表示对于长于己者的尊敬,而女性称呼"哥哥""姐姐"时则不需使用该词尾。

(2)汉语中有堂表兄姐等称谓,在韩国语中均用"四寸"表示,表明其与自己的亲属关系又远了一层。但在面称时不用"四寸",而是直接称呼"哥哥""姐姐",大概这样称呼显得更加亲密些,更少"嫌外"的缘故。

现代韩国语亲属称谓特点能够清晰地折射出其文化背景。比较起汉语而言,韩国语的亲属称谓更加复杂,更能体现"长幼有序、男女有别"的传统习俗。

不同长幼的成员之间用不同的称谓来确定关系,甚至在同辈之间也有所区别。如前文提到的男性称呼"哥哥""姐姐"时还要附上表示尊敬的词尾[nim],以此表示对于长于己者的尊敬。在韩国,长辈对下辈具有绝对的威信,下辈要服从长辈,层层控制,构成了一种金字塔式的结构,而最高一辈的家长就处于塔尖之上,他负责统治着整个家族或家庭,韩国语亲属称谓这种复杂而又严格的长幼关系甚至比中国还要严格。

"男女有别"突出地表现在父系与母系亲属称谓的严格区别上,这实际上也是一种氏族支脉的区别,这种区别是与财产、权利的继承制度相适应。韩民族对联姻关系十分重视,因此,对父系和母系亲属都有密切的来往,但在财产、权利的继承与分配方面母系亲属没有权利参与。在大家族中，除了各小家族拥有自己的财产外，往往还有一部分公共的保留财产，这些财产只有父子代代衍生的父系成员才能享受。因此从家族或家庭的财产、权利的继承与分配制度上看，父系和母系亲属的区分是必要的。所以我们说韩国语亲属称谓的"男女有别"不仅仅是一种生理上的差别，更严重的是它的社会意义差别。

2. 社交称谓

社交称谓反映的是社会生活中人与人之间的各种关系。具体来说，可以分为：社交关系、固定关系和临时关系、上下关系和同等关系。韩语中的社会通用称呼不算发达，但头衔性称谓众多却是一大特色。与汉语称谓有差异的主要是以下三个方面的称谓：

（1）职务称谓

不论在正式场合还是非正式场合，"姓+职务"都是一种最常用的称谓方式，如"张局长、王科长、李董事长"等，这种称呼方式在汉语中常用于下级对上级或同级之间，而在韩语中，上级对下级也常使用此种称呼，只是称呼的方式随对象的不同而略有改变。如下级称呼上级时，必须在职务后加上表示尊敬的词尾[nim]，同时省去姓；同级之间[nim]可加可不加；上级称呼下级时则完全不必加[nim]。汉语社交称谓的一大特点是"重官位"，韩国也重视官位，但与汉语有着细微而有趣的差别。比如一个人姓王，职务是副科长，汉语的称呼是"王科长"，而不是"王副科长"；但在韩语中，一般情况下都会直称其"王副科长"，而不需有所避讳。另外是"校长"这一称呼，在汉语里无论大、中、小学，称呼方式都相同，可在韩语里，中、小学校长称"校长"，高等专科学校校长称"学长"，本科大学称"总长"。由上述两例可以看出，韩国虽然也重视官位，但较中国更重视身份与等级的差别。

（2）职业称谓

"王老师、刘大夫、张律师"等"姓+职业"的语言形式都属于职业称谓。在中国，一般在社会上有身份、有地位的人容易受到人们的尊敬，因此只有大众心目中较高的职业和职称才会被用做面称，而较低的身份类称谓，如厨师、理发师、助教、司机等，一般不用做面称。可在韩语中，较低的身份类称谓仍可用做面称，"司机先生、理发师先生、张助教"等称呼在韩语中是很常见的。

（3）"姓名或名+亲属称谓"

这种称谓形式最常用于邻居之间、学生家长之间、同事之间。比如，一个学生叫金秀珍，其他学生的父母见到金秀珍的家长时，可称呼其"秀珍爸爸"或"秀珍妈妈"，在韩剧中我们经常可以听到。这样的称呼就可以避免在不了解对方的职业、职务、职称时，不知如何称呼的尴尬。

3. 现代韩语社交称谓特点及文化背景

有研究者曾提出权势关系（power）和同等关系（solidarity）这两种因素左右着称呼语的使用。权势关系通过地位来显示，包括年龄、辈份、教育、资格、财富、地位、力量等因素的优劣；同等关系通过社会距离来显示，指的是双方在经历、年龄、性别、职业、兴趣、宗教信仰、种族等方面的一致性。在韩语称谓的选择上权势关系所起的作用显然大于同等关系。现代韩语社交称谓中偏好职务、职称等身份称谓，也同样是封建宗法等级社会

文化的延续，官本位的观念和地位崇拜的现象无所不在。

在社会交际中，上下级之间、长幼之间有较严格的区别。对上级、年长于己者一般不能称名字，要用职务、职业等社会称谓；而对下级、年幼于己者则可称名字，不必用职务、职业之类称谓。在社交称呼规则中，职务等级、长幼的区别是亲属称呼中辈份区别的社会翻版，上级和年长于己者是社会关系中的"上辈"，必须予以尊敬，而对下级和年幼于己者，则可随便地称呼名字。因此韩语社交称谓系统和称呼规则在某种意义上说也是一种家庭式或家族式的模型，而亲属称谓的社会化则更是直接地把家庭模型移用于社会交际，这也正是由韩国统一的社会结构、人际关系与伦理观念所决定的。

（三）"韩流"与"汉风"

"韩流"不仅仅是一种文化现象，它还与经济、政治等密切相关。"韩流"作为一种文化现象，不仅扩大了韩国文化的影响力，而且给韩国创造了巨大的经济价值。影视作品出口，韩国品牌服饰、化妆品的走俏等，都给韩国带来滚滚财源。而"韩流"对韩国旅游业的发展也带来了巨大的推动力。如韩剧《冬季恋歌》在亚洲各国播出后，其拍摄地春川市和南怡岛便立刻成为旅游热点。而此前的南怡岛，仅是北汉江上的一座私人小岛，游人罕至。另一部韩剧《大长今》也为韩国的旅游业做出了重大的贡献。据韩国官方统计，在《大长今》的效应下，到韩国旅游的外国游客增加了 15%。不仅如此，因为"韩流"的影响，两国间的外交有了更广阔的民间基础。2007 年 4 月，时任总理温家宝访韩时，在两国都有较高人气的韩流明星张娜拉作为中韩交流年形象大使在青瓦台受到了温总理的接见，韩流已然成为中韩文化外交的重要表达方式。

从《爸爸去哪儿》（湖南卫视从韩国 MBC 电视台引进的亲子户外真人秀节目）的热播就可见韩国综艺节目的影响力之大，韩国综艺节目可以说是展示韩国文化的窗口，我们就以此来感受一下"韩流"文化所具有的魅力。

1. **饮食文化**

俗话说"民以食为天"。中国纪录片《舌尖上的中国》的热播，可以看出饮食文化在中国人心中举足轻重的地位。一个国家对食物的热爱和制造，也反映出这个国家国民的幸福感。韩国综艺节目《两天一夜》，则专门有一期是讲韩国泡菜的。主持人带领嘉宾完成寻找最好吃的泡菜的任务，并在此期间介绍了泡菜的种类、制造方法、著名产地等，打破了人们对泡菜"廉价""单调"的固有印象。而韩国综艺节目在介绍美食时，并不拘泥于品尝食物、介绍食物制造方法的固有形式，而是通过游戏的方式，将食物的印象潜移默化地传递给观众。比如《Running Man》有一期节目，就是介绍东大门十大夜宵，嘉宾与主持人合力猜出榜单上的食物有什么，并用有限的资金买出排名第二到第五的食物。节目故意事先不告诉观众都有哪些食物，而是跟随着电视嘉宾的脚步去猜测，充分调动起观众的好奇心。

2. **服饰文化**

韩国一直以特有的服饰风格为鲜明特色，韩剧里的男女角色的穿着也总是会引起一股股模仿的潮流。而事实上韩国的确在服饰、美容方面居于亚洲前列。在节目《EXO'S show time》中，就展现了首尔的购物一条街，帽子店里多达上百款的帽子，高级服装定制店里漂亮优质却价格合理的衣服，以及各种新潮首饰、配饰。给我们展现了韩国人民对外形方面不遗余力的追求。韩国是个极其重视自己本土传统文化的国家，不仅现代服装时尚发达，传统的服饰文化也很悠久。比如在《Full House》中，主持人带领嘉宾去韩国有名的宫殿德秀宫，并结合宫殿引出韩国的传统服饰——韩服，并解释如何穿戴韩服，在什么场合下穿韩服，使观众了解到韩国在现代服饰方面的领先，在传统服饰和传统文化方面的保护。

3. 音乐文化

韩国的娱乐产业比较发达，培养出许多年轻的偶像歌手，尤其是在男子歌唱组合方面，如东方神起、Super Junior 等。2012年红极一时的歌曲《江南style》可以说将韩国音乐推向了国际。韩国综艺节目中关于音乐方面的就有十多个，这些节目密集地宣传着最新的韩国歌曲，如《韩国人气歌谣》就是以周播的形式，邀请最近发行唱片的歌手上台演出，并根据网上投票支持率、搜索率、专辑销售量、专业审核等，在节目开始前通过投票选出前七名，然后等节目结束时宣布一名或一个组合为当周最后的冠军。这种充满竞争的形式，不仅密集地宣传了歌曲，也让观众极参与其中。而在传统音乐方面，韩国人也引以为傲。《Running Man》里介绍国乐馆一集为观众展现了传统的宫廷音乐，穿着传统服饰的乐手演奏、舞者跳舞，穿梭在大楼里的古代书生、官员，仿佛置身在古代的韩国。字幕对应打出演奏的曲目和含义，让观众对这种传统的音乐也有所了解。

4. 社交礼仪文化

韩国十分崇尚中国的儒家思想，讲究长幼有序，尊老爱幼。韩国人见面时的传统礼节是鞠躬，晚辈、下级走路时遇到长辈或上级，应鞠躬、问候，站在一旁，让其先行，以示敬意。体现在语言文化上，就是对长辈说话一定要用敬语，而长辈对晚辈说话则可以用半语来体现差别。例如韩国SBS电视台节目《GO Show》中，展示嘉宾的择偶标准，他指出绝对不能接受说话不说敬语的女生。节目组还特意指出了生活常用的敬语有哪些，以及半语和敬语的区别是什么，让非韩国的观众也能很好地理解。

5. 节日文化

韩国人十分重视过节，尤其是中秋节。大部分的节目都有中秋特辑，即为了庆祝中秋节特别开辟一期节目。《两天一夜》的延坪岛中秋特辑，主持人和嘉宾一边赏月，一边回忆小时候是如何过中秋节的，节日氛围十分浓厚。反观中国的综艺节目，对节日的关注度明显要低很多。

6. 婚姻文化

根据韩国统计厅的数字，近年来韩国离婚率平均以0.5%的速度上升，但离婚对当事人及双方各自的家人来说还是一件不太光彩的事情。韩国综艺节目《我们结婚吧》就是在这种情况下应运而生的，为的是引导正确的婚姻观，树立当代年轻人对婚姻的信心。节目中既介绍了传统的韩国婚礼，也有现代的草坪婚礼、教堂婚礼等。在"初恋夫妇"的特辑里，男女嘉宾进行了传统的韩式婚礼，并且女嘉宾要学习"三从四德"的规矩，向丈夫敬茶等。而节目中请来的男女嘉宾，也都进行了角色设定。男嘉宾多是高大、帅气、有担当、照顾他人的类型。而女嘉宾则是温柔、贤惠、崇拜丈夫的类型。这与韩国根深蒂固的父权思想不无关系。融合饮食、服饰、社交礼仪、音乐、婚恋等文化为一体的韩国综艺性节目极大推动了"韩流"在中国的影响力。

当"韩流"在中国一路高歌的同时,"汉风"则在韩国的土地上劲吹。在韩国,学习汉语的人越来越多,自全球第一家孔子学院2004年在首尔创办以后,截至2012年在韩国的孔子学院已发展到了17所。据外交部网站统计的数据,在只有5000万人口的韩国,已有30多万人正以各种方式学习中文。汉语水平考试(HSK)在韩国已经举办了17年,韩国考生在2007年再创历史纪录达到了2.4万人,占海外考试人数的67%,位居世界第一。"汉风"劲吹的另一个表现是到中国旅行的韩国人日益增多,2007年已超过400万,包括商务、观光、探亲等。大批韩国人学习汉语,到中国旅行,为中国的文化传播创造了良好的条件。此外据媒体报道,在韩国汉语热已经呈现出低龄化的趋势。在韩国部分幼儿园,英语和汉语学习者人数之比为4:6。在幼儿教育阶段,汉语大有夺得韩国第一外语地位之势。

"当某种文化被广泛认同和接受后,文化主体的实际力量就会被放大,或者说无需动用物质性力量,只需凭借其无形的影响力即可实现某些政策目标,这就是越来越被人们所认知的文化软实力。"韩流"不仅是韩国文化产业的集中体现,更是韩国发展国家文化软实力的缩影。韩国政府曾计划要把韩国文化产业在世界市场上的份额由1%增加到5%,而且力争成为世界五大文化产业强国之一。同时,韩国政府表示,不能把"韩流"仅仅当作单纯的文化传播,而要使之成为亚洲的代表文化。可见,韩国政府已把提高文化软实力作为国家的发展战略,也彰显了发展文化产业和提高文化影响力的勃勃雄心。"韩流"已经建立和发展了完善的文化产业链,为韩国创造了可观的经济价值。相比之下,我们的"汉风"则尚未在文化产业上形成优势。伴随着汉语在世界范围内的推广和传播,伴随着中华文化的繁荣兴盛,相信"汉风"在世界的舞台上将具有更大的发展空间。

二、中日文化比较

(一)中日颜色词的文化比较

颜色词是每一个民族文化和语言中不可缺少的重要成分,然而由于各民族的历史背景、文化、价值观念以及信仰的差异,再加上颜色带给人的不同感受,使得每一个民族都有各自独特的颜色崇拜,形成了专属于本民族的颜色。日本的崇拜颜色为白色,中国则崇拜红色。白色与红色代表了两种不同的文化性格和文化心理,反映了两种不同的思维模式和感觉模式。"红"与"白"在汉、日语中具有丰富的文化内涵,透过颜色词"红"与"白",我们可以对中日文化的异同有更深的了解。

1. **中国的"红"与日本的"赤"**

(1) 中国的"红"

中华民族自古就是一个崇尚红色的民族,这是因为红色是生命之源,血的颜色,也是光明、温暖的象征。因此,在汉语的颜色词中,红色词是文化蕴含最为丰富的一类词。人们一看到它便会联想到骄阳、烈火、热血、鲜花等，从而引起热烈、兴奋、决心、警觉、喜爱等情感，并由此产生诸多的联想义、象征义。

1）红色表示喜庆、祝福、吉祥。中国人一生中重要的时刻都离不开红色：过年过节要穿红衣、贴红色对联、挂红灯笼；结婚更是红上加红，红衣、红被、红喜字、红包；本命年为防不测要系红绳、穿红内裤以避邪。

2）红色表示兴旺、发达、成功、圆满。中国人把热闹、兴旺叫作"红火"；繁华热闹的地方叫作"红尘"；被上级重视称为"大红人"；做什么事都很顺利是"走红运"。

3）红色还象征无产阶级革命的胜利、成功或政治觉悟高。五星红旗的"红"并非指颜色，而是革命的象征。中共最初的政权叫"红色政权"，最早的武装叫"红军"，最初的革命根据地叫"红区"。政治上要求进步、业务上刻苦钻研的人称"又红又专"。

4）红色是桃花的颜色，而桃花是女子羞红的脸。因而汉语中红色还用于与女子相关的事物。如女子穿着艳丽的服装称"红袖"；美艳绝伦的女子叫"红颜"；女子住的华美楼房叫"红楼"等。可见红用于女性充分表现了赞美、喜爱之意。

5）红在汉语中还与婚姻有着密不可分的联系。如把帮助别人完成美满姻缘的人叫"红娘"；订婚时男方给女方的聘礼叫"红定"；而红线则象征着男女之间的姻缘等。

当然汉语中红色词有时也表示不太好的意思，如"亮红灯"含有警告之意；"红脸"指生气或闹矛盾；"红眼病"指嫉妒。但这些只是少数。红色在中国人心目中是尊贵正统的政治地位、辟邪除秽的民俗魔力、吉庆祥瑞的喜庆色彩，这三大人文特征稳固地支撑着红色成为弥久不衰的国色。汉语中的红色词已经成为中国文化的一个缩影。

（2）日本的"赤"

日本民族也认为"赤"色（即红色）具有神圣之力，可以除恶辟邪。在日本，渔民出海前会穿红内裤，会把渔船涂上红土以祈出海安全。士兵出征时有系红腰带的习惯，以求征途平安。日本民族还认为红色可以防病、治病，如给患天花的病人穿红衣服、挂红蚊帐。此外"赤"色也有"喜庆"之意，如"赤饭（红豆饭）"就是在喜庆的时候吃的。

但在日本民俗学还有"赤不净"的观念，赤色属于禁忌的颜色。"赤"色在审美意识中受到排斥与冷落，在这一点上和中国截然不同。日语中很多带"赤"的词都为贬义，如"赤嘘（无耻谎言）""赤下手（拙笨透顶）""赤耻（当众出丑）""赤本（低级庸俗的廉价书）""赤点（不及格的分数）""赤新闻（黄色报纸、下流报纸）"等等。在日语中"赤"也表示共产主义、激进的含义。但是因为共产主义的发展在中国和日本有着截然不同的历史，虽然都表示革命、代表共产主义，但却有很大不同。共产主义者在日本历史上曾经有被弹压的历史背景，所以日语中"赤"表示共产主义的同时包含着消极、贬义的语感。

2. 中日的"白"

在中国古代，由于受五行说的影响，人们把白色与西方主凶杀的白虎星联系在一起，使白色获得了死亡、奸邪、凶恶和不祥的象征义。所以，在中国将办丧事称为"白事"。办白事的时候往往要穿白色的丧服、设白色的灵堂、挂白色的挽联、撒白色的纸钱，处处透

视着悲伤与哀悼。旧时还把"白虎"视为凶神,称给男人带来厄运的女人为"白虎星"。在政治概念中白色代表反动、腐朽。如反动军队是"白军";反动派统治区是"白区";反动派建立的政权是"白色政权";由于反动派的暴行而造成的恐怖是"白色恐怖"等。落后、条件差是"一穷二白";出力而得不到好处或毫无效果叫做"白忙、白搭、白费劲、白干";智力低下、知识浅薄被称为"白痴"。而在战争中失败的一方总是打着"白旗",表示投降。再有"打白条、吃白食、白用"中的"白"则表示无代价之事,而"白眼"的"白"则表示轻视之意等。总之,在中国传统文化中白作为"凶丧不祥"之色而一直受冷遇。

日本民族在传统审美意识中多以素色、无色为美。白色朴素淡雅,但蕴意丰富,是日本民族心中的主旋律,从古至今一直备受推崇。国家的象征、国旗的图案,就是白底,正中央是红太阳,这象征着太阳神造就了美丽的日本国土和万物生灵,给人以庄严、肃穆、清净、充满生机的感觉。可见,日本人对白色是多么崇敬。日语中"白眉"指出类拔萃的、最出色的;"白星"是胜利的符号;在日本国会中投的赞成票叫"白票"。古代日本以"白"象征清明、纯洁,甚至认为白色拥有超能力和灵性。据史料记载,上古时代进贡给神的东西非白色不可。《日本书纪》中记载:天照大神在诸神面前出现后,漆黑的天空马上闪耀着希望之光,众神心情跃动,因天照大神的豪光照射,众神变得满面"白光"。可见自古"白"就象征着生命和勃勃生气,是一种极美状态。《万叶集》中歌颂白色的歌占所有歌颂色彩歌曲的 41%。日本古典名著中的贵族美人几乎都是浓施白粉。奈良时代的《养老律令》中,白色被作为天子的服色,以示高雅和神圣。近代武士的服色也是以白色为基调,作为崇高精神美的象征。而最典型的应该是日本传统式婚礼:婚礼中新娘浓施白粉、头裹白纱,身着一种名为"白无垢"的素白和服,象征纯洁无暇。而新郎着黑色礼服,胸前系一朵白花。男宾的服饰更有特色,一律是以墨色为主的深色西服配白色领带。婚礼在黑、白主色调的衬托下庄严而肃穆,与中国婚礼的大红喜庆形式形成鲜明对比,中日两国的色彩意识差异在此可见一斑。

更有意思的是,日本歌舞伎中的"白脸"属于正面人物,而"红脸"却是反派角色的扮相,这一点与中国传统脸谱又形成鲜明的对比。中国的白脸是反派,红脸是正派角色。此外,白色也用于日本葬礼,但其意义与中国截然不同。在日本只有死者穿白衣,而且只穿白衣,这是因为在日本"白色是诸颜色之始,诸颜色之终,一生生于白,终于白,生不带来,死不带走"。所以日本人出生时和死后都穿白衣服,白色永远隐喻着灵逸与完美。因此白色是日本民族心中永恒的神灵之色。

(3) 颜色词与文化内涵

在中国文化中一般将红与白作为对立的两种颜色,表示对立的两种事物。如结婚称为红事,丧事称为白事;红旗象征先进,白旗代表落后;红军代表革命军队,白军指反革命军队等。而在日本,不但没有把红色和白色明显对立起来,反而常常将两种颜色结合在一起。如红白相间的贺喜礼包;神社里巫女们身上穿的红白衣裙;新年的红白歌会,日本国旗的白底红太阳;婚礼中新娘红礼服外罩白色的外装,用神圣之白与生命之赤的结合象征神所赋予的无限生命和永久幸福。

由此可见，颜色词作为文化词，具有强烈的民族文化特征，每一个民族都有自己的颜色观。在不同的民族文化中，同一种颜色会表达不同的文化心理，引起不同的联想，具有不同的文化内涵。无论是中国的红色还是日本的白色都蕴涵着深厚的民族文化心态和感情色彩，并具有丰富的象征意义。

（二）中日社交语言文化之比较

1. 常用问候语的比较

中国人见面打招呼，常说"你（您）吃过了？""你（您）去那儿？"而日本人则会说"今天天气真好！""真冷啊！"等与天气有关的话，这一点与西方文化很相似。中国人要告诉对方某件事时，有时会用"你（您）不知道"做开头语，然后转入正题。例如："你（您）不知道，北京可真漂亮，我刚从北京回来。"日本人从来不使用这种表达方式，因为这种表达方式在日本人看来容易伤和气、伤感情。在这种情况下，日本人会这样表达："我想，您已经知道了，北京可真漂亮，我刚从北京回来。"无论任何场合，即使明知道对方不知道，还必须说："我想，您已经知道了。"

中国人看朋友时常说"特意"一词，如："我是特意来拜访您的。"而日本人不用"特意"这类词，即使专程去拜访，也会先打电话说："我有事正巧路过这里，所以想顺便来看看你，不知方便否？"这样避免给人产生来自于关系的压力。

2. 拒绝对方的语言比较

中国人说话办事坦诚、直率，而日本人说话比较暧昧，无论在任何形式的交往中，只要不涉及重大问题，即使意见有分歧，他一般都会迎合对方，从不直接用"不"字拒绝对方。举个例子，有位留日中国学生求一位日本友人帮忙找工作，那位友人热情地接待了他，和颜悦色地说："好吧，你回去等我的电话。"那个学生左等右等，一直没有等到电话。等得不耐烦了，就直接打电话询问，但对方还是那句话。日本人拒绝对方的方法一般有两种，一种是婉言拒绝，如："我很想帮你的忙，但是无能为力，这次帮不上你的忙。下次一定尽力而为。"一种是说："好吧，你回去等我的电话吧。"却又迟迟不给你回信，这实际上就是拒绝了你。前一种做法易为中国人接受，后一种做法中国人难以理解。这种事，中国人会说："好，办好了我就给你打电话，办不成就不打了。办成办不成我都给你个信。"把话说得很明白。因此，与日本人交往时，只要他说"让我考虑考虑""你等我电话吧"等比较含糊其辞的话语，你千万不要认为他答应了你，其实这是"不可能"的代名词。只要他不主动联系你，就有可能是拒绝你了。

当被别人询问某事而你又不知道时，中国人绝大多数会直接回答"不知道"。日本人则是说"很抱歉（很对不起），我不知道"。最低限度也要说：我不知道，请你去问问别人吧。"如果只说"不知道"，意思就和"我不告诉你"差不多，给人一种生硬的、没有礼貌的感觉。

3. 馈赠礼仪语言之区别

相互赠送礼物是社交礼仪的传统形式之一，是礼尚往来的物质表现。无论是私人还是团体，当彼此之间建立了友好感情，为加深友谊、感谢对方的帮助，或是为促进彼此之间的合作往来，或是表示祝福、慰问、歉意，或是庆贺相互间的初次见面等，都会赠送礼品。通过

送礼,沟通感情、加强交流、增进友谊、促进合作。送礼既是人之常情,也是建立人际关系、拓展交际范围、发展友好关系的重要手段。中日两国都有送礼的习惯。尤其是日本人很重视送礼。但在语言使用上差别很大。中国人在送礼和收礼时,常使用谦卑之词。如"礼薄,请笑纳、受之有愧"等。同时还会有一种礼节上的推让,即使遭到对方拒绝,送礼者会说"你不收,就是看不起我""你是嫌少"等。态度要强硬点,对方才会以"不好意思,又让你破费了"的口吻接收下来。而日本人不推让,若对方过于推让送礼者就会把礼品拿回去。他们一般是直截了当地接收礼物,说声"谢谢"。日后见面还会提及此事,再次感谢。

中国人在交往中说话直率坦诚,倾向于建立亲密的人际关系;日本人则具有"井水不犯河水"的倾向,更多考虑对方的感受,避免刻意发展和人的亲密关系。

4. 否定对方的语言之区别

当不同意一个人的意见、看法,或不赞成对方的行为动作时,中国人会说:"不对、你错啦""应该这样"等。而日本人在否定对方时,往往会用一种怀疑的口吻说:"是那么回事吗"也许你说的对"我赞成你的意见",紧接着再说,"但是我认为"。这实际上是否定对方时的表达形式。

因受本族语文化的影响,各国语言思维方式和语言行为方式有所不同。通过中日语言社交语言的文化比较发现,日本人比中国人更为含蓄和委婉。这样的文化比较对于加强两国的跨文化交际大有裨益。

(三)日本动漫文化的发展对中国的启示

动漫产业作为一个近年来发展势头强劲的新兴产业,对于促进经济增长、增加经济活力有着很大的推动作用。有着"动漫王国"之称的日本,其动漫产业十分发达,已成为国民经济的第六大支柱,极大带动了相关产业(如游戏产业),其相关的衍生品销售更是为日本创造了巨大的财富。日本的动漫为何有如此大的魅力呢?

漫画可以说是日本的全民读物,不同年龄层次的人都能找到适合自己的动漫杂志。日本动漫在题材上涉及冒险、魔法、浪漫爱情、科幻、体育等多种类型。按对象主要分为"少男动漫""少女动漫"和"成人动漫"。"少男动漫"的主题一般是斗争与拼搏;"少女动漫"的主题一般是涉及情感方面的;"成人动漫"则题材多种多样,有些充满色情、暴力。

从内容方面看,日本的动漫具有以下的特点:

1. 东西文化的融合

无论在形式还是内容上,日本动漫作品都将东西方的文化和审美融合在一起,往往科学与魔法并存,具有东方价值观念的主人公生活在西方的世界里,"脱日化"的形象设计和对人物、地域的"文化模糊"处理,使日本动漫能够迅速地被世界各地区的受众所理解和接受。

2. 现实与虚幻的融合

日本动漫的另一个特点是对受众心理特征的准确把握。日本动漫能够巧妙地把现实与虚幻融合在一起,把舞台重新搬回人类的时空,并加入很多在现实中很难办到,但在理论上似乎行得通的元素,这既为青少年排除了虚假的印象,又增强了影片的观赏性。像《圣斗士星矢》虽然借用的是古希腊神话中的人物，但主角都是人类，而不是高高在上的神，在此基础上加入了很多现代时尚元素，比如"空气盾""光速拳"等，有了这些铺垫，更加吸引受众。

3. 重视对人生、时代和社会的反思

日本动漫在追求持久影响力，使受众获得知识和视觉刺激的同时，还重视对人生、时代和社会的反思以及对人性的自我剖析，从而引发受众的思考，赋予动漫一定的思想内涵。如1999年的《新世纪福音战士》对人与人之间的关系、人生的价值和意义的思考，直到今天关于其思想内涵的讨论在日本还没有结束。还有《浪客剑心》《名侦探柯南》等作品中的热血、梦想、奋斗、忠诚、迷茫及爱恨等交织在一起，发人深省。

日本动漫在中国的市场越来越大，而中国动漫产业却迟迟推不出优秀的作品。国产动漫与日本动漫究竟有何差别是个值得深思的问题。有学者通过调查问卷发现，中日对于动漫的认识方面存在巨大的差别，在中国95%的人看过动漫，觉得这是一种很好的娱乐方式，能使人放松心情，调节身心，但是大家看中国的动漫，多是陪同儿童观看的被动行为，因为他们觉得幼稚无聊。所以从这点看我们对于国产动漫的认识过于片面化，认为动画片就是给儿童看的，因此在创作上，题材显得陈旧无聊，没有充分发挥想象力。在日本，人们普遍认为动漫不只是针对低年龄消费者的，动漫与其他书籍电影一样是适于任何年龄层次的人，日本许多上班族都是动漫迷。对于日本人来说，动漫不仅仅是一种娱乐方式，更多的是一种教育手段。大部分的日本动漫都具有着一定的教育意义，比如《海贼王》《火影忍者》《家庭教师REBORN》等。他们通过动漫主人公的奋斗以及一次次自我挑战，表达出的那种团结、坚强等积极向上的情绪来感染人、影响人。因为他们深知一旦在人的心中树立起一个偶像，那么这个偶像所带来的影响力将是不容小觑的。日本的动漫作品反映社会现实，也揭露出这个社会存在的问题。动漫作者们向来不害怕揭露这个社会的阴暗面，也正是有这些作品的存在，才使得日本的学生能够更早地了解到这个残酷的社会现实和生存方式，也能够使社会人士了解到一些自己无法接触到的社会的一角，如《死亡笔记》《地狱少女》《机动战士高达》等系列。日本的动漫作品几乎囊括了各个年龄层，教育的不仅仅是儿童，对于那些早已进入社会的成年人也具有不容忽视的教育意义。

了解日本动漫的特点及成果经验，对于发展我国动漫文化具有重要的意义。2004年中国动漫产业总产值117亿元人民币，2014年我国动漫产业的总产值已经超过了1000亿元人民币。中国的动漫市场只要运作得当，是拥有无限的潜力与上升空间的。面对如此巨大的市场商机和文化影响力，为了推动民族动画产业发展，国家相继制定出台了一系列扶持动画产业振兴发展的政策措施。中国动画产业正面临着政策有力推动、市场强力拉动、"互动效应"十分突出的形式。期待中国的动漫产业蒸蒸日上、充满活力的一天早日到来。

小结：

中韩文化比较；中日文化比较。

思考题：

1. 韩国的礼仪习俗文化有哪些？请加以介绍。
2. 中日颜色词的文化内涵有何不同？
3. 日本的动漫有什么特点？

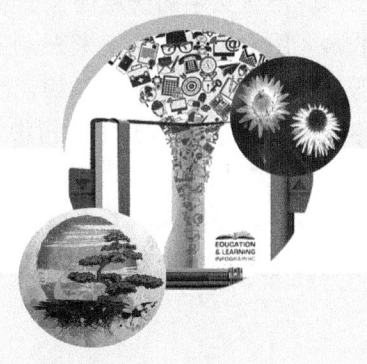

第十讲
文字与社会文化

一、文字的起源

(一) 实物记事

在文字产生之前,人们通过口耳相传来交流和传递信息。随着社会的发展,人们之间的交流和信息的传递变得越来越频繁,而口头语言转瞬即逝,无法实现长期的保留,并且远距离交流也是困难重重。当人们感受到这种困难造成了诸多不便时,便会想方设法打破这种阻碍。于是人们开始用"结绳""刻契"等方式帮助记忆。

原始社会没有文字。据考古发现,世界各地在原始社会末期都出现了规模很大的部落联盟。随着生产的发展和社会生活的复杂化,人们需要记录本氏族或本部落的人口、财产等情况,以及生产或战争中的一些大事等,以帮助记忆。经过长期摸索,人们采用了一些记事的方法,实物记事是其中重要的一种。

比较普遍的实物记事方法是结绳。《易经·系辞》上说:"上古结绳而治,后世圣人易之以书契。"上古时代人们就用结绳的办法来记录生活生产中的一些事情,"事大大结其绳,事小小结其绳"。这种记事的方法一直沿用至今。秘鲁16世纪结绳记事仍然盛行,我国西南少数民族至今仍然有结绳记事的传统,这种记录方式与刀耕火种的生产力水平相吻合。

"讯木"也是一种记事的方法,就是在一根木棒上刻上一些花纹或插进各种东西,用来帮助记忆和传达命令。《北史·魏本纪》记载,魏先世"涉猎为业,淳朴为俗,简易为化,不为文字,刻木结绳而已",《唐会要·吐蕃》记录吐蕃人"无文字,刻木结绳以为约",《五代会要》也记载"契丹本无文字,惟刻木为信"。可见讯木在一个民族的文字发明以前,也和结绳一样,起过记事、传令等重要的交际作用。但它比结绳记事有所进步,因为在木棒上刻记号可以有比较多的变化,可以表达比结绳更多的信息。

除了结绳、讯木以外,实物记事的方式还有很多,现在一些没有文字的民族还保留着实物记事的方法。我国境内的瑶族曾经用禾杆记录一年的收成,用木板刻点和玉米来记公分。云南陇川县的景颇族有一种以实物代替信息的习惯。假如小伙子爱上了一个姑娘,他就用树叶包上树根、大蒜、火柴梗、辣椒,再用线精巧地包扎好送给女方。其中"树根"表示想念,"大蒜"表示要姑娘好好考虑两个人的事,"辣椒"代表炽热的爱情,"火柴梗"表示男方态度坚决,"叶子"表示有好多话要说。女方收到以后,如果同意,即将原物退回。如果不同意,便在原物上附加火炭,表示反感;如果还要考虑,便加上奶浆菜。这些都是至今仍在使用的实物记事、传递信息的例子。

(二) 图画记事

图画是人们用来记事的手段,也可以在一定程度上用来交流。印第安人奥基布娃(Ojibwa)部落的一个女子的情书就是一幅图画,它是印第安女子在赤杨树的树皮上写给自己情人的信。左上角的熊是女子的图腾,左下角的泥鳅是男子的图腾,曲线表示应走的道路,帐篷表示聚会的地方。帐篷里画一个人,表示她在那里等候。旁边的三个"十"字,表示周围住的是天主教徒。帐篷后面画大小三个湖沼,指示帐篷的位置。

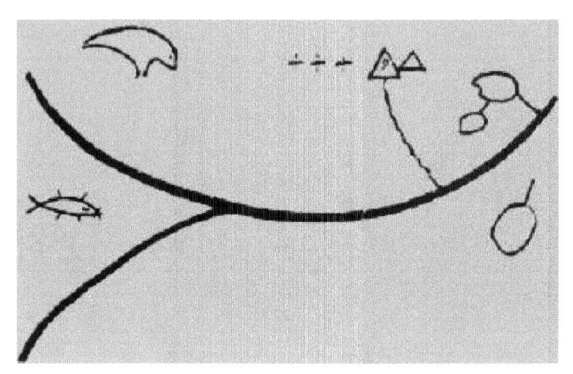

图 20 印第安女子的情书

这种图画把事情作为一个整体来描绘,是否看得懂,取决于看画的人和画画的人生活经历上的联系或其他条件,跟他们是不是说同一种语言没有关系。换一个人去看这种情书,只能望图兴叹,不知所云。

图画并不是真正的文字,它的个体图形和符号不能和语言中的词语完全对应起来。图形和符号的组合排列也和相关的词语在句子里的语法序位不一致。但它表记性的功能以及以事物的形象作为事物本身的代表的办法,对文字的产生却起到了启发、诱导的作用。早期创造的汉字如象形字和指事字都脱胎于图画,很多汉字至今仍能看出它们的图画原型,如:牛、羊、鱼、目、山、川、舟、人等,图象性很强。今天我国纳西族仍在使用的东巴文,其图画的特性一目了然。唐兰先生在《中国文字学》一书中也说到:"文字的产生,本是很自然的,几万年前的旧石器时代的人类,已经有很好的绘画,这些画大抵是动物和人像,这是文字的前驱。"从这个意义上来看,图画对文字的起源作用最大。人们靠图画来记录发生的事情,导致后来图画进一步分化为绘画和变成文字符号的绘画文字,图画文字又进一步发展为象形文字。

二、汉字的起源与造字法

（一）汉字的起源

在中国，关于汉字的起源有很多传说，其中仓颉造字是流传最广的一种传说。相传仓颉是黄帝的史官。黄帝分派他专门管理圈里牲口的数目、屯里食物的多少。仓颉非常聪明，做事又尽力尽心，很快熟悉了所管的牲口和食物，心里都有了谱，难得出差错。可慢慢地，牲口、食物的储藏在逐渐增加、变化，光凭脑袋记不住了。当时又没有文字，更没有纸和笔。怎么办？仓颉开始犯难，于是他整日整夜地想办法，先是在绳子上打结，用各种不同颜色的绳子，表示各种不同的牲口、食物，用绳子打的结代表其数目。但时间一久，就不奏效了。增加的数目在绳子上打个结很便当，而减少数目时，在绳子上解个结就麻烦了。仓颉又想到了在绳子上打圈圈，在圈子里挂上各式各样的贝壳，来代替他所管的东西。增加了就添一个贝壳，减少了就去掉一个贝壳。这法子挺管用，一连用了好几年。

黄帝见仓颉这样能干，叫他管的事情愈来愈多，年年祭祀的次数，回回狩猎的分配，部落人丁的增减，也都由仓颉来管理。仓颉又犯愁了，凭着添绳子、挂贝壳已不抵事了。怎么才能不出差错呢？

这天，他参加集体狩猎，走到一个三岔路口时，几个老人为往哪条路走争辩起来。一个老人坚持要往东，说有羚羊；一个老人要往北，说前面不远可以追到鹿群；一个老人偏要往西，说有两只老虎，不及时打死，就会错过了机会。仓颉一问，原来他们都是看着地上野兽的脚印才认定的。仓颉心中猛然一喜：既然一个脚印代表一种野兽，我为什么不能用一种符号来表示我所管的东西呢？他高兴地拔腿奔回家，开始创造各种符号来表示事物。果然，把事情管理得头头是道。

黄帝知道后，大加赞赏，命令仓颉到各个部落去传授这种方法。渐渐地，这些符号的用法被推广开来，也就形成了文字。

当然仓颉造字只是一个传说，文字从无到有的创造决不可能是一个人的功劳。关于仓颉和汉字的关系在《荀子·解蔽》中有比较客观的论述："故好书者众，而仓颉独传者，一也。"意思是说古代创造文字的人很多，因为仓颉专门整理过古代的文字并使之系统化，所以唯独他的名字传了下来。虽然有关汉字起源的有些记载具有浓厚的神话色彩，且无一定的信史可证，但它还是能够折射出汉字起源的一些道理。文字是具有高度"约定俗成"性的符号体系，其应用范围应该是相当广的。当社会交际范围扩大时，就迫切需要对民间的刻画符号进行搜集，并整理出共用的文字。这项工作不可能由民间某个普通人来完成，而只能由与文字有密切关系的史官来承担。而仓颉就是担任了这样一种职务，因而能够使用原始文字，并对群众自发产生的字符加以归整，进而推广开来。

（二）汉字的造字法

汉字的造字方法有象形、指事、会意、形声。我国古代最早的关于汉字构造的系统理论是六书,东汉班固在《汉书·艺文志》中是这样论述的:"周官保氏掌养国子,教六书,谓象形,象事,象意,象声,转注,假借,造字之本也。"许慎《说文解字》中"六书"的名称分别是指事、象形、形声、会意、转注、假借。而六书中真正属于造字法的只有象形、指事、会意、形声四种,转注和假借实为用字法并未造出新字。

1. **象形**

《说文解字》:"象形者,画成其物,随体诘诎,日月是也。"象形就是用描绘事物形状来表示字义的造字法。

象形字在《说文解字》中有364个。如:日、月、车、牛、虎、犬、止、目、人、女、行、贝、鼎、皿、眉、高、夕、自、瓜、羊、舟。

例如:

象形字来自于图画文字,但是图画性质减弱,象征性质增强,是一种最原始的造字方法。但它具有局限性,即复杂的事物、抽象的概念无法画出。

2. **指事**

《说文解字》:"指事者,视而可识,察而见意,上下是也。"指事就是用象征性符号或在象形字上加提示符号来表示字义的造字法。《说文解字》中收集了129个指事字,如:上、下、中、本、末、朱、寸、刃、甘。

3. **会意**

《说文解字》:"会意者,比类合谊,以见指㧑,武信是也。"即用两个或者几个部件合成一个字,把这些部件的意义合成新字的意义的造字法。

会意字分为异体会意字和同体会意字。

(1) 异体会意字用不同的字组成。如"武",从戈从止。止是趾本字,戈下有脚,表示人拿着武器走,有征伐或显示武力的意思。

武

（2）同体会意字用相同的字组成。如"从"字是一个人跟着另一个人向前走，表示跟从。

从

4. 形声
《说文解字》中说："形声者，以事为名，取譬相成，江河是也。"按事设形，再取谐声合成。形声是由表示字义类属的部件和表示字音的部件组成新字的造字法。形声字的形旁表义，帮助了解和区别字的意义；形声字的声旁主要作用是表示读音。殷商时代，形声字只占当时汉字的20%左右，东汉的《说文解字》形声字占所收9353个汉字的80%以上，清代的《康熙字典》形声字占90%，现代的形声字已占汉字总量的90%以上，形声字的大量增加，已经成为汉字造新字的主流。

（三）汉字书法艺术
1. 汉字形体演变特点
中国书法是一门使用特定的工具材料——毛笔、墨和宣纸，通过对汉字进行创造性书写来表现作者抽象审美意趣的艺术。在这一艺术形式中，汉字的点画与结构是最主要的表现对象。因此，学习书法艺术首先应当了解汉字形体演变及特点。

汉字的起源可以追溯到六千年以前。考古成果表明，距离今天五千年至六千年前的新石器时代的陶器符号，应该就是汉字的原始形态。后来汉字形体的发展，正是在这一基础上不断丰富和完善的过程。这类符号大多数刻划在陶器上，也有一部分是用毛笔一类的工具写画在陶器上，其中最具代表性的是仰韶文化时代的陶器符号。

到了商代，汉字已经发展得相当成熟。那时占卜和祭祀活动在社会生活中占有重要的位置。人们把占卜和祭祀的内容记录下来，再书写并刻划在龟甲或兽骨上面保存起来。这种书刻在龟甲兽骨上的文字被称作甲骨文。与新石器时代的陶器符号相比，甲骨文不仅字形数量大大增加，而且具有稳定的结构规律，是已知最早的汉字成熟体系。

西周与春秋战国时期是青铜铸造的繁荣阶段。周朝的王室及大小诸候铸造了难以计数的各类青铜器，同时把当时的战争、祭祀、赏赐、分封等重要事件用文字记录并铸刻在青铜器上。这些保留在青铜器上的文字被后人统称为金文或钟鼎文。除金文外，这一时期还有许多书写在竹简、丝帛或镌刻在石头上的字迹被保存下来。书写、铸造和镌刻等不同手段形成了不同的艺术效果，也反映出当时书法艺术的多样性。

春秋战国时期，诸侯争霸，各自为政，文字的使用也不相一致。公元前221年，秦国扫平六国，建立了秦朝。秦始皇推行了一系列统一措施，其中最重要的一项便是废除此前各诸候国的字体，而将秦国字体加以规范整理，作为新的标准字体在全国推行。从此，汉字进入了统一规范的发展阶段。秦朝统一后颁布的标准字体称为小篆或秦篆，统一前的秦国字体则称为大篆。后人将从甲骨文到小篆发展过程中出现的各种字体统称为篆书。

从战国后期开始，人们对篆书结构和书写方法进行了简化改造，形成了一种新的字体——隶书，随后又演变出草书、楷书和行书三种字体。至此，汉字的结构特征基本固定下来，再也没有发生大的转变，而书法的发展也从字体的演变转向书写技法和艺术风格的探索。

2. 书法的实用价值与艺术特征

书法是从实用书写活动中产生出来的艺术形式，其表现方式是运用特定的工具和技巧对汉字进行创造性书写。因此，书法艺术在长期发展过程中，始终与文字的实用价值紧密结合在一起。

首先，历代统治者都希望自己的所作所为和"功绩"能够流传后世，永久不灭，因而不断将记录事件、歌功颂德或宗教祭祀的文字内容通过甲骨、青铜和石碑等载体保留下来；其次，在印刷术出现以前，语言文字的传播主要靠抄写来承担，所以保存在竹木简、丝帛及纸上的历代墨迹基本都是书籍、公文、佛经以及私人书信、手稿等内容；此外，虽然唐代以后出现了大量专供欣赏、收藏的书法作品，但书写内容的可读性仍然是书法艺术的首要原则。可以说，实用价值一直是书法艺术能够延续几千年，并且不断繁荣创新的重要原因。

在长期的书写实践中，人们不仅发现了汉字结构的审美价值，同时也概括总结了书写时需要掌握的技法原则。书法的技法主要包括笔法、间架结构和章法三个部分。笔法又称用笔，指书写时控制和运用毛笔的技巧；间架结构，指书写时对点画位置和字形结构的安排；章法又称布局，指整幅作品中字与字、行与行之间的排列规律及相互联系。不论是哪一种书体、哪一件作品的技法都是由笔法、结构和章法这三部分组成的。而在不同的书体中，对笔法、结构和章法的要求各不相同，这种要求便是书法的技法原则。技法原则与作者审美意趣的融合统一，便是书法最主要的艺术特征。

3. 书法在传统文化中的地位

在中国的传统文化中，书法艺术占有十分重要的位置。与文学、绘画、戏剧、音乐等艺术门类不同，书法是中国文化独有的现象。世界各民族虽然都有自己的文字，但只有中国的汉字能够从实用书写中发展出一门独立的艺术形式。这一方面说明汉字本身除了作为语言符号外还具有造型审美价值，另一方面也反映了中华民族的聪明才智与审美习惯。

书法艺术具有明显的抽象特征，利用简单的工具和操作方式创造出神采生动，变化丰富的艺术效果。这种单纯与复杂的和谐统一、抽象形式与情感意趣的寄托表达，是中国各类传统艺术共同的境界追求，而在书法中则体现得最为典型与纯粹。从这个意义上说，书法艺术代表了中国民族艺术特征的核心精华。

历史上，随着中国文化的辐射，书法艺术也在周边汉字圈的国家中得到了普遍的认同和传播，其中尤以日本和朝鲜最为显著。他们在接受和学习中国书法的基础上，又利用本民族文字做了进一步的发挥，丰富了书法艺术的种类，扩大了中国书法的影响。

如今，书法已成为中外文化交流的重要内容。世界上有华人的地方必有中国书法，在东亚各国，书法更是日益普及繁荣。古老而又生机蓬勃的书法艺术不仅是世界认识了解中国文化的一个热点，同时也正在为世界艺术增添着绚丽的光彩。

三、"女书"文化

对于"女书"一词,很多人已不再陌生,电影《雪花秘扇》已将女书文化搬上了荧屏,人们在为电影里两个女人之间的感情动容的同时也惊讶于两个女人之间的感情密码,它是那样的神秘而又纯洁美好。那么女书究竟由何而来? 又有着怎样的历史文化?

"女书"又叫做"江永女书",严格地讲应该称为"女字",即妇女文字,当地人叫做"长脚蚊(长脚文)",它是湖南省江永县上江圩镇及邻近地区流行于女性之间的一种记录当地"土话"的比较成熟的特殊文字符号体

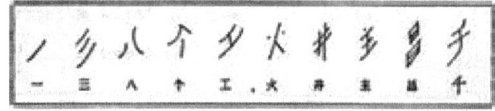

图21 江永女书

系。这种文字仅在妇女中流传、使用,叙述的都是妇女的事,包括婚姻家庭、生产劳动、社会交往、女红艺术、文化娱乐、风俗习惯、宗教信仰、道德情操等方面,反映的是普通女性的思想感情、生活和审美情趣,不涉及男性生活,也不为一般男子所认识和使用,故而,当地人称之为"女书"。这种文化现象在世界文化史上是独一无二的。女书虽然还是一种活的文字,但由于女书靠母亲传给女儿,老人传给少年的自然方式传承,仅存的精通女书的老人相继去世,所以女书目前已经濒临灭绝。从社会属性来看,女书与其他文字不同的是,它既不是官方文字,也不是宗教文字。女书的使用者乃至创造者都是普普通通的农家妇女。

作为一种独特而又神秘的文化现象,"女书"的发现引起了社会的广泛关注。她作为一种特殊的女性文学,以看得见摸得着的形式,记录下女人的命运和抗争。作为一种民间文学,又发挥着鲜明的娱乐功能和调适功能的本质属性及传承着习俗与礼仪的功用。"女书"的产生有其特定的社会历史背景、人文地理背景以及独特的女性社会文化。

(一)人文地理背景

江永县位于湘南、湘桂边境,在萌诸、都庞二岭之间,地属南岭山脉的山地丘陵区,四周皆为高山峻岭,这里山清水秀,但又十分闭塞。战国时属楚国的最南边陲,是楚文化和越文化的分界线。江永县自古以来处于楚文化和越文化的夹缝地带、湘粤桂三个行政区的接壤之处,是一个地理位置偏僻、经济文化落后的山区。在漫长的封建社会里,历来被朝廷作为流放发配之地,也常常成为北方民族南迁避难的落脚之乡。虽然说不上与世隔绝,也是中央朝廷和地方封建势力控制相对薄弱的缝隙地带。一直以来保留着原始的、以家庭为单位的、自给自足的小家经济生产生活方式。在千百年男尊女卑的封建社会里,这里的妇女社会地位低下,政治上、经济上没有权力。她们从小裹脚,一般不下田,婚前不能出门,只能做"楼上女"学针线,做女红;婚后则须相夫教子,操持家务,纺纱织布,做鞋缝衣等。这样,妇女们就能常常聚集在一起纺纱织布,剪纸绣花,打花带……这种独特的氛围,为女性文字的产生提供了土壤,创造了条件。此外,江永是瑶族聚居地,"江永女书"

也正是汉风瑶俗交融的文化产物。

（二）社会历史背景

从"女书"作品及实际调查材料可以看出，这个地区较突出的是人与自然的矛盾斗争。老百姓生活中最常见的、最大的威胁是疾病，人们不能掌握自己的性命。据"女书"记载，当时的人们常常因为小儿口腔溃疡（起疳）、皮肤感染（生疮）等一些常见病、多发病得不到适当的治疗而死亡。这说明生产力水平较低，人们对自然、疾病的认识水平很低。这里被称为"烟瘴之地"，又少有起码的卫生常识和良好的生活条件，穷乡僻壤，缺医少药，接连不断地发生丧父、丧母、丧夫、丧子的悲剧。因此"女书"作品中所诉苦情，主要是指失去亲人的创伤、精神上的清苦。妇女的一生始终不能享受健全、安定的家庭生活。也正是由于这一点，物质追求和精神追求相比，妇女们更注重对精神上的安乐、幸福的追求。她们在精神上承受的打击太频繁了，连维持一个正常的男耕女织、子女绕膝的起码的家庭生活的愿望都保证不了。有过多少憧憬和祝愿，又多少次重新组织生活。当她们得到一点暂时的幸福时是那样满足、欣慰，如女书传人义年华一生受尽艰辛，晚年改嫁遇到一个好丈夫，幸福地唱道："年老姻缘前世定，前世有缘配好亲"。可好景不长，不久丈夫又死去。在她的自传中用了大量篇幅诉述着幸福和巨痛，细腻动人。到头来还是孤苦伶仃。当她的子女又对她无情无义时，精神上简直要被摧垮了。但是她和她的伙伴们，并不是消极地苦苦死去，而是追求精神上的疏导、解脱。结拜姐妹们利用"女书"的创作、享受，有苦同当，有乐同享，互相劝解，互相慰藉，互相祝愿。这种精神生活，就是"女书"苦情文学赖以生存的心理土壤。

（三）独特的女性社会文化

江永县当地的一些特殊风俗习惯，为妇女的精神解脱提供了各种有利机会。妇女不务农桑，只在家纺线、织布、做鞋、缝衣等，使得妇女们常常可以聚在一起边干活边交流，而且绣楼传书，这种特殊文字的传授，一般是在做姑娘时先由母亲或其他女性长辈教会一部分字，然后在参加读纸读扇的活动中进一步提高水平。从孩提时代起，孙女一般都是跟祖母起居，孩子乐意帮奶奶暖脚、篦头、摇纺车、分线、穿针等等，老人一高兴就会教你唱歌，给你讲故事。这是孩子们最幸福的事情，也是她们接触"江永女书"的第一阶段。随着年龄的增长，女孩们就忙于学"女红"、备"嫁妆"了。这时，长辈们就开始教授"江永女书"，她们一边唱一边认识一些字，"女红"做得漂亮、精致，"江永女书"学得好的备受长辈喜爱，而且让姐妹们羡慕不已。这时她又变成了教授其他姐妹的老师，她们在自己的节日里吟唱、诵读，在劳动中创作，等到即将出嫁时，大多数人都能读能唱了，而那些佼佼者则可以运用"江永女书"创作和改写汉字韵文了。而姑娘出嫁"哭诉"和"坐歌堂"的风俗为她们展现才华提供了舞台，婚后赠"三朝书"和"不落夫家"的习俗也为她们研习"江永女书"提供了条件。等到姐妹都相继出嫁，"江永女书"又成了她们联系感情的纽带、婚嫁喜庆的恭贺、遭遇不幸的劝慰，"江永女书"就这样生生不息地传递着。

不是为了追求功名利禄，不是为了光宗耀祖，不是爷娘强迫，不是棍棒相逼，"江永女书"就在女子们的嬉戏、劳动中一代代地传了下来。这里的女性把"女书"看作一种美，"江永女书"能给她们带来愉悦、慰藉。并且这个地区的人们崇尚苦情文学,有倾有听,对双方是一种快感和享受,通过同情、理解和共鸣,获得一种心理上的满足。这是一种以悲切、伤感、苦情为美的审美心理、审美标准。这就构成了"女书"文学的美学土壤。

"女书"作为一种独特的文化"化石",对研究人类文字和文明的起源、女性文化和民族的起源以及文明的发展历程等方面,在人类学、民族学、社会学、语言学、文字学、民俗学、考古学等各个领域,都有重要价值。

四、汉字在世界的威望

如果说"龙"图腾是我们中华民族的精神力量,那么汉字则是中华民族的血肉之躯,是中华民族的生命之根。2008年的北京奥运会就是向世界大规模展示汉字文化的盛典。"奥运要办出中国特色来",这是众望所归。为体现出这个特色,大家都不约而同地把目光投向了汉字。因为只有汉字才是中国的第一特色。会徽是汉字,运动图标是汉字,吉祥物福娃包含汉字,奖牌是汉字,入场式的次序决定是汉字,开幕式最激情荡漾的场面也是汉字,更不用说诸如纪念品、邮票、旅游商品以及群众对奥运的祝贺,几乎都用汉字来表达。汉字表达我们的心情,显示我们的热情,寄托我们的豪情。汉字正在影响和改变着世界!

(一)巨大的"和"字,对世界释放中华民族的真诚与善意

奥运会的开幕式给我们以心灵的震撼。它以其深厚的文化底蕴承载了中国悠久的历史。从前和未来,中国的所有梦想和希望,以及中国式的浪漫,都在奥运会上演绎得淋漓尽致。

当最突出的一个巨大"和"字展现在浩大的会场时,全场动容,甚至有日本友人被感动得痛哭流涕。世界上,没有哪一种文字能像汉字这样,用一个字就能向全世界表达出这么深厚的含义,释放了中华民族的真诚与善意,展示出中华民族包容世界的和谐心态。

《论语·学而》言:"礼之用,和为贵。先王之道,斯为美。""和"字表示了世界各国各民族之间需要彼此信任,彼此尊重,和谐相安;也表示着人与人之间要神情祥和、为人随和、人和、家和、和平、和睦、和谐、和气、和蔼、和解、和好、和畅、和顺等。天安门和城内雄伟的太和殿,传达的就是天安地"和"、外安内"和"的思想理念。

(二)会徽是"舞动的北京"的"京"字

奥运五环是奥运的标志,会徽则是主办国的象征。北京奥运的会徽"京"字,连同印石,具有丰富的中华民族的象征含义。会徽图像分上中下三个部分,上部红底白文"京"字图形,中部是黑色的英文"Beijing 2008"字样,其下是奥运五环标志。"中国印——舞动的北京",是汉字、篆刻和书法的和谐结合。"京"字巧妙地幻化成一个向前奔跑、舞动、欢呼着迎接胜利的人形。"京"字,代表着北京。北京古老厚重的历史信息也就很自然地溶进这个"京"字形象之中了,使人感到她的沧桑和悠远、深厚和丰富。

国画注重写意,最突出的特点不在形似,而在乎神似。齐白石说,"太似为媚俗,不似为欺世,妙在似与不似之间。"会徽的"京"字就是在字、画之间创造出无限的想象意境。

她像什么？她是挥动双臂欢呼、庆祝的"人"。欢呼北京奥运的到来，欢呼中国的飞腾。她是甩动双臂奋勇奔跑的运动员英姿，显示奥运"更快、更高、更强"的人文精神。她是张开双臂，欢迎世界八方来客的友好使者，欢迎人们加入北京奥林匹克这一人类"和平、友谊、进步"的盛典。"有朋自远方来，不亦乐乎"，这是友善、好客的中国人的写照，表现着北京的真诚诚挚，表现着中华民族对世界友好的博大胸怀，也是倡导和谐世界的美好的展示。

图 22　2008 年奥运会会徽

一个汉字有这么多的联想空间，充分地说明汉字有巨大的表现力。1996 年亚特兰大奥运会设计主任、2008 年奥运会会徽参与者之一布雷德·科普兰德先生，从许多会徽设计方案中，一见到"中国印——舞动的北京"当即脱口而出："她是中国的！"另外，会徽中的英文字母"Beijing 2008"，尽管不是汉字，但是其飘逸的书写特点，取法汉代竹简文字的书写特点，表现着中国书法优美韵律，与会徽图形的汉字篆书浑然一体。

（三）用汉字大篆的灵感创作运动图标

奥运体育项目图标也是用汉字设计的。设计者以篆字笔画为基本形式，融合中国古代甲骨文、金文等文字的象形意趣和现代图形简化特征设计体育图标，不但完全符合了"易识别、易记忆、易使用"图标设计要求，而且充分体现出中国特色。圆润流畅、秀美典雅、刚柔并济，集中体现了中国传统美学的精华与神韵，达到了形与意的和谐统一，既体现汉字文化又暗合奥运会徽。比如赛跑、骑马比赛图标，几乎就是脱胎于甲骨文。难怪有奥运专家称赞中国人设计的运动图标是"奥运历史上最好的一次"。

（四）北京奥运奖牌的汉字和含义

国际奥委会曾对北京奥运会奖牌的设计提出了两点最基本要求：一是特别，区别于以往的奥运会；二是有中国特色。奖牌上有汉字舞动的北京的"京"字，采用独特的"金镶玉"形式。整个奖牌尊贵典雅，中国特色浓郁，既体现了对获胜者的礼赞，也形象地诠释了中华民族自古以来以"玉"比"德"的价值观，"中西合璧"。玉器紧密地联系着中国人的礼仪德行。古云"君子贵玉""君子无故玉不去身""君子以玉比德焉"。玉石在中国流传几千年，就是因为它能够象征或寄托君子的情操、人格和理想。这个奖牌还暗含"金玉结缘"的含义。因此北京奥运会奖牌是奥林匹克精神和中国传统文化和谐结合的优秀典范。

（五）吉祥物"福娃"蕴涵汉字"金木水火土"

奥运吉祥物是五个拟人化的福娃：鱼、熊猫、藏羚羊、火娃和燕子，其中蕴涵了传统五行，暗含着"金、木、水、火、土"五个汉字。贝贝是鱼，呼应五行的"水"；晶晶是熊猫，呼应"木"；欢欢是火，呼应"火"；迎迎是藏羚羊，呼应"土"；妮妮是燕子，呼应"金"。而且，五种颜色象征五环，代表五大洲。"鲤鱼跳龙门"寓意事业有成和梦想的实现；憨态可掬的大熊猫，象征着人与自然的和谐共存；欢欢是火娃，象征奥林匹克圣火，激情的化身，传递"更快、更高、更强"的奥林匹克精神；藏羚羊敏灵、驰骋如飞，将健康的美好祝福传给世界；燕子妮妮则将春天和喜悦带给人们。

五、汉字谐音文化

最能体现中国文化源远流长的除汉字字形之外，还有字音。汉语中同音词较多，读音相同而字形、字义不同。汉语的谐音就是借助于语言运用过程中的音同或音近的语音特点来表达意思，从而造成一种特殊效果的语言现象。谐音就是利用汉语字词的语音条件，在一定的语音情景中，有意地使话语发出"言外之意，弦外之音"的特殊表达技巧。

（一）谐音双关

所谓谐音双关，就是利用汉语中的同音或音近现象，使某些词语或句子的语义达到一语双关的效果。

刘禹锡《竹枝词》："东边日出西边雨，道是无晴却有晴。"天晴的"晴"与多情的"情"同音。"晴"既指日出放晴，又双关人有情。以"晴"指"情"，含蓄风韵，妙趣横生。

我们常见的"丝"字，在诗词中常有"思"义。这种诗歌谐音双关手法的运用在明代民歌中又掀起一个高潮，如"不写情词不写诗，一方素帕寄心知。心知接了颠倒看，横也丝来竖也丝，这般心事有谁知？（《素帕》）"又如古诗中有"桑蚕不作茧，昼夜长悬丝。（《七日夜女歌》）"《乐府诗集》中有《采桑度》："伪蚕化作茧，烂漫不成丝。"

古诗经常运用的"莲""藕""琴"等字，使之具"怜""偶""情"之义。如《乐府诗集》中《青阳度》："下有并根藕，上生并头莲。"

谐音双关这种巧妙运用语言的艺术手段具有悠久的历史性与广泛的群众性，恰当地运用可以增强诗歌的艺术表现力，值得进一步加以探究与总结。

谐音双关还用在文艺作品中人物命名上。例如《红楼梦》中贾府的四位千金：元春、迎春、探春、惜春（原应叹息），甄士隐（真事隐去），甄英莲（真应怜）等。《儒林外史》中的冒牌"名士"权勿用（全无用），歌剧《白毛女》中的黄世仁（枉是人）。

（二）禁忌谐音

所谓禁忌谐音，就是平时讲话、写文章或做事情时，碰到一些禁忌的用字或词汇谐音的情况下，要用与之不谐音的字或事情来取代。

禁忌语经常会影响到人们的日常社生活。如相爱双方不分吃一个梨，意为不"分离（梨）"。"4"是个平常数字，但却遭到了一些人的厌恶，只因"4"谐音"死"。行业中也有许多谐音禁忌。如养蚕业中忌说"伸"字，因为蚕只有死后才是伸直的。为忌"沉"字，渔家把"盛饭"叫作"添饭"。为忌"散"字，称"伞"为"竖笠"。在广东、香港等粤方言区，店员不准在店内看书，因为"书"与"输"同音。

（三）祈福谐音

与禁忌谐音相反的就是祈福谐音。因某个事物的读音与吉祥用字声音相谐，就是把这种事物的用字作为祝福和吉祥的象征。千百年来，民间图案花纹中，蝙蝠是用得最多、最普遍的，没有哪一种图案花纹能超过蝙蝠的普及和常见。之所以有这种文化现象，主要是"蝠"与"福"相谐音。按我国吉祥寓意的习俗，蝙蝠的图案不仅出现在宫殿的雕梁画栋上，也出现在农夫的炕头上。蝙蝠与其他吉祥物组成图案，更是普遍。比如蝙蝠和寿桃结合的吉祥图案，被称为福寿图，还有绘有五只蝙蝠的门联贴于门上的"五福临门"图。

祈福谐音，是从人或事物名称上谐音，引发出一个褒义来表达思想的方法。这些在民俗上体现最多。如过年买鱼，谐音"年年有余"。在江南地区，旧时除夕吃年夜饭或新年招待客人时，端上来的整条鱼的菜肴，大家一般都不动筷子，待用膳结束后，主人再把这菜端下去，意为"吃剩有余"，象征来年丰足有余。吉祥图案中有"年年有余"，图案为两条鲇鱼。"鲇"与"年"，"鱼"与"余"谐音，表示年年有节余，生活富裕。在剪纸艺术品中就有大量关于鱼的体裁。"羊"与"祥"谐音，古又同"祥"字，寓意吉祥。三羊喻"三阳"，指阳气盛极而阴衰微。开泰即开启，预示要交好运。"三羊开泰"图案，寓意祛尽邪佞，迎来吉祥好运的意思。民间剪纸"官上加官"大公鸡身后长着一簇鸡冠花，鸡冠花加上鸡冠花，"冠"与"官"相谐，故谐音为"冠上加冠"。

喜鹊报"三元"也是一种常见的吉祥图，图案为喜鹊、桂圆和元宝的组合。明代科举的前三名被称作"三元"，即状元、榜眼、探花。"三元"是古代文人仕途之路的阶梯。喜鹊是报喜的吉祥之鸟，与三桂圆或三元宝结合，蕴涵着希望和向往。

结婚新房中，一般都放有"枣子""花生""桂圆"和"鸡蛋"或"瓜子"，谐音成意为"早生贵子"。有些地方新郎新娘在结婚当天还要吃莲子，取义为"连生贵子"。

汉语谐音作为一种独特的文化现象，虽然具有一定的迷信成分，但仍是中国千千万古代劳动人民智慧的结晶，应为今天的人们所珍惜并发扬光大。

小结：

　　文字的起源；汉字的起源与造字法；"女书"文化；汉字在世界的威望；汉字的谐音文化。

思考题：

　　1. 汉字的造字法有哪几种？请分别举例说明。
　　2. 谈谈你对"女书"文化的认识。
　　3. 谈谈你对汉字谐音文化的认识。

第十一讲
新词新语与社会文化

崔健有首歌写道:"不是我不明白,这世界变化快!"当我们面对大量涌现出来的新词新语的时候,这种感觉就更加强烈。据统计,2012年的第6版《现代汉语词典》新增收录了3000多条新词,其中包括"给力""微博""团购""山寨""宅男"等新词。近年来涌现的新事物、新概念、社会生活的新变化和人们的新观念通过这些新词、新义、新用法,得以充分反映。面对如此纷繁复杂且接踵而至的新词新语,我们又了解多少?

一、新词新语的历史分期

新词新语是相对于语言系统中已有的词语而言,包括词、固定短语,也包括产生了新意义、新用法的词语。词语是社会的记录,新事物、新现象、新思想的不断涌现,都需要产生新词来表示。

每个时代都创造出属于各自时代的新词新语,它承载着一个时代的记忆。也正因为如此,一个国家的历史发展脉络通过各个时代的新词新语清晰地呈现在我们眼前。

(一)20世纪50年代的新词新语

上世纪50年代,流行于社会的词汇,常常带有浓郁的政治色彩。如"阶级成分"一词,源于解放后中国社会大体上被划分的五个等级和几十种成分,包括资产阶级、中产阶级、小资产阶级、半无产阶级、无产阶级。直到上世纪80年代,凡是填写与个人有关的表格,

如招生表、招工表、调工资乃至住院、外出住宿登记等等，都要填写"个人成分"。1951年是大规模的思想改造运动的开始，出现了新词"脱裤子""割尾巴"，用以针对知识分子的自我教育和自我改造运动，知识分子听不惯"脱裤子"的说法，又改称"洗澡"。

"爱人"一词，表示夫妻之间的互称。从上世纪50年代开始，全国的城市人流行称呼配偶为"爱人"。在解放前，这个词本来用于指称为了革命事业而共同奋斗又具有爱情关系的男女同志，后来在解放区用以指配偶。新中国成立后，这一词在全国范围迅速流行。

"最可爱的人"一词源自朝鲜战争。中国派出志愿军赴朝抗美援朝，作家魏巍从朝鲜战场归来后写下名篇《谁是最可爱的人》，"最可爱的人"从此成为志愿军战士的美称。

"为人民服务"源自毛泽东在《论联合政府》一文中强调的"紧紧地和中国人民站在一起，全心全意为中国人民服务，就是这个军队的唯一宗旨"。

在50年代严格的计划经济体制下，还出现了"全国粮票"和"大锅饭"等新词。1955年10月，实行粮食以人定量供应后，粮食部发行"全国通用粮票"。从此，票证范围之广、地域之宽、品种之全、时间之长、数量之多，在世界上极为少见。"大锅饭"一词与50年代的"大跃进运动"密切相关，1958年的"放开肚皮吃饭，鼓足干劲生产"成为一时间传遍大江南北的著名口号。

（二）20世纪60年代的新词新语

60年代的中国遭遇了严重的自然灾害和社会动乱。自然灾害使得中国经历了"三年困难时期"，人们的生活更加节俭，身上的衣服往往"新三年，旧三年，缝缝补补又三年"。1966年"文化大革命"开始，出现了一批和"红色"有关的词汇，周围的一切似乎都是红色的。还有与红色相关的革命理想、革命意志、革命豪情和革命斗争，如"红宝书"《毛主席语录》，因为最流行的版本用红色封面包装，又是红色领袖的经典言论，所以"文革"中被普遍称为"红宝书"。"红卫兵"则大部分由年轻的学生组成，是"文化大革命"的践行者，对"文化大革命"在全国范围内的发展起到了推波助澜的作用。而那些戴上印有"红卫兵"三字的红袖标的人，就可以免费坐公共交通工具到全国"串联"（"串联"一词为"文革"词语，来源于1966年中央"革委会"表态支持全国各地的学生到北京交流革命经验，也支持北京学生到各地去进行革命）。此外还出现了"赤脚医生"一词，"文革"中期开始出现的名词，指一般未经正式医疗训练、仍持农业户口、一些情况下"半农半医"的农村医疗人员。当时来源主要有三部分：一是医学世家；二是高中毕业且略懂医术病理；三是一些上山下乡的知识青年。知识青年，简称"知青"，广义泛指有知识的青年，一般指受过高等教育的年轻人。这些人中大多数人实际上只获得初中或高中教育。"知青"和"上山下乡"运动联系在一起，事件源于1968年12月毛泽东下达了"知识青年到农村去接受贫下中农的再教育"的指示，于是"上山下乡"的运动在全国大规模开展起来。

（三）20世纪70年代的新词新语

如果说70年代上半叶"革命热情"还在如火如荼进行，到70年代末便开始了"改革开放"和经济建设。70年代的中国马路上基本上都是非机动车，市场上基本没有棚子，海报宣传基本上都是控制人口，城乡的生活基本相同。在这个时期出现了"四大件"，分别指

"缝纫机、自行车、收音机、手表",这是 70 年代中国人结婚的标准。

进入 70 年代以后,开始允许知识青年以招工、考试、病退、顶职、独生子女、身边无人、工农兵学员等各种各样名目繁多的名义逐步返回城市,于是"回城"一词流行开来。20 世纪 70 年代初以来中国政府开始大力推行计划生育,1978 年以后计划生育成为中国的一项基本国策,"计划生育"也就成为了当时的一个流行语。此外还有"打鸡血",70 年代初期,一种将鲜鸡血注射进人体的"奇效"疗法蔓延全国,这个词也被用来形容人的亢奋、好斗。"马尾巴的功能"一词出自"四人帮"授意炮制的电影《决裂》,片中有位老教师大讲马尾巴的功能,用以嘲讽资产阶级教育思想不切实际。"家庭妇男"一语指在家庭中承担过多家务劳动的丈夫,多用做男人的自嘲。这个词的产生与政治生活有关。70 年代不少单位"停产闹革命",许多男人待在家里无事做,便学会了做家务。"家庭妇男"一语至今仍活跃在人们的日常生活之中。

(四) 20 世纪 80 年代的新词新语

80 年代,中国社会改革开放的步伐加快,人们的生活相对富裕起来,人们开始看录像、看影碟、看港台电视剧,甚至有了夜生活。上世纪 80 年代的许多放映厅里都设有"加座",即在靠近走道的那个座位旁加一个可以翻落的小椅子。中国影片迎来了第一个票房高峰期。"牌子"一词开始出现,它是品牌的俗称,用于指服装等商品的商标。上世纪 80 年代之前的老百姓没有品牌意识,改革开放之初,从香港等地走私进来的品牌服装让人大开眼界,于是穿"有牌子"的服装成为一件值得炫耀的事。由于改革开放,鼓励在职职工"下海"自谋职业,不少人开始"停薪留职",即单位停止支付薪水,但保留职工的职位或者工作关系。上世纪 80 年代又有了"留学潮",老百姓戏称为"洋插队"。之后"洋插队"一词就渐渐流行开来。在 20 世纪 80 年代初期的"万元户"基本上成为了个体户的代名词,也就是这些人,成为了中国改革开放的第一批暴发户。

(五) 20 世纪 90 年代的新词新语

从 20 世纪 90 年代开始,汉语新词的数量急剧增加,进入了汉语词汇量增长的高峰期,这是历史的必然。语言是社会生活的一面镜子,是对时代最真实和最真切的记录,90 年代以后中国社会的历史性变革是新词激增的主导原因。

社会经济结构的变化是新词大量产生的根本原因。"经济基础决定了上层建筑",人类各种社会活动,归根到底是经济活动决定的。据统计,新增词语中,一半以上属于财经类词汇。从本质上来说,这和经济领域里的变革密不可分。从 1992 年开始,经济改革走向了完全市场经济的模式,中国人已经开始接触日益活跃的经济新生活。伴随大量经济新事物的出现,产生了数量极其惊人的新词,如"按揭""标王""彩信""三资""召回""剪刀差""瓶颈""蓝牙""补仓"等等。

对外经济和文化交流的日益活跃和世界经济全球化的趋势是新词产生的非常重要的源头和动力。90 年代以后,一方面我国市场经济体制迎合了世界的潮流,另一方面世界经济的发展也开始非常迫切地要求把中国纳入全球资本主义体系。这种双方面的要求刺激 90 年代以后对外贸易迅速攀升,而由此产生的中外交流日益频繁和活跃,大量外国名词被直接

或者间接地引进,成为新词的又一个重要来源,既包括像"APEC(亚太经合组织)""MBA(工商管理硕士)""PC(个人电脑)""CD(激光唱片)""CEO(首席执行官)"这些直接引进外语的缩略语——字母词,也包括"托福""派对""黑客""雅皮士(指西方国家中年轻能干有上进心的一类人,他们一般受过高等教育,具有较高的知识水平和技能)"等等直接翻译外语的新词,同时还有通过意译引进的大量外语词汇,如"白领""博士后(1876年,美国约翰·霍普金斯大学设立了一项研究基金,用以资助优秀的青年学者在较好的研究条件下从事科学研究工作。由于在最初基金资助的20人中有4人已经获得了博士学位,故人们称之为'博士后'。1985年7月中国的博士后制度正式确立)"等等。

(六)21世纪以来的新词新语

21世纪是互联网的时代,互联网正在改变着人们的交往方式、购物方式和发表言论的方式,从博客、空间、论坛到微博、QQ、朋友圈对人们生活的影响越来越大。语言作为人类的交际工具,最受网络影响的莫过于大量新词新语的涌现。

2010年11月10日,网络用语"给力"一词登上了《人民日报》头版头条,同年"给力"一词登上了春晚的舞台,在海清和黄海波的小品《美好时代》之后,主持人朱军曾问大家"刚才的小品给力吗",得到了台下的一片欢呼。"给力"一词在我们的粤语、厦门话中早就出现过,其广泛流行来源于日本动漫中文版的台词"这就是天竺吗,不给力啊",此后得到网民的广泛传播,在世界杯期间广泛应用成为网络热门词汇,"给力"也就成为了2010年十大网络流行语之一。而在2012年的第6版《现代汉语词典》则收录新增词语3000个,增加单字600个,其中收录了"团购""给力""雷人""云计算""微博""潜规则""山寨""PM2.5"等热词,可见这些新词新语的影响力之大,影响范围之广。这些词汇充分反映了近年来涌现的新事物、新概念、新变化和人们的新观念。有记录当代社会生活的,如"落地签证""低碳""北漂""草根""闪婚""月光族"等;有反映新鲜事物的和时下新的生活方式的,如"播客""微博""云计算""首付""拼车""团购""瘦身""塑身""自驾游"等;有增加新意义和新用法的,如"宅""奴"等。

这一时期的新词新语也反映出公众对于新闻事件的普遍关注,如"躲猫猫"是因看守所人员给出嫌疑人死亡原因有玩躲猫猫的嫌疑而得名;"楼脆脆"则是因上海一栋竣工未交付使用的高楼整体倒塌而得名。"躲猫猫""楼脆脆"等流行语反映出大多数人们的思想观念、价值取向和对某一公共事件的最真实的情感,在社会舆论监督中也起到重要作用。

以上对新词新语的划分只是一个大概的时间层次,有时候很难确切地判断某一个具体的词究竟什么时候产生。有些词开始的时候只在某个特定的领域或人群中流行,因为某个机缘进入全民词汇,成为使用频率很高的新词。当然也有一些新词的寿命很短,流行一段时间就淡出了历史的舞台,如"大周末""倒爷"。对于语言与社会的关系,美国学者布赖特(J.B.Pride)曾提出了"语言和社会结构的共变"的理论:当社会生活发生渐变或激变时,作为社会现象的语言会毫不含糊地随着社会生活进展的步伐而发生变化。可以说新词新语已俨然成为社会发展的晴雨表,它随着社会新事物、新现象、新措施、新思潮、新物质、新观念的产生而产生,同时也随着社会的发展变化而变化。

二、新词新语的主要来源

（一）吸收外来词

所谓本土词是指一种语言或方言中特有的本民族的词汇。外来词也叫借词，指的是从外族语言里借来的词。任何一种语言都有本土词和外来词，除非这种语言与世隔绝。例如，日语的外来词特别丰富，除了早期借自汉语的词语外，还有大量借自英语、荷兰语、德语的词。英语的外来词也很丰富，有的借词法语，有的来自拉丁语，有的来自汉语，如 tea。

这里还存在一些特殊的借用方式。一种情况是，有的词，从甲语言借给乙语言，又从乙借给丙……好像在周游列国。如"沙发"一词，本是阿拉伯词语，它借入法语，又从法国借到英国，汉语又从英语中吸收了该词。另一种情况是，有的词从甲语言借给乙语言，经过一段时间后，甲语言又从乙语言把这个词借了回来，该词语好像归侨一样。如粤语方言"大[dai]风"，它首先借给了英语，出现了"typhoon"一词，汉语又从英语中吸收了该词，于是有了"台风"一词。

在外来语言中，我国使用英语最多，因而英源的外来词也很多，这其中主要有以下几种情况：

（1）外语字母组合或外语词缩写。例如"CI（企业形象）、OA（办公自动化）、UFO（不明飞行物）、MTV（音乐电视）、IQ（智商）、CD（激光唱盘）、WTO（世界卫生组织）、KTV（提供卡拉 OK 设备的娱乐场所）、XO（一种上乘的白兰地）、NBA（美职篮）、CBA（中职篮）、CUBA（中国大学生篮球联赛）"等。权威工具书《现代汉语词典》和《辞海》作为学习、工作和研究的常用工具书，都积极地吸纳了一定数量的字母词。

（2）外语字母与汉语语素结合。例如"BP 机（无线寻呼机）、AA 制（消费结账时各人平摊或各算各帐）、e 时代（电子互联网时代）"等。而"卡拉 OK"，一词比较特殊，因为它是两种外语的组合，"卡拉 OK"一词音译自日语，"OK"使用了英语字母。

（3）音译外来词。例如："的士、巴士（大巴、中巴、小巴）、麦当劳、肯德基、乐百氏、丁克、敌杀死"等。

（4）音译加汉语语素。例如："呼拉圈、桑拿浴、迷你裙"等。"的士"是出租汽车，香港人把乘出租汽车叫做"打的"，随后由南及北传入大陆内地，但与此同类的"巴士"不能说成"打巴"，可见此法不具普遍性。

汉语外来词是有时间层次的，如"葡萄、苜蓿、琉璃、石榴、琵琶、狮子"等是在汉代引进来的外来词；"佛、菩萨、塔、罗汉、菩提"等则是在六朝以后才出现的；"尼龙、麦克风、沙龙、咖啡、海洛因"等词是在"五四"以后传入我国的；而"卡拉OK、艾滋病（获得性免疫缺陷综合征）、BBS（电子公告牌）、CD、CEO（首席执行官）、VIP（贵宾，高级用户）、CIO（首席信息官）、IC 卡（集成电路卡）、DIY（自己动手做）、IQ（智商）、EQ（情商）"等则是改革开放以后才出现的。

（二）吸收方言词

有些只是在方言地区流行的词汇由于某些原因进入到了普通话中。近年来在流行语榜单上独占鳌头的"给力"一词，曾一度登上《人民日报》头版头条，在"给力"大规模流行以前，许多方言中早已存在相似的词和用法。在粤语中"够力"一词可以表示"有本事，有力气"，厦门话中可以表达"十分厉害"的含义，比如"小杨真～"；南宁平话中，"够力"也有类似的含义，比如"渠～啊，一年就捞了十几万"。这种用法还出现在柳州和海口等地。我们可以发现，在上述例子中，"够力"的意义和用法和流行语"给力"完全一致，全部可以用"给力"替代，并且在这些地区，两个字的读音也往往十分相近，难以区分。此外，粤语中还有"够劲"一词，表示"带劲，能引起兴致"，比如"这场球赛真～"。这个词在官话区也有出现，济南话里可以表示"事情到了相当高的程度"，如："夜来的演出真～！"这些用法来自《现代汉语方言大辞典》和《汉语方言大辞典》。

"侃"一词过去在普通话中基本不用，成语"侃侃而谈"、惯用语"侃大山"等是作为语素来使用的。它源自北方方言，近年来使用频繁，并且除了可以单独使用（侃、侃侃）外，还与别的语素组合构成越来越多的词，例如"神侃、胡侃、乱侃、能侃、侃家、侃爷"等等。山东电视台体育频道有"侃球时间"专题节目。

"傍"属北京方言词，也是近些年进入普通话的。"傍款爷（早期用语）""傍大腕""傍大款"是指女人依靠有钱的或者有权有势的男人生活；而"傍富婆"则是指男人依靠富裕女人生存，原本是讽刺挖苦甚至是骂人之词（同"吃软饭"），现在虽然仍有贬义，但逐渐向中性词方向发展。

"泡"作为动词很早就在普通话中使用开来，而加上宾语"妞"构成述宾型合成词则是起源于广东一带的方言词，开始时人们称为"勾女"，普通话吸收了"泡妞"而没有吸收"勾女"一词。与"勾女"相对应的词还有"勾仔"，它同样也是广东一带的方言词。二者的区别是"勾女"的主动者是男性，而"勾仔"的主动者是女性，但"勾女""勾仔"都未被吸收进普通话语汇中。

"二奶""包二奶"这两个词语所指现象目前在我国越来越严重，由此引发的问题也越来越多而且复杂，所以全国人大法律委员会2000年开会讨论修改《婚姻法》时，委员们对如何处理这种现象争议很大。据有人考证"二奶"一词最早出现在珠江三角洲一带，本义就是指真正的小老婆，传播开来后其义逐渐扩大，现在用它主要指男人所包养的情妇；"包二奶"由于加上了动词，成为了述宾结构，其义也变为男人包养情妇。"二奶"是名词，"包二奶"可以看作固定的述宾短语或干脆归入惯用语。

"老公"这个词本属南方的一个方言词，海外华人、港澳同胞和东南沿海一带的人们经常使用。作为纯方言词产生时间已经久远，但被普通话吸收只是近些年的事情。从它自身的结构和与别的词的关系看这个词有以下几点好处：

（1）沿用了人们口语中常用的虚语素"老"，符合汉族人的习惯，说来特上口；

（2）使用了实语素"公"，标明了所指称对象的性别为男性，表义很明确；

（3）使多年来没有很好对应的"老婆"一词有了对应词（或叫对称词），二者从构词到表义都相呼应。

因此我们觉得它是指称丈夫的最好的口语词。下面我们来比较一下：

表5 "夫妻"称谓对照表

A	B	C	D	E	F	G	H
夫	丈夫	先生	男人	当家的	对象	爱人	老公
妻	妻子	太太	女人	做饭的	对象	爱人	老婆

"夫妻"的别称尚有许多，这里只是举出经常使用的几组例子。根据此表可以看出，除了B组使用历史比较长，称说也不会产生歧义，是标准的普通话词语外，A、C、D、E、F、G六组的表义都有局限。其中A组是古语词，在现代汉语的书面语中可以单用，而口语除了二者连用外一般不再单用；C组中"先生"是多义词，可以泛指男人，也可以指德高望重的人（性别不限），还可以特指教师、医生、管账的或者算命的等等；D组两个词均有泛称和特称问题；E组两个"的"字短语内的述宾短语各指明了其主要作用，但明显有男尊女卑之嫌；F、G两组均有指代不明的时候。H组克服了上述几组的缺陷，所以是最好的对称词。

此外，"靓、爽、帅、哇噻、靓丽、买单、爆满、火爆、理念、生猛、火局油、搞掂、摆平、搞定、敲定、糙哥、帅哥、靓妹、写字楼、发烧友、追星族、太空水、精品屋、连锁店、大哥大、随身听、情侣装、大姐大、炒鱿鱼……"曾经都是南方方言词语。可见，改革开放以来南方经济的迅猛发展使得他们在语言上特别是词语使用方面获得了巨大的感召力，加上影视作品的影响，使得这些词语在全国范围内迅速传播开来。当然北方方言词也有许多被普通话吸收的词汇，如源自北京方言的新词语"帅、棒、练摊儿、火、宰人、腕儿、大腕儿、款儿、大款儿、爷、款爷、开涮"等。

（三）吸收专业词

由于近年来高科技和电脑行业影响越来越大，所以这些行业的一些专业词逐渐被吸收到普通话中来。

例如"纳米"本是长度单位，为一米的十亿分之一。现成了高科技的代名词，一系列和纳米有关的词汇涌现出来，比如说"纳米技术""纳米材料""纳米银""纳米管"等。

硬件、软件本来指计算机的组成部分，现在"硬件"泛指用作生产、科研、管理经营中的设备等特质条件，而"软件"则泛指人员的素质、管理水平和服务质量等。

另外，像"克隆、基因工程、基因技术、基因食品、上网、网民、网吧、网虫、宽带网、多媒体、断层、软着陆、冷处理、热定型"等也都是吸收专业领域的新词汇。

（四）原有词增加新义

词语是不断发展变化的，它的发展变化从外部看数量有增减，从内部看语义有转换，而某些语义的转换在一定程度上又相当于新词语的产生。

例如"围城"这个词追根溯源的话应属外来词，但现在从构词方式到语素表义各方面

看都是汉语词。它最早出自法国谚语，现代大作家钱钟书的长篇小说用它作标题后，在中国广为流传，特别是拍成电视剧播出后俨然已成为"婚姻"的代名词。

"绿色"，本来属颜色的一种，现在被赋予了无污染的含义，与其相关的"绿色食品""绿色蔬菜""绿色植物""绿色服装"等词汇层出不穷。

（五）词缀化产生的新词

所谓词缀化是指作为词或词根的原词汇意义逐渐虚化，在构词中产生了附加意义的倾向。随着网络媒体的快速发展，一批由派生得来的新词新语顺时产生。而由词缀化产生的附加式合成词正是这种新词新语的代表之一。

如"被离婚、被就业、被自杀、被代表"，引发了"被……"热潮，意义上一般以负面为主，单独做谓语，后不能加别的成分。诸如此类，还有"零"系列的词，如"零增长、零突破、零事故、零投诉"；"**体"，如"梨花体、撑腰体、淘宝体、凡客体"；"小"系列的"小清新、小文艺、小唯美、小优雅"等；"微"系列的微小说、微电影、微表情等；"**控"系列的"萝莉控、大叔控、高跟鞋控、碎花控"等。

此外，"门"其本义指实际意义上的门，经过比喻，作为词缀而言指的是一类社会事件，而且多指丑闻或者其他不好的新闻事件，如"水门、艳照门、虎照门、泼墨门"。"热"作为实词来讲之温度高，作为类词缀，它的意义虚化，指某类事物比较流行，如"旅游热、滑板热、穿越热"。

罗常培先生认为，信息传递的第一个要求是准确无误，第二个要求是省时省力，合起来可以称为效率原则。21 世纪是个讲究速度、效率的时代，为了配合这个高速运转的社会，满足人们交流的需要，语言也越来越简练、明快。而词缀化无疑是这种高效的代表。况且，中国人自古就有言简意赅的优良传统。类推成词是指构词规则不变，只需改变不同的语素。这样"套公式"经济、简省。比如我们把"冒牌仿制的"称之为"山寨"，如"山寨机""山寨新闻联播"等，帮助我们省了好多字而且表意很明确。这样的还有"化"，如"科学化""现代化"，一个字就说明了渐变的过程。这种本来繁复的社会现象用一个词缀（类词缀）来表示，简单准确，符合经济、简省原则。

三、新词新语的特点和作用

（一）新颖性

新颖性是新词新语表现出来的基本特点。有的是采用了一个新形式（如"闪客、驴友、负翁"），有的是具有了一个新意义（如"下课、版本、抢手"），有的是具有一种新用法（如"挺、顶、八卦"），有的是从局部使用走向全民通行等等。它们的出现总是给人耳目一新的感觉，这既是新词新语生命力之所在，也是决定新词新语命运的关键因素。

（二）幽默性

幽默性是新词新语的又一特征。例如，"粉丝"是英语单词"fans"的音译，是指超迷某人或某物的一类人，简称"粉"或"迷"，"钢丝"是粉丝中的铁杆支持者。"驴友"泛指爱好旅游，经常一起结伴出游的人。"特困生"用来指那些爱睡觉的学生。再比如源自鲁迅作品中的"三味书屋"，现被用来指乱糟糟又有各种味道的男生宿舍。这些词无不充满着幽默的情感色彩。

（三）衍生能产性

这一特性具体表现为词语滋生的族群化特征，也是词缀化构词方式产生的结果即以现有词汇的某个词语模式为基础，进行类推、更换部分语素而成族群地滋生新词新语，能批量生产新词语，并使其所生产的新词语形成词语族。

例如，从最早的"黑客""博客"到后来的"红客""播客""维客""朋客""闪客""极客""刷客"等。再如"酒吧"的"吧"，本是汉语从音译英语"bar"而引进来的借词，此后又用它创造了"网吧、书吧、茶吧、氧吧、说吧、话吧、吧台、吧女"等。由"的士"的"的"构成了"摩的、面的、飞的、打的"等。由"水门"的"门"构成了"拉链门""白水门、安然门、情报门、高丽门、奶粉门、艳照门、虎照门"等。由"国际互联网"的"网"字构成了"网民、网虫、网恋"等词。由"打工族"的"族"构成了"追星族、月光族、背包族、啃老族、地铁族、北漂族、负翁族、酷抠族、草莓族、跳蚤族、彩虹族"等。另如"X虫、X霸、黑X、零X、绿色X、X工程"等成族群产生的新词新语，比比皆是。常常是一个新词语的出现便带动产生了一个词族、词群或一批词语，从而使新词语的产生呈现批量化、类型化衍生的态势，这体现了新词语衍生能产的特点。

（四）通俗性

新词新语之所以能轻而易举并快速地被人们接受，其中显而易见的一个特点就是它的通俗性。一些被广泛运用的新词都是通俗易懂的，它们不像一些文绉绉的文言用语，也不像生硬的政治用语，需要去理解、探究。所以通俗这一特性在一定程度上奠定了新词新语迅速发展的基础。所以新词新语一旦形成，便受到了无数人追捧。特别是从网络或者从方言中吸收的新词新语，能被人们，特别是密切关注网络的青少年所广泛应用。其使用的范围也不仅仅局限于网络，而是从不同方面深入到了现实生活中的各个领域，包括经济领域、国家政策、教育界、医药界等。像2014年的新词新语"蛮拼的"和"点赞"这两个新词新语甚至出现在了2015年国家主席习近平的新年贺词中，原文如下："为了做好这些工作，我们的各级干部也是蛮拼的。当然，没有人民支持，这些工作是难以做好的，我要为我们伟大的人民点赞。"

（五）适时性

许多新词新语都是某一社会热点现象的反映。如前文提到的"躲猫猫"和"楼脆脆"都反映了当下存在的社会热点问题；此外还有"蜗居"一词，形容中国高学历、高智商但低收入的聚居群体；"蒜你狠"是源于2010年大蒜价格疯涨100倍，超过肉和鸡蛋的社会现实。这些新词新语都敏锐地捕捉到时代出现的新事物或新现象，并通过词语形象生动且准确地表达出这些事物或概念的内涵。

新词新语的创造和运用一方面丰富了普通话的语汇，但另一方面新词新语的不断涌现

使得普通话语词量大增，特别是一些缺乏理据性的词语在一定程度上给学习者造成理解和运用上的负担。但无论如何，现代汉语词汇系统都会利用自身的协调机制，不断地利用新词新语来丰富和完善自己。

四、新词语产生的原因

（一）社会背景方面的原因

新词新语大量涌现，并且能够安营扎寨，有深层的社会背景。伴随社会进程的加速，新事物、新现象层出不穷，这些必然导致新词新语的产生。人们知识水平在提高，不少专业术语逐渐通用化，这也是新词增加的社会因素。此外，改革开放后我国国门逐渐打开，开放的社会大环境增加了与外界的接触，新的概念、新的观点、新的事物随之涌进国内，这种影响连绵不断，中西结合，融会贯通，使得人们的思想发生变化。于是一批新词新语应运而生，大量外来词进入汉语。

（二）语言系统方面的原因

新颖生动、简明准确、符合现代汉语构词规律以及语音语法特点的新词新语生命力较强。词汇系统的组合关系和聚合关系，语法的系统性以及汉字的表意性都是新词新语产生和发展的原因。词汇系统的组合关系直接导致了一些词语新用法和新形式的产生，例如"双赢、三赢、双输"等；聚合关系的类推作用产生了"X嫂""X的""X霸""X族""X客""X门"等成族群的新词新语。此外，汉语语法的系统性以及汉字的表意性，也必然导致许多音译借词向意译词流变，还会引起词汇系统的再度变化。

语言的经济原则、复音化趋势及韵律机制的作用。语言的经济原则作用于词汇系统，要求对其成员的形式及数量进行精简，促使一批多音节词进行缩略（或再次缩略）而成为新词语，例如"三个代表""三优一学""五讲四美三热爱"等。现代汉语复音化趋势及韵律机制的作用也促使人们在创制新词语时大多采取双音节形式，同时诱导大量多音节词语以缩略的方式向双音化靠拢，这样就产生了一大批缩略式的新词新语，例如"特首、软件、双规、考研"等。此外，利用语音上的谐音原理，也成为音译借词和仿造词语的主要生产方式（如谐音造词），例如"伊妹儿、伊美尔、伊眉儿"等。

修辞方式的作用。修辞方式是促成类推造词、仿拟造词、旧词"复活""新用"的又一个主要因素。在语言交际活动中，出于某种修辞目的的言语方式往往会转化为一定的言语模式，这种言语模式一旦在交际中获得其它成员的认可并被多次模仿和引用，修辞活动的思维模式就会因此而凝聚到语言的词汇层面之中，这样就促使了大量仿造词语、旧词新义、旧义新用的出现，极大地丰富了汉语的词汇系统。例如，用比喻修辞创造的新词"笨鹅（比较笨但又可爱的女生）""大虾（网络高手）"等。用借代修辞造的新词"大墙（监狱）"、"擦皮鞋"（拍马屁）等。用反语修辞造的新词"极品（浓妆艳抹看起来很恐怖的人）"等。

（三）人类认知心理方面的原因

1. 趋新求异的心理

喜新厌旧、标新立异是人类的本性，特别是在当今崇尚展示自我、追求塑造个性的社会中，表现在语言词汇上，便是个性化的用词。例如用"酷毙了""帅呆了""玉米""凉粉""伊妹儿"等。追求简捷也是人类的共性，大量的缩略式新词就是这种心理的体现，例如"入世""非典""博导""环评"等。数字语、拼音语也是这种心理特性的积淀，它们完全打破了传统的用词原则，可以说是一套全新的交际语。同时，几个数字或字母就表达了一个长句的句义，满足了人们这种崇尚简洁的心理需求。如："765（去跳舞）""740（气死你）""0837（你别生气）""PLMM（漂亮妹妹）"。

2. 模仿从众的心理

调查发现，模仿是一种普通存在的现象，在言语生活中，当人类个体发觉某人的言语对自己很有吸引力时，就会因喜欢该言语作品而趋向于接受其影响并采取与之类似的言语作品。"超女"一词引发了"抄女""炒女""钞女"等。"……奴"被仿造出"车奴""房奴""卡奴""证奴"等。一方面，不少人，特别是年轻人为了追逐新潮，创造流行词语；另一方面，当看到、听到另一些有独创、有个性的其他说法时，又产生了强烈的好奇心理，因最初的新鲜感而模仿，继而又在模仿的基础上创造性的运用。这种现象在不断扩大、蔓延。例如几年前人们称有钱的女士为"富姐""富婆"，称有钱的男士为"富翁""富佬"，到现在人们又创造性地发展出了"负翁"一词。当"大款"一词流行起来以后，有人加以创造性的结合，将有钱的女士改称为"款姐"，将有钱的男士改成为"款爷"，并把有钱男士的老婆称为"款太"，这些称呼逐渐泛化，甚至扩大到全国各地。

3. 放松减压的心理

现代人压力大、烦恼多，为了寻求愉快、轻松的感觉，人们喜欢采用幽默调侃的词语。例如，我们在娱乐节目中常常听到主持人幽默地称呼某位明星的追随者为"粉丝（fans）""钢丝"。"粉丝"是音译，但是这种戏称增添了幽默、喜剧的色彩，令人轻松、愉快。

（四）文化传播方面的原因

时代在进步，科技在发展，网络、电话、媒体等新型交流工具的出现、热用与迅猛发展，使得新词语的产生与传播加速。人们在资源共享上途径越来越多，信息传递的速度也越来越便捷。因此，新词的出现到流行，周期逐渐缩短。港澳台地区与沿海地区的影视文化、商业文化发展迅速，为了迎合消费者的好奇心，为了推销产品，他们在广告制作、宣传中，力求使用时尚、新奇的词语，以吸引消费者。另外，较之内陆，这些地区的传播业相当发达，因此，他们使用的新词新语传播领域更为广泛，很容易成为家喻户晓的热门词汇。

新词新语的大量涌现是每一种语言不断发展进步的必然结果，而且作为信息载体的语言越是发达，其创造和吸收新词新语的量往往也就越大，我们汉语的发展史就充分说明了这一规律。同时，新词新语的不断涌现又要求我们每个人都应密切注意到语言的发展动态，辩证地看待新词新语，准确理解和恰当运用好新词新语，从而使我们的言语表述更加准确、生动、形象，更具有适时性和现代感。

小结：

新词新语的历史分期；新词新语的来源；新词新语的特点和作用；新词新语产生的原因。

思考题：

1. 新词新语的来源有哪些?
2. 新词新语有哪些特点?
3. 谈谈你对新词新语的认识。

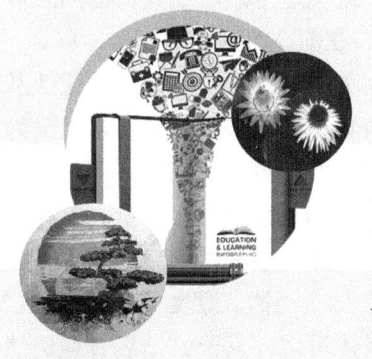

第十二讲
语言与性别文化

语言是一种特殊的社会现象，它随着社会的演变而演变、发展而发展。一定的语言总是反映着一定的社会文化，一定的社会文化也必将对它的语言产生一定的影响。

一、从"剩女"一词谈起

"剩女"成为近些年来的一个时髦词语，并成为教育部2007年8月公布的171个汉语新词之一。"剩女"一词用来指高学历、高收入、高智商的，在婚姻上找不到理想归宿的大龄女青年。由于她们择偶要求比较高，导致在婚姻上得不到理想归宿，而变成"剩下"的大龄女青年。在"剩女"大量涌现的同时，我们不禁思考与之相对应的"剩男"呢？相比较"剩女"一词的流行度而言，社会对"剩男"的称呼却弱化很多。就如同我们常常听到"女强人"的称呼，却未有"男强人"的词汇，可见，称谓语中同样承载着大量的性别文化。

"称谓"意指"人们由于亲属和别的方面的相互关系，以及由于身份、职业等而得来的名称。"称谓语既是语言现象，也是社会、文化现象，称谓语作为文化的载体被深深打上了性别文化的烙印。

（一）姓名称谓

无论是在英语中还是在汉语中，传统上都有孩子出生后随父亲姓的做法。从父姓的惯

例在英语国家一直稳定地延续至今。而在中国,这一习俗却遇到了挑战,特别是从20世纪70年代末起,中国实行独生子女政策,时至今日年轻一代中"双独"父母已经越来越普遍,在上一代人"传宗接代"思想和习俗的作用下,因孩子"跟谁姓"的问题而引发矛盾的案例也逐渐增加,成为了新的社会现象。有些年轻的父母为了避免这个矛盾或其他原因采取"父姓+母姓+名字"的方法给孩子取名,但通常还是"父姓"在前、"母姓"在后。

在英国、美国、澳大利亚、新西兰等英语国家和加拿大英语区,女子结婚后普遍改从夫姓,即使离婚后也要保留前夫的姓氏。虽然"从19世纪开始就有人开展了保留自己父姓权利的运动",近年来英美也有妇女婚后保留娘家姓氏和离婚后更改姓氏的情况,但仍是极少数,没有形成规模,不是社会的主流。英国前首相、"铁娘子"撒切尔夫人虽然贵为首相,绝大多数世人却不知道她的本姓。在中国,传统上也有女子出嫁后从夫姓的习俗,往往由"夫姓+父姓+氏"构成,如张王氏;但是有许多名人却例外,如李清照、蔡文姬等。"五四"运动后,随着妇女运动的开展,中国大陆早已打破传统的封建习俗,女子结婚后普遍仍然使用婚前的姓名。但在中国香港和台湾地区很多人仍保留这一习俗,但具体的叫法也有改变,一般是在原名前冠以夫姓,即"夫姓+父姓+名字",如现任世界卫生组织总干事的陈冯富珍。

除了姓氏,人名用字上也隐含着性别文化。"名字在一定程度上代表了社会的观念,反映出父母对男孩、女孩的不同期望。"所以传统的男女人名用字有着明显的性别差异。男子的名字常表达"强壮、勇敢、富贵"等含义,如"刚、伟、健"等;女性的名字往往表达"文静、美丽、温柔"等含义,如"花、菊、兰、红"等。所以根据传统的人名我们很容易判断一个人的性别。但现在汉语取名方式相当开放、自由,可以由不同的汉字自由组合,所以当今中国有一些父母尤其是文化程度高的父母给孩子取的名字不再局限于"淑、贤、花、丽"等"女性化"的字眼,出现了许多中性的名字,如"子涵",可以作为男孩名也可以作为女孩名,因而也就无法根据名字判断一个人的性别。这无疑也是妇女地位提高的一个标志。

(二)职业称谓

职业称谓就是按照人们从事的职业去称呼他们。工作原来是男性的事情,女人没有参与的权力,因而许多职业称谓也就成了男人的"专利"。随着社会的发展变迁,女性社会地位逐渐提高,女性走出家门,参加工作,要求和男性同等的就业权利。逐渐地各行各业都有了女性从业人员,语言文字中的职业称谓也因此有了变化,派生出许多新词。

在英语中许多职业称谓语男性词是无标记的,而女性词是有标记的,即女性称谓语是由男性称谓语词尾添加黏着词素或用复合法构成。有些职业称谓语中虽然没有出现"man",但指女性时却要在后面添加黏着的后缀,如"waiter—waitress"。再比如常见的职业"professor(教授)、doctor(医生)、lawyer(律师)、surgeon(外科医师),magistrate(地方法官)"等我们默认为男性,当我们听到有人说"My cousin is a professor 时",多数人会断定"professor"为男性。若要说明这些词是女性的,一般需要使用复合法即在前面加上"woman,lady,female"等修饰语,如"woman professor, lady doctor, female worker"等。

在汉语中也有类似的情形。虽然汉语中的职业称谓从字面上来看没有"男性"的含义在里面，但是在人们的观念中仍会"默认"某些职业是专属男性的，形成了思维定势，所以如果是女性从事这些职业，往往在前面冠以"女"字，如"女警察、女保镖、女法官"等。前文所举的"女强人"的例子亦是如此。

（三）通称

通称是指"通用于社会各界人士，不分职务或职业，有的甚至不分年龄的称谓语"。在英语和汉语中都有先生、太太和小姐的通称。

在英语中"Mr."可以用来称呼所有的未婚或已婚的男性，而"Miss"和"Mrs."只能分别用来称呼未婚和已婚的女性，女性的婚姻状况一下子就揭晓了。所以"Mr."是无标记词，而"Mrs."和"Miss"是有标记词。现在英语国家的人们新造了一个词"Ms."来泛指已婚和未婚的女性，和"Mr."相对应，这是社会的进步。当然，也有人曾指出美国人使用"Ms."指代那些已婚但又企图隐藏自己婚姻状况的女性。因此女性的婚姻隐私权仍不能用语言加以保护。

在汉语中，通称的使用情况和英语中相类似。"先生"一词自古有之，主要用来称呼那些年长有德行的人，包括师长在内。后来逐渐发展为一个通称。解放前该词主要用来称呼有文化、有地位的人，男女不限，如称呼德高望重的女性，"宋庆龄先生""冰心先生"。现在"先生"一词常用来称呼任何一个已婚或未婚的男性，"先生"一词所体现的被称呼者"德高望重"和"身份学识"的含义似乎已经淡出人们的语言生活，仅仅是对男性的比较正式、礼貌的通称了。"太太"一词只用于已婚妇女，往往与丈夫的姓连用，有从属之意。目前在大陆，除非非常正式的场合，"太太"一词日常交往中用得并不多，但在香港、台湾和澳门地区还是普遍使用。

"剩女"作为一个时尚称谓语的出现反映出种种的社会文化心理。

（一）"剩女"是追求独立、展现自我的社会文化心理的产物

"有些东西掠过我的心头，但是我不能回去，意思是我不能再像那样生活。"这是电影《末路狂花》中女性的自我觉醒，对独立的追求，对新生活的拥抱，对旧日的告别。

出生于20世纪70年代的"剩女"们正好赶上恢复高考和改革开放的好时机，这使得她们较其前出生的同性有更多的机会享受教育、竞争带来的好处。女性的独立意识在不断增强，拥有自己的事业和独立的经济基础，这也意味着女性依附于男性的传统思想在发生着根本性的变化。特别是近年来随着改革开放的不断深入，使得人们的思想也日趋开放。追求独立、展现自我，已成为现代女性的社会追求。部分高素质女性已不再满足传统的默默无闻的生活方式，她们拥有自己的事业、私人的空间，不愿被家庭所累。在这样一个社会文化背景下，"剩女"诞生了，她们成了现代社会高速发展的一个社会符号，也是女性"回归自我"的标志。

（二）"剩女"是追求生活和感情质量的社会文化心理的产物

台湾女作家三毛曾说："有时婚姻也会使一个女性迷失自己——不然，世界上杰出的女性原应多得多。"

有社会学、婚姻学专家认为："剩女"出现的根本原因在于男尊女卑的传统文化观念在人们的思想中根深蒂固，男性选择配偶会选择比自己差的女性，女性也喜欢找那些比自己优秀的成功男士。总体上说，男性的择偶标准是向下，女性的择偶标准是向上。这只是"剩女"出现的部分原因。

对于"剩女"而言，她们并非不需要家庭，不向往婚姻，只是"男大当婚，女大当嫁""为结婚而恋爱"的传统婚姻观念在她们这里发生了根本性的变化。在过去的年代里，人们比较注重家庭稳定，主张"一旦进入，就不能退出"。而现在人们更多注重生活和感情的质量，这种新的婚姻观也正是"剩女"所追求的。

（三）"剩女"是轻松宽容的社会心理的产物

进入"后现代"社会以来，在"后现代"文化消解传统、张扬个性的社会文化思潮及价值观念的冲击下，新生代的人们已逐渐摆脱了传统观念的束缚，追求自我、轻松的个性生活。在这样的社会文化背景下，不仅大量"剩女"产生了。随着社会宽容度的扩大，"大龄未婚"也不再被人看成怪异，一个人可以生活得很好，单身也并不见得是一件面上无光的事。也许正因为如此，"剩女"的数量在不断地扩大，逐渐成为都市中一个独立的群体。

"嫁汉，嫁汉，穿衣吃饭"的这种传统的女性依附于男性的观念正在颠覆，因而女性的这种独立、单身更加惹人关注，"剩女"一词也就比"剩男"更加抢眼，更加流行。

二、从"女国音"说起

"女国音"是对北京女性口语里的尖音现象的称呼之一，其主要特点为将一部分在标准北京话里应读团音（普通话里表现为腭化音即拼音 j、q、x，国际音标[tɕ]、[tɕʰ]、[ɕ]）的字发音位置前移，读成尖音（北京话里表现为齿龈音即拼音：z、c、s，国际音标[ts]、[tsʰ]、[s]）。这种尖音现象主要出现在北京地区青春期女性人群，尤其是女中学生中，是北京话的一种口音。由于这种读音现象最早在北京劈柴胡同师大女附中发现，因而又叫做"劈柴派读音"。

"女国音"的形成是中国传统审美观和青春期女性爱美心理作用的结果。中国传统审美观点认为女子说话开口应小，语音应细；进入青春期的女孩开始有追求美的意识，因而在发音过程中下意识或者有意尽量使开口幅度减小，发音趋细，从而迫使 j、q、x 等发音位置前移，形成"女国音"。大多数女性在结婚之后，对美的追求减弱，因而在婚后女性中"女国音"的发生比例明显降低，而传统审美观点对于男性的标准与女性完全不同，小嘴和细音被认为是娘娘腔没有男子气概，因而在男性中"女国音"的发生比率也很低。"女国音"现象的出现表明男女在语言运用上存在一定的差异。

科学研究的实验也证实了男女在发音上的差异。中科院的语音研究人员曾经请 8 男、8

女做发音合作人，读普通话 10 个元音，得出结论为：语音的调值因发音人的性别、年龄而异，同性别同年龄中也因人而异。不过平均起来，总是成年女子的调值高于成年男子。诚然，男女发音上的差异主要是因为发音器官构造上的差异而形成的。但也不能忽视其他方面的因素。如上文提到的"女国音"，有些女青年把 j、q、x 读成 z、c、s，可能认为这样读更好听，更符合女性身份。语音性别差异的另一方面体现在语调上。有学者研究指出，女性在表达礼貌和惊讶时所用的语调与男性是有差异的。女性在对一个问句做出陈述性回答时，常用升调，而不是用降调。另外，女性常常在句末用低升调以表现出她们对所陈述的内容的不自信，想继续征询他人意见的想法。相反，男性则常常在句末用高降调，以表现出他们的果断和坚定。

"交际"是语言最重要的功能，它绝不是"说出你的想法"那么简单，你"怎么表达出你的想法"才是至关重要的，而怎么表达和怎么理解语言深受文化的制约和影响。所有的交流都包括两方面：言语发出者和言语接收者。言语发出者将他想表达的意思用话语（语言）传达出来，言语接收者会根据自己的知识和期望值来理解言语发出者的言语信息。在一个特定的社会背景下，男性和女性被赋予不同程度的权利和认可。一般来说，文化模式或社会标准是与男性的价值观相吻合的。男性和女性不同的社会地位、对世界的看法和思维方式会直接影响和决定他们的交际方式，这种不同的交际方式很大程度上会决定他们成年后的语言表达与理解方式。国外有学者研究指出："男人和女人是在两种不同的亚文化中长大成人的。"实验表明：儿童自 5—6 岁开始就逐渐显示出男女说话的某些差异。他们在玩耍过程中学习和学会了与人交流方式。男孩和女孩交际时最大的不同是女孩通常用语言来表达"亲近"，来建立亲密的关系；而男孩通常是通过语言的表达来显示自己的能力，建立自己在同伴中的地位。如男孩就常用祈使句，以此展示自己的知识和能力。男孩和女孩的这种不同的说话方式在他们成年过程中不断地得到强化，从而逐渐形成他们不同的语言表达方式和理解方式。所以，在决定做什么的时候，女孩经常会提出建议，以此来平衡自己和其他同伴的需求。女性常会使用表示"协商"和"建议"的疑问句，如：

（1）Let's do something, shall we?
（2）How about doing something?
（3）Why not do something?
（4）Do you think we should do something?
（5）Shall we do something?
（6）Why don't we do something?
（7）Have you thought about doing something?

有时还常在陈述句后面加上一个反问句。如："They caught the robber last week, didn't they?"另外，女性比男性使用不肯定句型的机会更多，致使她们的谈话中"I guess…""I think…"等的出现频率较高。汉语中也有类似的例子。如女性往往不直接说"这事你能办"

而是说:"这事你能办,是吗?"

女性对于语气词的使用也更加频繁。如语气词"吧",一般出现在句尾,表示半信半疑。北京的女青年常把"吧"用于句子中间,如"昨天吧,我看的那个电影吧,真叫棒""我跟你说吧,那件事吧,你一定得办"等等。社会语言学家曹志耘曾对口述实录文学《北京人》中的语气词的使用频率做了定量研究后发现,女性在疑问句和祈使句中使用"啊、吧、呢、吗"等语气词的频率明显高于男性。

在话题的选择方面,在日常交谈中男性的话题通常是关于政治、生意经、体育等,而女性则常常谈论社交、家庭、吃喝、生活中的各种琐事等等。交谈中,男性常表现得比女性更直截了当,更注重说明事理;而女性的言语行为较男性更具感情浓厚、色彩含蓄、风格细腻、情调温和等独特的性别特色。在若日常交谈在男性和女性中进行,男性往往比女性说得多,显得更具主动性;男性的语气也不再是那么咄咄逼人,但男性常常会打断女性的话,常常以绝对的语气来陈述事件,表现出一种要掌控对话的趋势;与此同时,女性常常是"听"的角色,她们也不大提起关于家庭琐事类的话题,她们很少会打断男性的话,而是常常以提问的方式或"嗯"一类的词来鼓励男性继续说下去。

在语言的辅助系统方面,男性和女性也存在差异。如,女性不好意思时常用手捂脸,男性则多用手抓后脑勺;年轻女孩紧张时会用嘴吹气,高兴时会欢呼雀跃,受了委屈会噘嘴、扭腰,而小伙子要是也这样做会显得异常滑稽。在日常交谈中,男性手势用得更多些,女性则是面部表情,尤其是眼神更丰富些。

男性女性在语言上存在差异,究其根源,有生理原因,但更主要的是社会因素以及传统文化等因素的影响。

(一) 社会因素

社会语言学学者曾指出,性别与语言的关系在很大程度上是一个社会问题。在社会关系中,任何人的行为都是由其社会角色特点和地位所决定的。无论何种语言,都必须遵守语言的社会规律。法国女权主义者认为,语言不仅仅是命名、标志和交流的系统,而且是权力的场所。语言的使用反映出说话人和听话人之间的社会关系。由此可见,男性和女性在社会中不同的社会角色和社会地位是造成语言性别差异的重要因素。在言语交际中,男性往往显得更主动、更直截了当,更喜欢控制话题,并常常打断女性的话题,下结论时也比较绝对;相比之下,女性更多的是在用词和语气上比较委婉,常常扮演被动地"听"的角色。这些现象也是由男、女性别在社会中不同的地位造成的。人类跨入阶级社会以来,妇女一直处于从属、顺从的地位,男性是社会的统治者和主宰者。因此,男性这种权势(power)关系反映到语言中,则是他们的语体表现为一种权势和强势语言。而女性,由于其附属的地位、其弱者的心态,表现在语言上自然是比较踌躇、委婉和含蓄。

而男性、女性话题的不同也是由于他们在社会中不同的社会分工和社会角色所造成的。在传统的"男主外,女主内"的社会里,男性从事社会工作,他们谈话的内容自然往往是政治、时事和生意经。而女性则在家里操持家务,她们的谈话主题自然涉及社交、家庭、吃喝等私人领域。另外,由于女性肩负着养儿育女的职责,在教会孩子说话和待人接物的过程中，她们比男性更加意识到使用礼貌语言、规范语言的必要性。

（二）传统文化因素

在人类社会的发展进程中，男性和女性在社会中不同的社会分工、社会地位逐渐演变成了整个社会的文化模式。男性和女性从出生起就生活在一个不同的亚文化圈中。如，同样是哭声，人们会认为男婴哭是因为"生气、愤怒"，而女婴哭则是由于"害怕、恐惧"；男孩哭会被斥为"不像个男孩"，应该是"男儿有泪不轻弹"，女孩哭则会得到亲吻、爱抚和同情；人们送给女孩的玩具总是布娃娃、鲜花、发卡，而男孩的玩具就应该是枪、炮、飞机等；女孩从小就被教导"要有个女孩样"，而男孩若太安静就会被抱怨"咋像个女孩似的"。

在社会相对固定的文化模式中，不同的性别在进行社会化的过程中通过模仿学习获得一套与自己性别相适应的行为规范，并按照各自的性别角色来塑造自身的语言形象。反映到言语活动中，则是男性谈吐大方、直截了当、高声大气，而女性则言谈拘谨，轻声细气；男性言语粗鲁爽直，会被认为是"有男子汉气"，而若同样的言语行为表现在女性身上，则可能被斥为言语粗俗，"没有女人味"。北京的"女国音"现象，即一些女中学生说话细声细气，把舌面音发成近似齿音，或许就是因为齿音开口度小，似乎更符合社会对女性形象的要求。在话语方式上，女性则比男性更追求典雅、优美的语言风格，讲究用词的精心选择，句式的精心运用；在言语策略方面，则是女性较男性更遵循谈话的合作原则与礼貌原则等等。

小结：

从"剩女"谈起；从"女国音"说起；男性与女性语言产生差异的原因。

思考题：

1. 称谓语是如何体现性别文化的？
2. 男性和女性为什么会在话语上存在差异？

第十三讲
喜剧语言文化

"过年看春晚,贺岁看电影"成为 90 年代后期以来的一种文化消费习惯。而春晚中的焦点是赵本山的小品,贺岁电影的棋手是冯小刚,他们已经成为中国大众文化的一种知名品牌。因此透过赵本山的喜剧小品与冯小刚的贺岁电影,我们可以探讨中国社会的很多文化现象。

一、小品与社会文化

小品当今较为流行,被称作语言艺术的一种表演形式,通过电视春晚 30 年的推广,这一新的表演形式空前火爆,被誉为广大观众精神生活里的"文化快餐"。一提到小品,不能不提的就是赵本山。赵本山自 1990 年以小品《相亲》初次登上春晚舞台,早已从一个默默无名的民间艺人,成长为举国皆知的小品明星。"赵本山"这个品牌通过 20 多年的自我树立,早已成为当代娱乐文化界一个备受瞩目的文化现象。

(一)"农民形象"和"农民幽默"

"东北农村大爷"的形象是赵本山的标志性装扮,他总以一个土得掉渣的北方农民形象——戴着乡村干部的鸭舌帽,倒背双手,迈着高低不平的步伐,煞有介事地走进观众们的视线……"农民"成为了"赵本山"的一个符号象征,他浓郁的乡土气息不仅带给生活在城市的人们新鲜感,而且让农村的人们感到亲切。赵本山本人也十分坚定地认同自己的农民身份,他多次借小品自白:"咱到哪都不能忘了自己是个农民,不能丢掉农民的本色!"

在赵本山的诸多经典春晚小品中，带有浓厚赵氏幽默的"农民语言"也是赵本山小品受到观众追捧的重要原因：在春晚小品中，赵本山演绎的"黑土"对于"昨天，今天，明天"做了这样的诠释："昨天，在家住了一宿。今天，上这儿来了。明天，回去。谢谢。"农民的朴实与憨厚就生动地展现在这几句台词中。《不差钱》中的"这个可以有""这个真没有"，也成为了 2009 年的春晚制造的流行语之一。长期保持的"农民形象"和"农民幽默"，是赵本山小品和赵本山电视剧的"招牌菜"，观众对这些符号化的娱乐元素一直乐此不疲。从"白云黑土系列"到与范伟合作的"忽悠三部曲系列"，以及《不差钱》中的"东北农民形象"，都成为当年"央视春晚"制造的社会热点。赵本山凭借他带有东北农村气息的原生态表演和语言幽默，征服了从农村到城市的众多电视观众。

（二）"草根特性"和"东北印象"

从赵本山的小品到电视剧，"二人转"是不可或缺的元素。赵本山所推崇的东北"二人转"，带有着浓厚的东本草根文化的特征。但赵本山就是通过"二人转"这种俗气和土气的草根特性，让其小品和电视剧呈现出浓郁乡土特色的个性，吸引着众多从未接触过乡土的城市年轻观众，以及怀旧情结浓厚的都市老年群体。"东北话""东北生活习俗"和"东北民俗"，都是赵本山小品中永恒的东北元素，这些"东北符号"也逐渐成为赵本山小品中符号化的"东北印象"。

其中原汁原味的东北方言是赵本山小品的标识。方言是某一地区居民共同使用的语言实体，是地域文化的言说方式。东北地区苍远辽阔的自然环境、东北人民自给自足的生产生活方式、东北人直率幽默的性格以及文化心理特征催生了形象生动、富于节奏感的东北方言。

赵本山的小品大量运用了东北方言，引人注意的是，东北方言的存在不但没有成为引起观众共鸣的障碍，反而起到了锦上添花的效果，甚至很多东北词汇进入了人们的交际领域，如"忽悠"。

东北方言隶属于我国七大方言区之一的北方方言，它接近普通话，这也成为观众们理解和欣赏小品的基础。赵本山小品中东北方言在语音上同普通话的细微差别使小品语言拥有了不一样的亲切和俏皮。东北话中，不少词的后面都带有儿化音。在赵本山的小品中这一特点很鲜明。人物名字后面有儿化音。《相亲》中的徐老蔫儿、马丫儿；《小九老乐》中的小九儿、老乐儿；《牛大叔提干》中的老牛头儿；《红高粱模特队》中的小辣椒儿；《拜年》中的小范儿等。独白和对白中也有儿化音。赵本山成名作《相亲》中徐老蔫开场就有一段独白："你说我儿子净整这格路事儿，让我这当爹的替他相媳妇儿。你说现在都啥年代了，我这当老人的跟着掺和啥劲儿？我说不来吧，他就跟我怄气儿。俺那孩子哪点儿都好，就是有点儿驴脾气儿。这也不怪他，我也这味儿。等一会儿姑娘来了，我把信一交就算完事儿。"像这样的对话在东北日常生活中十分常见，这些都给观众留下深刻印象。儿化音的参与既朴实、直率、不做作，又让语言生动、活泼、韵律化十足、琅琅上口。

此外东北方言中有一些特殊发音，如把"kè（客）"读成"qiě"。《策划》中，宋丹丹说："儿媳妇，整俩硬菜！家里来客（qiě）了啊！""来客（qiě）了"是东北常用的说法，亲近

又透着热乎劲。再如把"sè（色）"读成"sǎir"。当前一个字是某种颜色时，"色"在部分东北地区习惯性的读成"sǎir"。"颜色"的"色"仍读颜"sè"，但"红色"读成"红 sǎir"，"蓝色"读成"蓝 sǎir"……比如《送水工》中，赵本山说："你看我这命，整个帽子还是绿色（sǎir）的。"

小品中大量使用日常生活中的词汇，充满了东北乡土文化的幽默，极具张力与感染力，包袱多，喜剧效果强。东北方言常打比方来说事儿，顺口溜、打油诗、歇后语等顺手拈来，或语带双关，或画龙点睛，起到了形象生动幽默的喜剧效果。比如《火炬手》中，宋丹丹说："怎么的，你这是要起义咋的？"是说老伴黑土不听指挥。尤其一些歇后语的运用更有画龙点睛的效果。《老拜年》中，阎淑萍说："你瞅你这个样儿！你小家雀儿落电线杆了——玩意儿不大，架子不小；高压锅煮鸭子——你是肉烂嘴不烂；老母猪戴口罩——还挺重视这张老脸的。"把赵本山饰演的角色好面子的性格刻画得活灵活现，集中体现了东北语言幽默、风趣的特点。

（三）海外遭遇滑铁卢

就是这样一个在中国备受瞩目的国宝级表演大师，2008年率团访美，威风凛凛，踌躇满志，誓以中国草根文化征服美国的牛仔文明。一路上，广告大噪，声名远扬，票价水涨船高，华裔趋之若鹜。但意想不到的是，美国人不买帐，落得一身骂名，甚至惹上了法律纠纷。

原因何在？赵本山的节目多以喜剧性的调侃和模仿残疾人、迟钝人、口吃人、肥胖人为笑料名传中国，家喻户晓。在中国责难他的人不多，于是，他越调侃，越受欢迎，越模仿得维妙维肖，越赢得热烈掌声。但美国的文化则不同，美国是一个讲究人权、追崇平等、抵制和反对任何种族和生理歧视的国家，对任何人以任何形式的歧视和取笑，特别是对残疾人和智力迟钝者不敬不尊的言谈举止，自然而然地受到美国绝大多数人的强烈反对和坚决拒绝。再佳的艺术形式和效果也会遭到排斥。对赵本山"歧视残疾人"的指控竟然闹上了法庭。排山倒海的批判和质疑，瞬间千夫直指赵本山本人。

纽约某位知名作家曾撰文："赵本山的节目内容庸俗，言辞粗鄙，却能够红遍中国的大江南北，创造天文数字的票房价值，而赵本山本人则成为春节晚会的台柱，十几年如一日。究其原因，赵本山是今日中国转型社会的产物。今日中国，大众的艺术趣味、精神境界处在一个摸索阶段，排斥严肃文化。赵本山顺势开历史倒车，将旧中国街头地摊的噱头找回来，奉为至宝，以插科打诨为能事。这样一个活宝，却成为观众的宠儿！呜呼！"

纽约某执业律师更直接说："在赵本山的演出之后，我接了很多电话，很多人抗议他的演出内容。我个人也有同感。比较第二天姜昆的演出，赵本山的内涵被批评得更多。赵本山的演出团队，演员上台一讽刺残疾人、二讽刺肥胖者、三讽刺精神病患者。他的演员模仿瘸子等残疾人，把自己的欢乐建立在别人的痛苦之上。我认为如果赵本山的团队不改变内容，就不应该再出国了。因为这种演出放在主流社会，演出厅门口会聚集很多残疾人和肥胖者抗议。再看姜昆带来的中国广播艺术团，同样是逗笑说唱，内容正派积极向上。这真是不比不知道，一比吓一跳。"

在国内受亿万观众追捧的本山大叔，居然在美国遭遇滑铁卢，甚至还背上了侮辱残疾人的罪名。原因何在？

小品，是艺术，更是文化。文化具体地说就是人类生活的反映，活动的记录，历史的积沉；是人类的高级精神生活，是人类思想和理论的核心，即对伦理、道德、秩序、准则的遵循。小品不能脱离使人获得愉悦的具体形象，更不能脱离这个文化核心，只有遵循这个核心，才能称作语言表演艺术、形成文化，才能使小品这道精神"文化快餐"经久不衰赢得广大观众。

中国的观众认可赵本山的小品文化属性，但美国人却在文化属性、精神属性上给它判了死刑。这说明文化不像科技那样随着合作可以以更快、更好的方式迅速地与国际接轨。文化的传播和渗透是一项浩大而漫长的工程，它是一个历史积淀，带有时间性、独特性和排他性，中国人民希望自己视为国宝的华夏文化走出国门，去影响和引领世界。但是，中国特有的民族文化该如何走向世界，又该如何与世界他种文化接轨？小品大王赵本山的美国之行所遭遇的抵制，令人深思。中国的就是世界的，在文化走出国门这一点上，我们一直秉承着这样一个理念。但事实是，中国的，未必就是世界的。让中国文化打进美国乃至世界，诸如此类的口号经久不衰，但现实却血淋淋地摆在我们面前：中国文化，需要认真思考，该把自己什么样的文化拿出去让别人欣赏。

二、贺岁片中的语言文化现象

电影是一种传达文化的介质，不同民族地域的电影可以向观众表现不同的文化，并受其文化根深蒂固的影响。其中的"贺岁片"这一说法是由素有"东方好莱坞"之称的香港传入内地的。所谓贺岁片，是指在元旦、春节期间上映的电影。寻求欢乐和放松，是观众在逢年过节尤其是春节期间普遍的心理需求，这就决定了贺岁片的风格：轻松、幽默，具有强烈的观赏性和娱乐性。因此其题材多与百姓节日期间喜庆、祝福的生活与习俗相关，形式多是娱乐性、消遣性较强的喜剧片和动作片。

提到中国内地的喜剧贺岁电影，就不能不提到冯小刚，他是贺岁片的创造者之一，也是贡献卓越的导演之一。1998年初，冯小刚导演的贺岁片《甲方乙方》亮相北京，这部讲述梦想与现实之间可怜又可笑的矛盾的贺岁片备受国人喜爱。1999年初，尝到"贺岁"甜头的冯小刚再度推出贺岁片《不见不散》。2000年初，冯小刚导演的第三部贺岁片《没完没了》出炉。2002年初贺岁片《大腕》也取得了很好的票房成绩。投资巨大、阵容强大、故事新颖让众多观众再次对电影充满了好奇，不仅可以大饱眼福，也可以在年底品尝一次盛大的精神大餐。有人评价说"冯小刚的电影将当下中国普通人的梦想和尴尬都做了喜剧化改造。所采用的幽默、滑稽、嬉闹的传统喜剧形态，最终将中国百姓在现实境遇中所感受到的种种无奈、困惑、期盼和愤怒都化作了相视一笑。"

（一）冯氏喜剧贺岁片成为流行语的摇篮

"冯式幽默"是冯小刚贺岁电影的语言艺术中的最大特色。我们总是对电影中的经典台词久久不能忘怀。影片中的语言在给观众带来欢笑的同时也给观众带来了思考。在让观众得到娱乐的同时也使观众受到了一些启迪，甚至是教育。从1998年至今，冯式贺岁片已经成为流行语的摇篮，每部贺岁片，必有一句流行语。如：

打死也不说。(《甲方乙方》)
只买贵的，不买对的。(《大腕》)
做人要厚道！(《手机》)
21世纪什么最贵？人才！(《天下无贼》)
非诚勿扰。(《非诚勿扰》)

流行语是社会中一种独特的流行现象，最能敏锐地反映时代和社会心理的变迁，它与新的社会现象密不可分，从一个特定的角度表达着人们的价值观和文化心态。人类进入21世纪以来，随着社会经济文化生活节奏的加快，流行语也正在以前所未有的速度涌现，更新越来越快。语言是社会的镜像。流行语，作为在某一时期、某一地域中出现的、广为流行的词语，无非是社会经济文化生活中最受人关注的事件、现象，在人们语言中的折射。语言又是人们思想和情感的流露。流行语作为一种时尚的符号表征，最能敏锐反映时代和社会心理的变迁，反映着当代社会时局与人们文化心态的变化。"不求最好，但求最贵。"——这句冯小刚贺岁片《大腕》中的经典台词，早已成为大众流行语，而影片本身通过一个在太庙举行的虚拟的葬礼"秀"，透视当今各种政治"秀"、经济"秀"、文化"秀"的滑稽本质。

冯小刚贺岁片之所以成为流行语的摇篮，一个很重要的原因就是影片中夹杂有简洁的京味调侃与各地方言。京味幽默是冯小刚对中国贺岁电影的最大贡献之一。在冯小刚最卖座的几部影片中，他将市民气十足的北京方言的幽默特质发挥到了极致，成为冯式贺岁电影最具特色的标志和百试不爽的促销手段。在其电影大段大段的对话场景中，人物操着满口的北京方言，谈论的内容丰富多彩，从流行文化到就业问题，什么时髦有什么，当代社会的热点问题尽在其中。

冯氏贺岁片中对台词的锤炼是非常用心的，层出不穷的经典台词很快成为时下的流行语。《天下无贼》中黎叔对两个小强盗很不屑地说："我最烦你们丫这帮打劫的，一点技术含量也没有！"这是最为典型的京味调侃式幽默。《手机》中费墨先生用四川口音说："20多年都睡在一张床上，的确有些审美疲劳。"这堪称描写中年男女婚姻感受的精辟妙语，相信有无数个中国家庭在听过之后都会做一番深刻的思考。"审美疲劳"原本是美学术语。具体表现为对审美对象的兴奋减弱，不再产生较强的美感，甚至对对象表示厌弃，现指在生活中对任何人或任何事物失去兴趣，甚至产生厌烦、厌倦或麻木不仁的感觉。"审美疲劳"是随着中国导演冯小刚2003年底在贺岁片《手机》中的点睛妙用，而迅速成为2004年不少人嘴里时髦的口头禅和流行语的，以致许多人动辄就说"审美疲劳"。

冯小刚早期的贺岁电影把北京方言表现得淋漓尽致，在之后的《手机》《天下无贼》等影片中也引入了其他一些方言。如《手机》中的河南方言和四川方言，《天下无贼》中更有河南方言、陕西方言和东北方言等。方言的运用增强了影片的真实感，扩大了欣赏范围，也直接参与到幽默情景中来，带有特殊的审美韵味。《手机》中费墨先生那句带有四川口音的"做人要厚道"，在社会上广为流传，并引起了很大的反响。冯小刚在运用方言制造幽默时"度"的把握是比较成功的。他注重方言的韵味与简洁，而不求逼真，让观众能接近听懂，不至于产生表意上的阻碍。

（二）冯氏贺岁片的喜剧风格的语言对白

贺岁片，顾名思义是为了迎接新春的到来。中国人对节日的热情是很浓烈的，贺岁片借助了节日效应，烘托了节日气氛，以喜剧的形式突出了浓郁的中国特色和民族风格。"喜剧片，顾名思义就是那些能够制造快乐的影片。""老百姓爱看喜剧片。喜剧情节寓庄于谐；喜剧表演给人快乐；戏剧造型创造视觉愉悦；喜剧语言在笑声中引人思考。"

冯小刚贺岁影片喜剧风格的形成，离不开影片中或机智、或诙谐、或奇妙、或精辟、或灵动的人物性格，其中还夹杂着讽刺和调侃的对白。《甲方乙方》中具有戏谑性质的一句话是"打死我也不说"。在《不见不散》中，当刘元与李清在美国初次见面时，他模仿美国腔跟李清说整脚的普通话——"我叫霍华德，欢迎你们到我们美国来，你们中国的菜很好吃"，明显具有逗乐和游戏性质。《没完没了》中，巧妙地利用汉语"人全"与"人权"同音，跟当事人、也跟观众开了一次玩笑，具有戏谑性质。还有影片中阮大伟多次接电话时那夸张的、一连串的没完没了的"OK-OK-OK……"《手机》中严守一在开策划会中尝试去还原一个同事接电话时一连串单音节的对白，原本几个简单的语气助词"嗨啊噢嗯"，经过严守一活灵活现地模拟与还原，真可谓妙趣横生，让人笑开怀。还有《不见不散》中的河南俚语"吃着碗里的，看着锅里的"；《没完没了》中的港台流行语"搞掂""马子""伟哥"；《手机》中的方言俗语，诸如费墨的"做人要厚道""坐而论道"、牛三哥的"俺这个脸算要掉在地上了"等都明显带有取笑、逗乐的意味，使影片的叙事在一片轻松和诙谐中进行。对冯小刚的贺岁影片来说，语言是其中最重要的喜剧元素，极大地强化了电影的喜剧色彩。这种喜剧性的表达不仅仅是文字的幽默，更是引发人们在笑声中获得对现实生存状态，特别是某些困境、困惑、无奈、无助、忧虑、忧伤等的暂时摆脱和超越，甚至营造一种轻松心境来品味人生。

（三）大众化、平民化的文化视角

冯小刚刻画的人物形象大都是我们在日常生活中随处可见的普通人，他们身上有我们所常见的悲欢离合，他们的日常生活呈现在一种悲喜剧的状态之中，是一种日常生活的悲喜剧。选材上的特点使得冯小刚的贺岁片具有明显的平民化、大众化的韵味。"'平民化'意味着影视创作在内容、题材、主题选择上的贴近（贴近生活、贴近观众）性，在创作视角、表现视角、叙述视角上的平民意识及在创作心态上的平民意识。"这种大众化、平民化在冯小刚的贺岁电影中得到了突出的体现。广大观众可以在他的影片中找到一种自我的投射。他们可以想象认识这样的人，甚至可以想象他就是我们自己，可以想象这样的故事就

发生在我们身边。

中国观众对"大众化"贺岁影片的情有独钟,并非一朝一夕,是深受民族文化心理影响的结果。对于许多百姓而言,他们所关注的,或许并非恢宏的场面,震慑人心的故事题材,许多以普通民众的真实生活为蓝本的电影可能会更加深入人心。

冯小刚的电影正是抓住观众的这种心理,以小人物的生活为写照,在人们获得开怀大笑之余,似乎还留下一些回味、一种似曾相识的亲切感以及一种被人理解的满足感。

(四)中国式温暖文化内涵的传达

电影既是文化的载体,也是文化的产物。每一部电影,无论是拍摄手法还是题材内容,都向受众传达了某些文化理念。

冯小刚的电影,多是"假定性很强的故事,与现实生活挂钩,表达普通人的梦想"。影片的题材,无论是反映现代都市生活,还是表现市井平民的精神状态,总给人生活中最真实的温暖。影片是对社会当下与百姓普遍心态的关注,是对真诚与和谐的热忱呼唤,表现了都市普通人群的生活现状以及情感诉求,把生活中的矛盾、冲突、不如意、不和谐,虚化地再造为和谐、如意、完美,这种想象性的满足,成就了观众心理上的释放和慰藉,并折射出对人性当下和未来走向的关注,也反映了对人性真善美的呼唤与企盼。

最根本的,冯小刚贺岁电影在一定程度上都洋溢着温暖,不论是在亲情、友情、爱情上的刻画,都极尽表现普通人流露出的真情,总能让观众回味余久,津津乐道。这种"中国式"的温暖正是让观众青睐冯氏电影的重要因素之一。在这典型的"中国式"温暖中,宁静的情感氛围必不可少。冯氏电影的情感氛围总是恬静和谐的,他将中国传统农业文化中舒缓、温馨的一面融入城市生活中。如《甲方乙方》中,具有民族特色的四合院、略显破旧的乡村土房,人们休息玩耍的公园,抑或是现代化的交通工具公共汽车,都丝毫不会让观众感受到都市的喧嚣繁杂。《不见不散》以美国为背景,其中优美迷人的异国风光,从容流畅的镜头调度,再加上淡淡的乡村音乐,都具有东方质朴散淡的抒情特点。《天下无贼》选取了地方色彩浓厚的西藏作为叙述背景,在布达拉宫广场圣地的偷窃场面中,清淡的民族音乐、优美流畅的舞蹈式打斗动作,完全消除了影片的暴力性。

现代都市市民最朴实、最平凡的情感欲望,如浓厚无私的亲情,也是"中国式"温暖的重要表现手法。在深受"孝、悌"等儒家思想影响的中国人眼里,"亲情"一直占有举足轻重的地位。在《手机》中,严守一从小由奶奶照顾抚养,因而他和奶奶的祖孙情也非同寻常。严守一的奶奶在临终前都是牵挂着自己的孙子、重孙,还有文娟。句句不离她的亲人,字字渗透着浓浓的亲情。起丧的情节更是催人泪下,路之信那响彻严家庄的一声"起丧",文娟那悲痛欲绝的一声"奶奶",所有治丧人员不由自主跪下的同时,是观众不能自已的泪水。亲情在这一刻被升华到极点。同样的,《唐山大地震》抓准了中国观众的民族文化心理——重亲情、重人伦的传统美德,对国人重新进行了一次心灵的洗礼、道德的唤醒、精神的救赎。

除了不容忽视的亲情,能够感染观众的"中国式"温暖还在于朴实醇厚的人文风情。在《天下无贼》中,一对唯利是图的窃贼偶遇淳朴的打工少年,经过一番心灵挣扎后改邪归正，转变为与盗窃集团头子拼死搏斗的英雄。观众被纯净善良的灵魂所感动，被盗贼夫妻的壮举所震撼。一部90分钟的电影就将"天下无贼"这样一个中国人自古就梦寐以求的乌托邦搬上银幕，让观众感觉到了一种带着人文主义情怀的意蕴。

从许多冯氏贺岁片的细节中，观众能够品味出人与人之间的"爱"，而这种中式人情味大都是可以在仁爱、兼爱等几大主要哲学思想中寻找蛛丝马迹的。因此，在冯氏贺岁片中，观众也可以找到"中国式"温暖的许多文化原型。

儒家的仁爱，是一种血缘之爱。仁爱是一种高起点的爱，因为实际上我们对亲人对父母的爱总是要比他人多一点；仁爱是一种契合原始血缘冲动的情感之爱，它的起点是对特定人的一种冲动。儒家的"仁学"是建立在最切近人伦，最难摆脱的亲情之上，也非常能获得普通百姓的认同。冯氏电影《没完没了》里催人泪下的姐弟情，《一声叹息》里梁亚洲和女儿难以割舍的父女情，《手机》里严守一和奶奶的祖孙情，《唐山大地震》里方舟和妈妈的母女情，这些都是建立在儒家的仁爱思想基础之上的血浓于水的"亲情"。在今天看来，"仁爱"已经不仅仅局限于亲人之间的关爱，而是作为一种处理人与人之间关系的要素，"老吾老以及人之老，幼吾幼以及人之幼"，亲友之间，长幼之间，相识的不相识的人之间，彼此尊重，彼此友善，"让世界充满爱"。

墨家的兼爱，是一种普世之爱。他基于"人无幼长贵贱，皆天之臣也"而"天之兼爱天下"的基本信仰。兼爱乃是仰望天空的产物。从天上到人间，近墨者认为：兼爱指的是我们对每一个陌生人应该有的那种"爱"。这种对陌生人都有的爱同样在冯氏贺岁片中得到反映：《天下无贼》中，年轻的贼夫妻对淳朴的陌生人傻根一路护航（当然不排除其他因素的影响）；《非诚勿扰》中，秦奋也只是跟笑笑有一面之缘，便对在飞机上遇到麻烦的笑笑慷慨出手；《集结号》中，战友对踩中地雷的二斗不离不弃，全力营救。

除了上述由于历史道德演变而形成的民族文化底蕴为中式温暖奠定基础以外，中国人的基本精神——"中庸"也蕴含在"中国式"温暖之中。冯氏电影中人物的情感特质及命运归宿都颇具"中庸"之道。在《不见不散》《一声叹息》《手机》《非诚勿扰》等影片中，主人公要么好事多磨，要么破镜重圆，总之观众在山重水复后，都能看到一个柳暗花明的结局。《非诚勿扰》里面有句经典台词："21世纪什么最贵？和谐。"中国传统文化的主干正是"和谐"，这种和谐的思想和文化精神对于当今社会有较强的现实意义。

三、相声的语言幽默特色

相声是一种喜剧风格的语言表演艺术，有着百余年的发展历史，"没有任何一种艺术形式，像相声那样地把语言当作生命"。相声以幽默诙谐的语言，褒贬生活，把现实生活中具有喜剧因素的"笑料"通过艺术手段组织成"包袱"，构成相声作品，娱乐观众，获得艺术效果。

细数近年的娱乐圈人物，郭德纲无疑是一个备受瞩目的话题。从惨淡经营到万人空巷，

这位草根英雄演绎了落魄艺人青云直上的江湖传奇。在相声艺术日益边缘化的今天,他和他的"德云社"却在一夜之间红透了大半个中国。"郭德纲"从一个人名一举变成名人,既是大小媒体宣传热炒的赫赫战功,更是他自身厚积薄发,活力四射的个性化语言所带来的必然结果。

(一) 旧瓶新酒

"纸扇长,醒木方,穿大褂,站桌旁。"郭德纲是传统的代言人。他说:"由打清末到现在一百多年,这么多老先生,把中国语言里边能够构成'包袱'笑料的技巧都提炼出来摆在这儿了,你无论说什么笑话儿,这里边能给你找出来,你用的是这个方法,你用的是这个方法……"郭氏相声的语言手法正是与老先生们的作品异曲同工,一脉相承。

1. 张冠李戴

汉语的语义丰富多彩。相声演员们便常常借此机会巧设陷阱,趁乱把老张的帽子胡乱扣到老李头上,利用误会,双关顺推成趣。如:

(一只狗趁理发师工作之际叼跑了放在一边的饼。)
甲:完了,我这头算给狗剃了!
乙:说什么?怨不得剃着剃着加了劲儿哪,噢,拿我当狗?(传统相声《理发》)

2. 移花接木

利用仿拟辞格修改名篇佳句,制造喜剧效果。如:

鸡蛋诚可贵,鸭蛋价更高。若买松花蛋,还得加五毛。(姜昆《特大新闻》)
床前明月光,疑是地上霜。举头望明月,我是郭德纲。(郭德纲《定场诗》)

3. 夸夸其谈

极言其辞,让夸张膨胀到荒诞的境地,这是相声"包袱"的传统语言策略。当年侯宝林先生用"谁带着发电机"形容呼噜之响的段子可谓是其中的经典。作为传统相声的继承者,郭德纲更是将这种方法发挥得淋漓尽致。如:

一个小孩,会七八国外国话,跟八国联军坐在一块儿对着骂街都不重样儿。(郭德纲《论五十年相声之现状》)

4. 超常搭配

将语义、语法上无法兼容的语言凑合在一起,使之从日常语言中脱颖而出,这也是传统的技法。如:

您这呼打得可够呛啊!"……这郭老还谦虚呢:嗯,打不好瞎打!"(侯宝林《打

不好瞎打》）

  郭：我是梆子表演艺术家。
  李：是啊。
  郭：我都艺术家一个多礼拜了。（郭德纲、李菁《日本梆子》）

5. 言是若非

用模糊的语言回避实质性的问题，是相声艺术的传统绝技，也是郭借题发挥，抓取笑点的手段之一。如：

  搞对象必须本人出席，派代表不行。（侯宝林《婚姻与迷信》）
  这老太太这精气神儿，这气势啊，准能活到死。（郭德纲《大上寿》）

从对比中，我们不难看出，郭德纲十分善于打通传统，古为今用，以既有的方法打造新时代的"包袱"。传统是郭氏相声的源泉；而海纳百川，吐故纳新则是其精髓所在。郭氏相声不是对传统的简单复制与粘贴，而是到处弥漫着欢快自由的现代精神。时政要闻，社会风尚，家长里短，郭德纲事事关心。"神六""禽流感""超级女生""奥运"这些流行语频繁地出入于他的"包袱"当中，就像是旧瓶中的新酒，霓虹灯映照下的北京城墙，别有一番韵味。

（二）充满讽刺

相声历来有重讽刺的传统。牛群的相声，"领导，冒号"是多么地大快人心！而郭德纲也在一定程度上复兴讽刺这一传统，快人快语，直言不讳地抨击了许多社会现实。如：

  郭：现如今不光是相声界，我们这个社会充斥的假的东西太多。
  张：是啊？
  郭：抽假烟，喝假酒。
  张：瞧瞧。
  郭：看假球，听假唱。
  张：呵！
  郭：穿假名牌儿，戴一假头套。
  张：呵！
  郭：天底下就王八是真的，还叫甲鱼。（郭德纲、张文顺《论五十年相声之现状》）

再比如：

  守法朝朝忧闷，强梁夜夜欢歌，损人利己骑马骡，正直公平挨饿。修桥补路瞎眼，杀人放火儿多，我到西天问我佛，佛说：我也没辙！（郭德纲《定场诗》）

  郭：这演员为了上电视，都跟导演睡觉去。……你们女演员都睡觉去了，我们男演员可怎么办哪？这女导演太少了这个。(郭德纲、于谦《我要上春晚》)

  嬉笑怒骂之间，城市生活的喧嚣无奈，娱乐战线的荒唐丑闻暴露无遗。由此不难看出，郭德纲不仅能说会道，而且敢说敢道。
  郭德纲点评天下大事的"法宝"有时还采用"否定包袱"的方式，大量借助了否定副词"不"。如：

  郭：营养液，不一定真有营养。卫生间不一定卫生。上洗浴的不一定是为了洗澡。上歌厅的不一定为了唱歌。留长头发不一定是姑娘。剃一光头，不一定都是老爷们儿。(郭德纲、张文顺《论五十年相声之现状》)

  几个"不"字，道出了社会的种种现实。

(三) 平易近人

  郭德纲的相声讲述的是"老百姓自己的故事"，他的语言则是来自民间的声音。"包袱"里装着的，都是人民大众耳熟能详的，最草根的日常生活。如：

  "大哥，要盘吗？"(郭德纲《色即是空》)
  今天后台，就我开车来的，不过我那车啊，最近有点毛病，提速有点儿慢。开始呀，我以为是化油器脏了呢，一检查啊才知道，是脚蹬子掉了。(郭德纲《梦中婚》)

  综上所述，师承传统又有所创新，嬉笑怒骂直言不讳，用平易近人的语言把柴米油盐、喜怒哀乐和市井民俗都装进包袱里，这就是相声的语言魅力所在。

小结：

  小品与社会文化；贺岁片中的语言文化现象；相声语言。

思考题：

  1. 谈谈你对小品中的社会文化的认识。
  2. 贺岁片能反映哪些语言文化现象？
  3. 相声语言的魅力表现在什么地方？

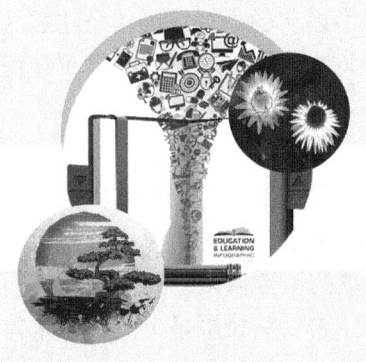

第十四讲
新媒体与语言文化

一、手机短信与拇指文化

在街头、校园随时可以看见这种景象：年轻人边走路边全神贯注其手机，并不断用大拇指按手机键盘，因此有人将其定义为"拇指文化时代"。

随着互联网络、通信技术的不断发展，一个崭新的"e时代"向我们走来。它改变了我们以往的生活方式，使得信息交流和沟通变得快捷且趋向多元化，由此应运而生一种新型的文化——拇指文化。所谓拇指文化，泛指用手机（现在也可以在网络上进行操作）编写或接收的短信息并保存下来或进而加以传播的内容。拇指文化所营造的这种新的信息传播和交流方式，是交际手段上的革新，同时它所带来的也是交际观念的更新，并由此带动语言特点的变化，可以说手机短信如今正悄然进入并影响着我们的语言生活。

据中国工业和信息化部发布的最新通信业运行报告显示，2014年全国移动电话用户已达12.7亿人次，而这个数字每年还在以一定的速度快速稳定地增长。短信作为一种新的沟通方式，集文字、图片、符号、声音于一身，作为一个兼容并蓄的文化容器已经深入人们的日常生活。越来越多的人正通过短消息传递炽热的情感，张扬鲜明的个性，交流对社会现象的看法。而精悍的短信语言恰恰浓缩了一个时代的特征，从一个侧面反映出人们生活态度和生活方式的变迁。作为一种正蓬勃兴起的语言模式，短信语体的文字活泼、自由、亲切、幽默，特别贴近生活，同时却又鱼龙混杂，泥沙俱下，但不管是让人欢喜还是让人

忧，它都以一种不可抗拒的姿态证明着自己的存在，这不能不引起人们的关注和思考。

（一）短信语体的特征

弹指之间，一条短信便诞生了。穿越时间和空间的阻隔，拇指一族的沟通跨越障碍，既没有电话语音交流转瞬即逝的缺憾，也不需像书信往来般字斟句酌。短信语体是随意而快捷的，70个字里峰回路转（目前一般手机短信的最大容量均为70个汉字），因而也使得短信语言异彩纷呈，花样迭出。

1. **追求便捷，言语简略**

短信，顾名思义为短的信息，无论是中文字符还是英文字符都受字数限制，因此，短信语言总是力求言简意赅。另外，由于输入汉字的方式不同，人们或喜用五笔，或喜用全拼、智能ABC，无论哪种输入方式，都希望减少按手机键盘的次数以求缩短书写时间。短信交流是一种介乎书面交流和面对面交流之间的沟通方式，它以手机屏幕上的符号来体现，但同时又是面对面的、即时的交流，所以强调快捷、简略。在短信语体中，语言的短促简捷代替了冗长晦涩，词汇量少、用词简单成为造句的基本规则，因而多短句，少修饰成分。

"今晚加班取消了，陪你逛街吧，OK？""O。"这是两个朋友之间的短信约会，"OK""O"在特定的语境里就表示"好吗？哦，好的。"这样简洁的语言符号双方既心领神会，又大大减少了发信时的按键次数，短信回应更是瞬间完成。

2. **混编、杂糅**

这点与网络语言相类同，短信语体中，语言有着不可思议的丰富和变幻的可能。汉语、数字、英文甚至拼音都可以无规则地杂糅使用，并由此而不断创造出符合或违反语法规则的新词、生词。这个特点其实也可以用一个字来概括：活。短信语言从这点来说完全是这个时尚的信息社会所孕育的一种新生代语言。在手机日益普及的这个时代，短信用户们为了提高输入速度，随心所欲或别出心裁地对一些汉语和英语词汇进行改造，自多媒体短信MMS服务推出以后，时尚一族更是可以对文字、图片、声音、符号等随意镶接，也可自由粘贴和插入，使得短信语言更活泼形象、生动且富于个性，因而异彩纷呈，让人大开眼界。

3. **语言风格幽默谐趣，富于娱乐精神**

短信是作为一种娱乐休闲的沟通方式出现的，因此幽默风趣是短信语体的常备特点。身处一个竞争越来越激烈的时代，现代人的生存压力越来越大，这种压力郁结于心，需要释放，需要发泄，更需要开怀大笑。对未来的美好设想，对轻松生活状态的期盼使中国人的幽默感与日俱增，这一特征在数以亿计充满个性的短消息中得以体现。收发短信的自由随意决定了语言的自由随意，短信的语言就是灵动的思绪，它借助于丰富的原材料，以一种不可思议的速度蔓延扩散。正如有人形容短信语言是一种不是密码的语言密码，是充满个人色彩和时代背景的密码，它创意丰富，令人联想翩跹。年轻人能够用短信语言这样安慰遭受挫折的朋友："如果感觉要哭，那就倒立。这样，原本要流出的眼泪，便会流不出来，你学会了吗？"亲朋好友之间这样互相调侃祝福："在新年来临之际希望你身体健康，永远快乐，快乐得就像炉子上的水壶一样，即使屁股烧得红红的，也依然快乐地吹着口哨，幸福地冒着鼻涕泡!"

4. 修辞手法多样

短信流行的一个重要原因也许是因为短信语言之生动形象。短信造句的趣味横生,独具我们民族的含蓄幽默,字里行间能准确生动地传达人与人之间的特殊感情。几乎所有的短信佳作都大量使用了谐音、比喻、拟人、对偶、借代、讽刺、双关、顶真等多种修辞手法,70字之内,将汉语的精髓发挥到极致,短信世界简直成了现代汉语的洋洋奇观。

还记得那年在树下军训吗?教练对同学们说:"第一排报数!"你惊讶地看着教练,教练又大声说了一遍:"报数!"于是,你极不情愿地转过身去抱住了树!("数"与"树"谐音)

每天都是这样:和乔丹打打球,和泰森玩玩拳,跟克林顿聊聊绯闻,与拉登炸炸楼,给小狗发发短信,真没劲!(讽刺)

6碰见9说:走两步就走两步呗,练什么道理啊;0碰见8说:胖就胖呗,还系什么裤腰带啊;7碰见2说:行了,别跪着了,再跪也不嫁给你;3碰见5说:几天没见,就隆胸了!(拟人)

8807701314520(数字谐音,意为:抱抱你亲亲你一生一世我爱你)

一个月亮一个你,二个影子我和你,三生有幸认识你,四个西施不如你。(数字排比)

我们可以肯定地说,短信语言将中国传统的修辞文化发挥到了极致,使人际交流的语言花样翻新,精彩纷呈。

(二)短信语言折射的社会文化内涵

短信语体的形成乃至风靡并不单纯是一种语言现象而已,它其实是人们在现代消费社会情境中,冲破语言的牢笼,反叛旧有的语言机制和思维方式时所形成的话语和符号系统,也即拇指文化演绎的是一种流行的社会文化现象,有其特定的社会文化内涵。

1. 手机短信演绎激情时尚,传达娱乐诱惑

有调查显示:对北京、上海、广州三地居民手机短信消费行为的调查结果表明:63.1%的被访者曾经使用手机向他人发送过短信,其中年轻人发送短信的比例高达89%。家庭主妇、办公一族、青年学子,成千上万的人群都在不断用拇指在不同的手机上按动,发送短信成了一种新兴的沟通、娱乐和生活方式,成为了一种具有特殊情趣的时尚。

无论是浓情蜜意的、含蓄婉约的还是诙谐幽默的短信都给现代人带来不同程度的心理愉悦。现代社会日趋程式化,人逐渐被社会这个大机器所异化,无可奈何地成为其附属物,个性难以尽情发挥,欲望受到克制压抑,因而在内心深处总是向往着自由丰富的情感,渴望着娱乐开怀,而短信正好给人们提供这样一个交流娱乐的平台,成了交流与沟通的最快捷方式。手机使用群体的年龄构成使短信语言带有鲜明的年轻特色,充满了朝气并富于反叛意识。

2. 手机短信承载丰富的文化内涵

短信被誉为第五媒体，短信也成为新民谣的载体。在这个历史悠久的东方古国，每个时代都有许多传诵于大江南北的民谣，它们借助个性化而又富有艺术性的民间语言反映时代变化与社会情绪。

有一则短消息借农民的眼光幽默描述了城市的变化：

俺刚吃上肉，你们(城里人)又吃菜了；俺刚娶上媳妇，你们又独身了；俺刚吃上糖，你们又开始尿糖了。

确如这条短消息所言，素食、独身以及糖尿病、高血压，这些都已经成为中国城市的流行词。

医院四花：排队挂号，头昏眼花；医生诊断，天女散花；药房收费，雾里看花；久治不愈，药费白花。

把医院的制度，治疗过程、收费、效果等批判得淋漓尽致。此类短信让你在轻松开怀之余不能不作一番思索。

短信与东方文化的特征相契合。短信让我们品味到了传统文化的独特韵味。中华民族历来以"礼仪之邦"享誉于世，对礼貌问题颇为注重，情感表达也素以委婉、含蓄著称。短信是不喜张扬的，比铃声大作的电话更有分寸，更为礼貌。短信给接信人很大的回旋余地与思考空间，弥补了电话过于直白和直接的不足。电话里不方便说的话，比如道歉、情话之类很难直接在口头表达的话都可以通过短信委婉地叙说。短信的这种传输方式，利用手机点对点的直接交流，使嘴里要说的话通过拇指表达了出来。另外，中文相对于其他语言，字形上显得更为紧凑，文字的简洁、字符所营造的意境都更适合短信时代的风韵。

我们民族的文化基因天然地与表达上委婉、含蓄的短信文化相融合，这或许正是中国的人均使用短信量明显高于世界水平，短信文化在中国异军突起的一个深层次原因。短信写手努力挖掘传统文学中的精华，充分汲取其丰富的文化底蕴和深厚内涵，巧妙地利用中国传统文学中的各种文学技巧，使得短信文化呈现出异彩纷呈、美不胜收的审美效果和愉悦功能。例如：

柔情似水，佳期如梦，忍顾鹊桥归路。两情若是久长时，又岂在朝朝暮暮。值此七夕佳节之际，谨祝天下有情人终成眷属！

利用北宋著名婉约派词人秦观脍炙人口的爱情名句，含蓄隽永，温情脉脉，表达得体，令人心旷神怡，会心一笑。

春度春归无限春，与君情谊慰我心。子期相遇奏流水，伯牙摔琴谢知音。叔牙荐贤思管仲，冯谖座客孟尝君。人生快意逢知己，愿乘春风俱更新。

此短信恰当地引用典故，表达了朋友之间的深情厚谊，令人感动。

短信文本既有对传统文学样式的借鉴、移植，又有对流行文化元素的借鉴、吸收，使它精细、雅致、时尚兼备，洋溢着浓郁的现代文化气息。例如：

2004年天气预报：你将遇到金钱雨，幸运风，友情雾，爱情露，健康云，顺利霜，美满雷，安全電，开心闪，此天气将会持续一整年！

这是巧借电视节目形式表达祝福，让人耳目一新。这完全得益于作者对这则短信处理技巧的高超，令人欣赏叹服短信文化对现代文化的成功改造。

"如果爱情可以分期付款，我要预约一份你的爱，用我的生命作抵押，一辈子的关怀作利息，用我的一生作偿还。

不管是不是你的原始股，情愿做你的潜力股，结婚以后变绩优股，绩优年年会分红。

投保：男朋友是准客户，老公是客户，结婚是签单，离婚是退保，再婚是续保，找老伴是加保。

借用银行、证券、保险等金融行业术语来描写爱情，反映婚姻状况，显得既幽默风趣，又独到深刻。

祝你在新的一年里，有棒棒的Body，满满的Money，多多的Happy，每天心情都Sunny，无忧无虑像个小Baby。

"Body（身体）""Money（金钱）""Happy（快乐）""Sunny（晴朗）"和"Baby（宝宝）"是英语语体的语言要素，被渗透到汉语语体的短信话语文本中，增添了手机短信用语的新奇性和时代性。

除了文化内涵，手机短信拥有技术层面的优势。只要是网络覆盖之处，手机短信的收发都极为方便和快捷，因此一个笑话或一则新闻都可以在最短时间里传播给成千上万的手机用户。你仅需一毛钱就可以给远在天涯海角的朋友亲人发去问候祝福，使之沐浴在你温暖的关爱里，既经济又实惠，何乐而不为呢？

语言文化十五讲

二、微博文化

技术发展与文化交流相辅相成,文化交流可以推动技术发展,技术发展反过来也以其成果来改造文化交流的方式。网络的诞生对文化的传播和交流有着革命性的意义,这个虚拟世界为委婉、不善口头表达自己的东方文化的传播提供了很好的工具,使互联网在中国这个土地上呈现出较强的生命力。据统计报告数据显示,截至 2011 年 6 月,我国互联网普及率已达 36.2%,超出全球平均覆盖水平,网民规模为 4.85 亿,其中手机网民的使用规模为 3.18 亿,其总体势头仍在增长。

2010 年"微博"这一词开始进入我国大众的视野,从 2010 年"你今天织'围脖'了吗?"这一时尚表达,演化为今天"你的微博账户是?"的问候方式的转化,可以说它正在逐步走入人们的生活和交流方式。微博(micro-blog),即微型博客。在微博这个互动平台的界面上,用户可发布 140 字符的信息或通过加载视频、图片、声音等信息,来表达自己的心情、陈述的观点和看法。微博可通过手机、QQ、E-mail(电子邮件)、Web(网页)等端口,随时更新自己主页的内容,同时可以通过关注、收听等方式查看别人微博更新的内容并可与其实时互动或与其"粉丝"进行互通,也可通过私信方式与关注者进行一对一的交流。在这里有"鸡毛蒜皮"的生活细节,有快速的新闻资讯,有个人的思想感悟等等。所用的语言口语化、混用网络用语、诙谐幽默,只需要把你当时的状态表述出来,其他网友就能回复并参与讨论。微博正是因其使用的简易、迅速,传播性快,互动性强,且老少皆宜的特点,在网民中迅速扩散开来,其使用者的数量也是急速增长,影响力甚是巨大。

微博起源于美国的 Twitter(汉译"推特")网站,在 2006 年推出了微博服务,最初阶段,这项服务只是用于向好友的手机发送文本信息,现已成为世界上最著名的微博网站,其用户分布于全世界,上至美国总统,下至黎民百姓,遍布于各个行业和领域。2007 年,中国开始出现微博服务,最早在我国出现的微博平台有"叽歪""饭否"等。2009 年 8 月"新浪微博"内测版上线,宣告我国微博时代的到来,这一年也被冠以称号"微博元年",它标志着微博已开始正式进入中文网络用户的视野。随后各大门户网站网易、搜狐、腾讯等也纷纷出台了自己的测试版,标志着我国"微博时代"的全面到来。2011 年 3 月初,新浪微博用户突破 1 亿大关,不久腾讯也宣告突破 1 亿,可以说微博在中国的这块土壤上得到了空前绝后的发展与壮大,微博日益成为一种社会文化,它所构建的群体和其构建人际关系的作用也具有显著的意义,利用好这一新兴交流工具,对促进我国文化的发展具有重要意义。

(一)微博的特点

1. **信息实时化**

微博成为了一种新兴的媒体形式,同时带来了一个"人人能发声、人人都可能被关注的时代"。由于微博终端渠道具有多样化的特征,信息传播与交流也变得更加便捷和实时化。它是一个人们一起互动的自下而上的网络传播过程,让每个人都成为"记者"也成为一个

"评论家"，它使得每个人都形成了一个"自媒体"，都可以用自己的微博来记录现场的动态变化并推出自己的见解和意见。由于其传播速度要远远快于传统的报刊、电视，乃至普通网络媒体，达到了信息传播的最快化。特别是对一些重大事件，微博比传统媒体的反应更为迅捷，更具有现时性，如 2011 年"7·23"动车事故，最先发出的信息还是来自于现场的微博，它比媒体稿件更快捷，更具有现场特质，这点是传统媒体所无法企及的。

2. 信息的精炼化与真实性

在信息爆炸的时代，因微博终端对字数设置有限制，如最常见的为 140 个字，这既是限制又是创新，它的约束在于必须用简短精炼的字句来表达最新状态和所要阐述的内容；它的创新在于因篇幅短，更具有可读性，可以灵活地传递暴增的多变信息。同时，一句话式的微博其灵活性在于编者可以不用花心思考虑语言逻辑关系、文章标题和段落的起承转合只需要把头脑中最原始的状态记录下来。它呈现的是最生活化、最真实的面目，可以是对时事的看法、读书的心得，可以是自己的工作、学习、生活中的喜事、担忧甚至是抱怨，这些因素使其成为网络社会中最为大众、亲民的平台。它已获得了广泛的群众基础，并不断地通过信息的传播改变着人们的价值观判断标准。

3. 信息碎片化与设置的多样化

由于 140 个字符所呈现的东西往往很有限，因此对于一件事情的整体把握上仍很欠缺，受众所了解的也仅仅只是其中的一个片段。同时因每个微博的经营者多呈现的是个人的生活琐碎或行业动态，或自认为有价值的新闻、视频、图片等，所以发布出的东西往往具有个人特色并且有极高的随意性。这些特点使微博在信息的传播上呈现出碎片化、个人化的特征。所用的语言也是更加的诙谐幽默，只需要你把当时的状态表述出来，然后就达到有人跟帖回复来分享这一内容的目的。

各类微博服务网站上，用户在界面设置上具有多样化的选择。以新浪微博为例，新浪对其微博用户实行了用户分类，如地产、娱乐、教育等。对于微博用户来说，用户可以根据自己所需来定制自己关注的内容，或者具体到某个人。而微博用户也可以自己设置如"@李开复"，即表示在你的微博中提到了"李开复"，在"李开复"上线之后，他会在自己的微博窗口中看到相关消息。另外也可通过设置而关注到一件事情如"#天宫一号"，即表示参与了这一话题，当有人检索到这一话题时即能检索到你的内容。此外微博用户除通过文字表达之外还可以通过多种形式表达自己的见解，如在其中插入图片或者视频等来表达自己的观点或者传递某一信息。

4. 信息的剧增化

微博的传播特征类似于核反应或病毒的裂变式扩增，由 1 对 N，再到 N 对 N×N……如你有 10 个粉丝，你的消息被你的粉丝转载后，那么你粉丝的粉丝同样也会转载，进而便发展到一种类似于金字塔一般的传播链条，信息被大量繁殖并且传播出去。特别是对于一些突发事件，其传播力度更大，短短的时间内可以被转载上千次。

5. 信息的图像化

在微博传播中，为了适应 140 字精简式的阅读，微博发布者自觉地选择了增加图片在信息中的比重。配图是提升微博传播效果的重要方式。网络社区上很早就有一句话"无图无真相",表示没有图片就不能清楚地了解事情的真相。在微博速度快、碎片化的传播中,如果只发文字微博,很容易就淹没在其他图文并茂的微博中。而契合的图片信息对文字信息起到补充的作用,吸引眼球,增加微博的关注度。图像是高效的具有情绪感染力和精神渗透力的信息传导形式,配图经过发布者的精心挑选使一条微博产生更加深厚、含蓄的表达效果,一目了然,也节省浏览的时间成本。最能体现微博图片传播力量的事件就是2011年春节期间,由中国社科院学者于建嵘教授所发"随手拍照解救乞讨儿童"的微博,经热心网友不断转发,形成强大的舆论传播力量,并吸引了传统媒体的关注。

（二）微博成为大众文化的一种重要的形式

微博以其发布门槛低、实时性强、个性色彩浓厚、交互便捷等个性特色成为"Web 2.0时代"的开放互联网社交服务的代表,引领了一个新的文化传播形式。微博随时可以通过手机更新最新动态,使得每一个人成为"自媒体"。微博"裸妆"式的生活思维,真实地贴近生活、获取同感共期的认同感使得微博文化盛行一时,并为明星、企业开创微博营销新模式提供广泛的群众基础。可以预见,随着大众文化的不断普及,微博将会越来越多地为普通人民所接受,其草根性和大众性也将愈发显现。微博作为文化传播手段之一,有其突出的优势,同时也存在一些不足。

1. 微博作为文化交流手段的优势

微博在信息更新速度还有资源等方面比传统方式占有优势地位。

首先是时效性。微博最大的特点是它所论议题多为当下最新发生的事件和最新的文化动态,以及各行业最新的发展动态或者活动等。

其次是受众广。据有关数据显示,2011年上半年,微博在网民中的使用率为40.2%,手机网民的微博使用率为34%,其用户数量目前仍呈递增的态势,并且使用门槛越来越低。如参与讨论"天宫一号"相关议题的微博就有15458880条（2011年10月25日新浪微博数据）。

三是互动性。发布者可以在叙述时通过标签、表情、投票等工具体现互动意向。微博用户分布于各个行业或者领域,而占据话语领袖权或制造议题的往往多为这个行业的专家或学者,而作为普通民众的一般用户均可以此议题讨论并与专家形成互动或直接对话。

四是群体性。用户使用微博的一个重要目的是寻找同行业或者相同兴趣的人们一起讨论和交流,如新浪在其微博上根据不同行业情况设置了名人堂,用户可以根据自己所需,选择相关领域的微博主作为关注对象,也可以在自己的微博界面上分门别类地设置关注对象等。如此一来,相同兴趣或者专业方向的用户,相互关注成群,形成一种圈内交流。

五是持久性。对于用户所发内容或者评论内容,可长期保存并作为后期参考,也可一直作为讨论的对象。

六是社会性。微博所论观点和议题因无限制性,人人均可参与讨论,对于这些理论是否正确或者可行,由民众来检验。

七是多维性。微博用户分布在各个知识层次或者行业背景中,其认知均有自己行业特色或者背景特点,而这种讨论和评论意见的实质是不同学科相互交叉的结果。

2. 微博作为文化交流手段的不足之处

微博作为新时期文化传播手段之一，存在许多不足之处。一是不易聚合形成效应。由于信息碎片化，许多思想可能受篇幅的限制，不能使一个完整的思想统一，整体聚合性地表达出来。二是娱乐性强。微博目前定位多是"为大众提供娱乐休闲生活服务的信息分享和交流平台"，娱乐性占比重较大。三是文化传播的负面作用不易控制。微博上虚假信息同有效信息一起高效传播（如"金庸去世事件"），信息误导等易使民众走向片面化。

微博作为文化交流的一种手段，目前在我国极具生命力和活力，其影响范围随着网络覆盖率完善而日益壮大，是这个时代信息交流和分享的一个特征代表，其影响深远，对传统交流方式具有较大冲击。作为一种手段和工具，其操作和主动权在使用者手中，如何使其良性发展并服务下去，仍需较长时间的论证和引导使其趋利避害，实现其自身潜在价值。

三、微信文化

微信是腾讯公司于2011年推出的一款提供即时通讯服务的免费手机聊天软件。快速发送语音短信、视频、图片和文章，支持多人群聊，用户可以通过微信与好友进行形式上更加丰富的联系。"微信软件"完全免费，其产生的上网流量由网络运行商收取，截至2014年，微信注册用户的数量已经突破6亿，其中国内的用户为5亿，国外1亿。有人评价称"微信是迄今为止增速最快的在线通信工具"。从社会根源看，微信的兴起与当代高科技产业密不可分，它是以现代电子传媒移动通讯设备为载体的大众化文化传播产品；从人类自身看，人类对新事物的猎奇和好奇心理，对群体归属感的强烈渴望以及社会身份认同的获得在微信中都能够得到一定程度的满足。

（一）微信的社会文化特征

1. 整合各种资源

微信将"QQ、邮箱、手机通讯录、语音、彩信"等业务整合在了一起，通过"视频、交友、摇一摇、漂流瓶、手机通讯录"等沟通方式提供了多元沟通的体验，已被用户奉为"社交神器"。

2. 具有相当数量的高端用户

众所周知，QQ用户群一般是一些上网聊天的青少年，它比不上MSN的商务化和精英化。而微信用户群则往往是一些高端智能手机使用者，微信软件已经成为了这些移动通讯设备使用者必备的社交工具。微信已被外界称为"挑战运营商短信和语音通话业务"的跨时代产品。

（二）微信的文化传播功能

微信的多模态特性使其传播方式更便捷，也更人性化。它具备以下的文化传播功能：

1. 联通功能

微信传播方式是点对点传播和点对面传播的有效结合，旨在打造"全民社交圈"，整合了群体传播功能。微信，不仅包含手机通讯录好友、QQ 好友，还包括查找附近陌生人的功能，使得人际传播从个人所熟悉的"强联系人群"扩展到了陌生新奇的"弱联系人群"。

2. 社会文化和流行文化的符号功能

微信是大众文化产品，是相对虚拟网络空间的现实作品。作为流行消费符号，微信偏向高端用户群，一般支持苹果、安卓平台的手机间互发信息。微信具有年轻与活力、时尚、前卫等形象价值，表达了使用者的意图、心态、风格、气质甚至社会关系和社会地位，包括财产水平、个人能力、兴趣爱好、品味特质及影响力等。微信的使用行为已逐渐成为了一种品牌文化的认同，用户所获取的是形象价值、文化价值，甚至还包括归属感与满足感。

总之，展望新媒体：科技发展，文化渗透，媒介涌现。大众应正确对待和审视各种文化潮流及文化产品，不可置之不理，也不可过于亲密。作为网络使用主体应自我节制，调整适应对信息的欲望，实现自我完善和自我控制，让网络最终成为人类思想延伸与交流的利器，趋利避害。

小结：

手机短信与拇指文化；微博文化；微信文化。

思考题：

1. 短信语体特征有哪些？
2. 微博有哪些特点？
3. 微信的社会文化特征和文化传播功能有哪些？

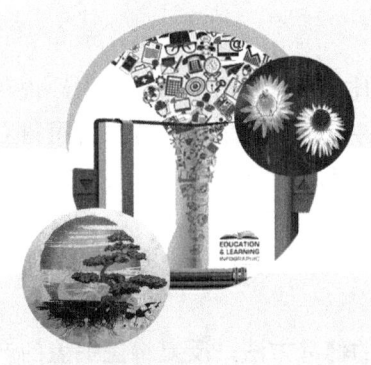

第十五讲
广告语言与社会文化

当今世界,信息经济时代的大潮滚滚向前,高速高效的交通系统和电子通讯技术促使商品流通领域不断扩大,广告业越来越彰显其威力和影响,整个地球仿佛成了一个巨大的广告村。各种形式广告在日常生活中已是无处不在、无时不有,它作为一种大众文化,集政治、经济目的与文化形态为一体,具有政治、经济与文化的多重功能,其广泛传播性、巨大影响力,使其日益成为现代文化不可或缺的一个重要组成部分。

一、广告语言的魅力

广告语言,顾名思义,就是在广告中所运用的语言。从广义上说,就是广告借以传递商品或服务信息的各种符号,包括语言符号和非语言符号(文字语言、声音语言、画面语言、动作语言);狭义的广告语言则是专指广告传播中使用的语言符号,仅仅包括文字语言和声音语言。广告语的目的就是要激发、改变甚至增强原有消费者的态度或吸引那些原本对品牌毫不知情的群众的注意力,从而加深他们对品牌的印象,使其成为潜在消费者,最终促进他们的购买行为。广告语言的特点也就决定了其魅力所在。

(一)广告的语言艺术特征

广告语言的一大魅力就在于它特有的艺术性。作为商家进行产品宣传的主要媒介,广告语结合了艺术与科学两种语言形式,并且利用这两种语言形式的特性来使公众在心理需

求上得到满足。广告语往往运用多种修辞手法使其生动有趣,这样不仅可以吸引到更多的受众,而且可以加快其传播的速度和提高其宣传的效果。例如:

给电脑一颗奔腾的心。(英特尔广告)

这句广告词就运用了比喻的修辞手法,把电脑的 CPU 比作了人的心脏,强有力地说明了它的功能强大、运行速度快,准确地描述了产品信息,并且这句话也给英特尔公司树立了一个良好的形象,使受众对英特尔有一个全新、深刻的认识。

盖中盖,腰不酸,背不痛,腿也不抽筋。(盖中盖高钙片)

这则广告是盖中盖流传许久的广告语,它运用了排比的修辞方法,反复将盖中盖的产品特性描述出来,这样更利于突出产品的优势,强化受众记忆。

装得下,世界就是你的。(爱华仕箱包)

在产品的质量、大小、性能上使用了夸张的修辞,突出了爱华仕箱包"能装"的产品特征。

(二)广告的心理艺术特性

好的广告语不仅具有语言上的独特魅力,同时其特有的心理艺术特征也可以充分满足消费者的各项心理需求。

1. 情感需求

亲情、友情、爱情是人类的三种基本情感需求,广告语一般也涉及这三种感情诉求,通过与消费者产生情感上的共鸣,从而使其情感上得到满足。

例如:

把爱带回家。(乐事)

广告语体现出了"爱""回家"的主题,更加迎合了中国人每逢节日时想要回家的心情,能够满足受众对亲情的需求。

2. 自我价值需求

随着经济发展,人们的生活水平普遍得到了提高,温饱不再是能够满足人们的唯一标准,他们更加需要自身价值的实现。目前,许多品牌针对受众这一心理需求,制定其广告宣传标语。

例如:

不走寻常路。（美特斯邦威）
一切皆有可能。（李宁）

这两个运动品牌以简短精炼的广告标语传达了年轻人想做就做、特立独行的心理。他们渴望与众不同，渴望自由，想要通过挑战、"不寻常"来实现自己的人生价值。这就顺应了年轻人想要实现自我价值的需求，可以给品牌树立一个全新的形象，吸引更多年轻消费者。

3. 安全需求

安全因素是人们最重视的，也是对受众来说最重要的需求。它不仅仅指受众身体与心理上的安全，它还包括了其财产的安全。

平时一滴水，难时太平洋。（太平洋保险）

太平洋保险公司的这则广告标语不仅使用了比喻和夸张的修辞方法来传达保险的重要性，和太平洋保险能够在消费者遇到困难时起到强有力的作用、提供更多的帮助，"太平洋"一词更是一语双关，更加突出了太平洋保险公司在消费者遇到困难时可以给予"太平洋"般的帮助。这就满足了受众对人身安全、财产安全等安全问题的需求。

总之，广告语不仅可以帮助企业吸引到更多消费者、树立品牌的知名度、给企业一个良好的公众形象、为企业带来巨额利润，也可以使受众的心理和情感得到一定程度的满足，广告语言的魅力无处不在。

二、广告语言的文化表达

广告语言职能不仅是表现广告、服务广告，同时它也在记录文化、体现文化。有学者指出："每个民族都拥有一些深植于本民族传统文化的心理特征。这些心理特征影响着人们的日常生活和风俗习惯，也制约着人们的语言活动。"广告语言作为一种应用语言，虽已形成了其独特的文体形式，与日常生活语言存在众多差异，但与一个民族的历史、宗教、价值观等诸多文化因素有着千丝万缕的联系，透过广告我们会发现，英汉文化的个性特征经过漫长的历史的积淀，无不凝结于各自的广告语言中。广告语言可以反映人类思维的共性特征，同时也可以折射出不同的民族心理，反映出不同民族文化的差异。

（一）人类思维的共性表达

1. 形象思维是人类思维的特点之一。

人们喜欢具体、形象、直观的语言。因此，英汉广告都经常大量使用排比、比喻、比拟等修辞格来创造鲜明的意境和生动的形象，以便富有感染力地宣传商品或服务的特性，从而大大增强英汉广告的功能。

例如：

（1）纤小，并不意味着怯弱；离开，并不意味着放弃；新的土壤，新的机遇，新的开始……

（2）拥有树木，地球才有脉搏。

例（1）是中央电视台播放的一则公益广告。该广告的镜头是蒲公英的种子撑着小伞离开母体，寻找新的土壤，并营造出新的绿色。这里用蒲公英的种子来比喻下岗工人，用土壤来比喻生存的机会，用蒲公英寻找新的土壤安家暗喻下岗工人寻找新的岗位再就业这一概念，同时使用了排比的修辞格，形象贴切，富于思想内涵，耐人寻味。例（2）中把树木隐喻成地球的脉搏，脉搏是人的生命的表征，没有脉搏，人就没有了生命，形象地说明了树木对地球的重要性。可以说用具体的事物表示抽象的概念似乎是人类常见的一种思维方式。以下的商业广告也体现了形象性的特点。

如：一则彩色笔广告"书为山谷，笔为径"。书被比作山谷，把笔喻为山径，使人们清楚地认识到笔是通往知识殿堂的小路，是摘取知识之果的必备工具。此外还有大宝护肤品广告"要想皮肤好，早晚用大宝"；波导手机广告"波导——手机中的战斗机"；太平洋保险公司的"太平洋保险保太平"。

英语广告也大量使用比喻、比拟等修辞格来创造鲜明的意境和生动的形象，以便富有感染力地宣传商品或服务的特性，从而大大增强其广告功能。英语广告措词也讲究生动形象。例如：

（3）Breakfast without orange juice is like a day without sunshine.

（4）Gold star is the brightest star in electronics.

上面第（3）句是个典型的明喻句式，第（4）句是个典型的暗喻句式。语言生动，意境鲜明，产品功能、公司形象具体生动地呈现于读者眼前，令人怦然心动。

类似的还有以下的广告：

Light as a breeze, soft as a cloud. 轻如拂面之微风，软如天上之浮云。(一则服装广告)

You're better of funder the UNBRELLA. 保护伞下，你尽可以无忧无虑享受旅行的乐趣。(旅行保险公司广告)

Flowers by INTERFLORA speak from the heart. 英特拂罗拉的花儿为你诉说衷肠。(花卉店广告)

2. 人类思维模式的另一共性是模糊性。

所谓"弦外之音""言外之意""只可意会，不可言传"等等正是中国人对语言文字的特殊体验。尽管广告语言首先要求简明易懂，但恰到好处的模糊性、意会性，可使广告语言富于联想，回味无穷，大大增加广告的艺术感染力。

汉语广告的模糊性常常在于运用精辟的言词、巧妙的表达法或恰当的修辞，意味深长耐人寻味地创造商品或服务的整体形象。

例如，在杉杉牌西服的电视广告里，一位男士身上所穿的漂亮潇洒、楚楚动人的西服引起了众人的羡慕。一对情侣在喝饮料，小伙子羡慕地盯着这身西服，惊异地说："杉杉牌西服！"他的女友立即半开玩笑地对他说："不要太潇洒！"

此外在劲酒的外包装上，有这样的广告语："劲酒虽好，可不要贪杯！"言外之意丰富而生动，十分耐人寻味。

如果人类失去联想，那还剩下什么？（联想电脑公司）
一流产品，为足下增光。（一鞋油广告语）

其中的"联想""足下"都有双关的含义。英语广告的模糊性主要表现为利用双关（pun）、含蓄、比较（implied，comparison）等修辞手段或使用别出心裁的表达法来描述商品或服务的具体特性、特征和优点。

如一则海滨浴场的广告："More sun and air for your son and heir"运用谐音双关使广告语言和谐悦耳，读起来朗朗上口，又风趣幽默，具有感召力；广告"Cokere freshes you like no other can"和交通公益广告"Better late than the late"分别运用了"can"和"late"的语义双关，深刻而生动地揭示广告内容的特性与功能。

I'm More satisfied.（More 牌香烟广告，一方面 More 是牌名，另一方面 more 作副词修饰 satisfied。）显然，双关语表里双涉，一举两得，富于联想，灵活机动，深刻而生动地揭示广告产品的特性与功能。

可见，广告语言的模糊性给受众提供了广阔的想象余地，诱发人们的想象思维，激发消费者对产品的联想，激起他们的购买欲望。

3. 幽默性的表达。

广告中的幽默语言能够以趣味化的内涵和独特的表现形式吸引观众的注意力，达到意想不到的宣传效果。西方人喜欢开玩笑，说话风趣幽默，这种性格特点与他们的思维方式和文化背景密不可分。广告语言也能体现出西方人浓浓的幽默感。如为了提醒公众注意交通安全，美国伊利诺斯州一个十字路口就有这样一则广告："开慢点，棺材匠已忙不过来了！"此外国外交通安全广告还有"如果您的汽车会游泳的话，请照直开，不必刹车"。

汉语广告中也有幽默诙谐的语言，如一驱虫剂广告"您不能反咬它，您却能反击它"，幽默地告诉你不能反咬它，最好的办法是用驱虫剂予以反击。这种简短有趣的广告语言给人以启迪和回味，较之直露的语言表述对广告的成功往往有更大的促进作用。

（二）东西文化的差异

广告语从一个侧面揭示出一个民族的思维方式、文化心理、价值取向、道德观念、生活方式、消费观念和风俗习惯，亦可折射出不同的民族心理，反映出东西文化的差异。

1. 价值观的差异

心理学理论认为，价值观与需求是紧密联系的。广告人发现人们是为了取得所寻求的某种好处而购买和消费产品的，因此，广告中的产品与所赋予的价值观联系越密切，这种产品对消费者的吸引力就越强大。中西广告中所反映的价值观差异主要表现为群体认同与个人本位的对立。

群体认同和个人本位是中西文化在价值观选择上的一个基本差异。这种差异源于两种文化关于人的不同观念。尽管中西文化的价值系统都把人放在中心位置上，但对人的理解却截然不同。中国文化把人理解为类的存在物，重视人的社会价值，但仅把人看作群体的一分子，是他所属社会关系的派生物，他的价值因群体而存在并借此体现。因而只有无条件地将自己的命运和利益托付给所属的群体，才能得到群体的认同，实现自己的价值。在这种价值观的指导下，"家""大家""国家"的地位得到了极大的提升，形成了"舍小我，全大我""舍小家，为大家"的思想观念。而西方文化强调人作为有理智、尊严和自由意志的独立个体的地位，要求人对自己的命运负责。他们认为上帝面前人人平等，个人的成功是自我努力的结果，自己有权享有并有义务维护自我的利益不受损害。在这种价值观念的影响下，形成了西方人个人中心的处世态度，不依附于家庭，也不依赖他人，重视自我的感受。如果说中国遵循的是义务本位的群体原则，那么西方国家遵循的则是权利本位的个人原则。

"国家，国家，有国才有家。"孔子以其提出的"大一统"思想在诸子百家中脱颖而出。忠君报国，四海归心，成为凝聚全社会的精神力量。以国家统一为乐，以江山分裂为忧，是中华民族天经地义的政治价值取向。当国家处于危难之际时，我们应当毫不犹豫地挺身而出，献出自己的一切，哪怕是生命。这种炙热的爱国情怀和价值理念是为大多数人所接受的。人们以有一颗爱国心而自豪。所以汉语广告中处处出现"爱国""爱家""团结""奉献""忠孝"的思想。

如：海尔是中国家电业的佼佼者，在中国家电工业走向成熟的时候，果断地打出"海尔，中国造（Haier：Made In China!）"的旗号来塑造海尔全球化的品牌形象，既振奋了国人的自信心，又增强了民族自豪感。

中国联通，它的标志是一个中国结的形象，本身就充满了亲和力，再推出"情系中国结，联通四海心"的广告语，把自己的标志和品牌名称自然地融入到其中，从外表到精神做到了和谐统一，反映了企业报效祖国的精神理念。

此外类似的广告还有"中华永在我心中（中华牙膏）"；"说地地道道普通话，做堂堂正正中国人（普通话推广公益广告）"；"长虹，以产业报国，以民族昌盛为己任（长虹广告）"；"中国人的酒——赊店老酒（赊店老酒广告）"；"品味迎客松，独领中国风（迎客松香烟广告词）"。

这是中华"大一统"观念的直接体现，有效地激发了人们的民族自豪感和凝聚力。同时这种凝聚力和自豪感，也使广告语的接受者更容易对厂商产生好感，接受其商品。

随着社会的发展，人们所依附的关系网不再局限于血缘宗族，"同锄一片地，同饮一江水"的生活方式拉近了人与人的距离。俗话云："远亲不如近邻。"与邻里乡亲相互照应，和谐相处，会使自己的社会地位得到进一步的巩固，使自己的家庭从中受益。因此人们对乡亲邻里也会产生很深的依赖感和亲近感。由于血缘关系至上的原则，中国人在建立其他社会关系时也尽可能用血缘关系来比附，将邻里乡亲当作亲人来看待，甚至在离开家乡多年以后依然被浓浓的乡情牵绊着。这种情谊也时常在广告语中呈现，如"孔庙家酒"的广告创意是来自于"孔庙家酒的家乡"。"喝孔庙家酒，让你感受思乡情。"这个说法可以触动很多人的心灵，因为它反映了许多人思念家乡的感觉。类似的还有"隔壁千家酒，开坛十里香（濉溪口子酒）"。把中国悠久的历史文化与酒联系在一起，反映了"酒醉思乡情更切"的文化心理。

中国古代就有许多思乡的诗，如"举头望明月，低头思故乡"；"独在异乡为异客，每逢佳节倍思亲"；"共看明月应垂泪，一夜乡心五处同"。中国人总是对故乡有种难以割舍的情怀，尤其是在传统佳节时。而中秋月饼的广告语，正是揣摩到了中国人的这种心理。

  月是故乡明，情是亲人浓，一份天伦好礼传达永远的祝福。（天伦月饼广告语）
  月是故乡明，星湖表浓情。（江苏星湖月饼）

西方国家经常迁徙、移民，家园观念淡化，使得西方人的心理结构较为松散，而肯定人作为个体存在的价值。价值是由人体验的，一切价值均以人为中心，个人本身就是目的，具有最高价值，社会只是达到个人目的的手段。正如古希腊智者普罗泰戈拉所说："人是世间万物的尺度，是一切存在的事物所以存在，一切非存在的事物所以非存在的尺度。"西方人认为，宙斯已经将正义和尊敬分给了所有的人，人们应该根据自己的意志决定各种关系，满足自我需求，维护自我利益。因此，他们会把自我的意志和感受放在第一位。当每个自我都得到充分满足时，社会群体也就得到了发展。因此英语广告重在以人为本，突出个性，立足于褒扬自我，推崇创新，在西方的广告语中会出现大量的只代表个人的词语，或者代表个人感受的语句。

例如：

  服从你的渴望。（雪碧广告语）
  对我而言，过去平淡无奇；而未来，却多姿多彩。（轩尼诗酒）
  佳能，我们看得见你想表达什么。（佳能公司照相机广告语）
  倾听自我。（爱立信移动电话广告语）
  选择维聚阿尔，已经表明你心明眼亮。（维聚阿尔眼镜公司广告语）
  时间因我而存在。（罗西尼手表广告语）
  感觉是真实的。（摇滚乐队广告语）

2. 文化心理反映在广告语言中的差异

每个民族都拥有一些深植于本民族传统文化的心理特征，这些心理特征影响着人们的

日常生活和风俗习惯，也制约着人们的语言活动。祈福避祸是各个民族共有的文化心理，但在各民族有各自的内涵和表现。中国人民看重吉祥如意、发财致富、孝敬父母，尤其看重家庭子女。因此广告的创意者会极力营造温馨的家庭场面，并加上几句贴心的话语来迎合消费者的心理。例如：

"妈妈，我能帮您洗衣服了。""父母的爱心，千百年来永不变。"（台湾三洋妈妈乐洗衣机广告）
南方大厦，祝福万家。（南方大厦广告）
捧出一片爱心，献给千万老人。（云南制药厂广告）
威力洗衣机，献给母亲的爱。（威力洗衣机广告）
红棉保温瓶，温暖你家庭。（红棉保温瓶广告）
舒服佳，促进健康为全家。（舒肤佳香皂广告）
关注您家人的健康，给他们一个美好的未来。（友之友牛奶广告）
一家人的团圆节，一家人的稻香村。（稻香村月饼广告）

由此可见，在中国人的心目中，家庭永远占据着核心地位。家庭的和谐美满，家人的健康长寿要比个人的好坏重要得多。

即便是一些建议性的或者劝诫性的公益广告，也都趋附于中国人的这种心理。动之以情，晓之以理，为了自己，更是为了他人，改变自己的不良习惯，奉献自己的爱心。例如：

为了孩子，为了未来，拥有文化，拥有明天。（港台演员义演广告）
为了你和家人的健康，请不要吸烟。（禁烟公益广告）
也许，你的指尖夹着他人的生命——请勿吸烟。（医院禁烟广告）
我们爱心的一小部分却是他们生命的全部。（献血公益广告）

在西方文化中，《新约圣经》将人们对家庭承担的责任引向对精神权威的效忠，并由此产生了"上帝面前人人平等"的思想。反映在社会生活中，就是要求尊重人的个性及私人空间，承认个人有不同于他人的地方，有权选择自己的生活方式。反映在文化层面上的积极意义为高度自信、自强不息、积极进取以及不拘泥于传统而大胆创新的个人奋斗精神。人们相信不是家庭使个人高贵，而是自己使自己高贵。只要通过努力，每个人都有成为百万富翁的可能。这种积极进取的奋斗精神也体现在了广告语中。

越挑战，越精彩。（人头马黑酒全球广告语）
我们正在努力。（艾维斯广告语）
敢为天下先。（美国通用汽车广告语）
引领进步之道。（米其林轮胎广告语）

只管去做。(耐克广告语)
做领袖，某头！(凯迪拉克汽车广告语)

3. 崇尚权威与注重个人感受的对立

中国的广告有一个突出的特点就是证书和荣誉在广告中一个接一个被列举出来。这是由中国人崇尚权威、荣誉和成就的观念决定的。因此，在广告中经常会出现"中国驰名商标""质量信得过产品""通过ISO9001国际体系认证""全国销量领先"等字样和称号。如：

杯子连起来可绕地球两圈，连续六年全国销量领先。(香飘飘奶茶广告)
双汇冷鲜肉开创中国肉类品牌。(双汇广告)
三棵树，马上住，连续七年销量翻番。(三棵树漆广告)

"Come to where the flavoris. ——Colgate" 这则广告为高露洁牙膏广告。广告商抓住普通民众对专家的信任和对权威机构的信赖这一心理大做文章，"在世界受到超过40个牙医学会承认，更多中国口腔护理专家选用品牌，中国口腔医学会（CSA），中华预防牙医会（CPMA）推荐品牌"。这样一来，民众很容易在心理上认同此种产品。

崇尚权威是对封建社会森严的等级制度和民众的顺从心理的一种折射。从某种意义上来说，这种心理到现在仍然深刻地影响着中国人的生活。高露洁公司和其他很多广告商正是抓住了这种权威崇尚心理。

但丁曾说："人为了自己的目的而不是为了别人的目的而生存"，"自由的第一原则就是意志的自由"。西方文化崇尚追求个性自由，因此在消费时，人们会充分地张扬个性，只要满足自我的精神愉悦就行，而不会在乎别人的看法，更不会像中国文化崇尚权威。有时他们还会刻意去追求一些与众不同的东西，作为个体存在的鲜明标志。

如，人头马广告"人头马一开，好事自然来"，尊贵的人头马非一般人能享受得起，因此喝人头马喝XO一定会有一些不同的感觉。另外再给你一个希望，只要喝人头马就会有好事等着到来。有了这样吉利的"占卜"，谁不愿意喝人头马呢？尤其是那些尊贵的人，更是深信不疑。

我梦想穿着自己的MAIDENFORM胸罩去逛街。(媚登峰内衣广告语)
不一样的公司，不一样的汽车。(福特汽车"土星"系列广告语)
为了这包骆驼香烟，我走了一英里。(骆驼香烟广告语)

以上几则广告都充分体现了西方广告语言中的"个性化"、注重自我感受的特点，即广告的着眼点在于唤起人们的自我意识和自主精神。

文化对广告语言的影响是多方面的，广告语言也在诸多方面反映出文化的种种特质。

事实也证明：越是反映社会文化的广告语言越易为人们所理解和接受，越能引起受众对商品的好感和青睐，广告语言运用得巧妙能够大大促进广告走向成功。

小结：

广告语言的魅力；人类思维的共性表达；东西文化的差异。

思考题：

1. 广告语言有哪些魅力？
2. 广告语言表现了哪些人类的共性？
3. 广告语言是如何体现出东西文化的差异的？

参考文献

[1]薄守生. 当代中国语言规划研究——侧重于区域学的视角[M]. 北京：社会科学出版社. 2009. P3

[2]曹凤霞. 从当代新词新语使用看语言变异[J]. 南昌大学学报（人文社会科学版）. 2010（04）

[3]曹慧. 文化——魂之身势语[J]. 长春理工大学学报. 2011（8）

[4]曹进，吕佐娜. 大众文化视角下的"新新"媒介探析——以腾讯微信为研究对象[J]. 东南传播. 2012（09）

[5]靖鸣，周燕，马丹晨. 微信传播方式、特征及其反思[J]. 新闻与写作. 2014（07）

[6]李思洋. 浅谈广告语的语言魅力[J]. 才智. 2013（03）

[7]汪缚天. 论广告的语言特质[J]. 徐州师范学院学报. 1992（02）

[8]谭卫国. 中西文化与广告语言[J]. 上海师范大学学报（哲学社会科学版）. 2003（02）

[9]刘玲. 英汉广告语言的文化内涵[J]. 广西轻工业. 2007（04）

[10]范蕊丽，芮燕萍. 中英文广告的语言和文化差异[J]. 山西大同大学学报（社会科学版）. 2010（06）

[11]郝钦海. 广告语言中的文化内涵——中英广告语言中的文化对比[J]. 山东外语教学. 2000（02）

[12]马静，王君，李中昕. 传统文化对现代广告的影响[J]. 绵阳师范学院学报. 2012（07）

[13]李花. 中西现代广告传播效果差异之文化元素探析[J]. 今传媒. 2011（07）

[14]曹志耘. 论语言保存[J]. 语言教学与研究. 2009（1）

[15]曾微，刘上扶. 澳门的多语现象与语言政策[J]. 东南亚纵横. 2010（1）

[16]陈春雷. 从失范走向规范——关于网络语言影响及规范策略的思考[J]. 学术界. 2011（04）

[17]陈国华. 冯小刚贺岁电影的独特风格[J]. 电影文学. 2009（2）

[18]陈璐. 刍议微信的社会文化传播功能及其影响[J]. 青春岁月. 2013年3月下

[19]陈先义. "汉语洋泾浜"与文化自信. 光明日报. 2010.5.14

[20]戴庆厦. 论新时期我国少数民族的语言国情调查[J]. 云南师范大学学报（哲学社会科学版）. 2008（3）

[21]戴庆厦. 语言关系与国家安全[J]. 云南师范大学学报（哲学社会科学版）. 2010（2）

[22]单强. 赵本山小品的幽默语言手法解析[J]. 潍坊教育学院学报. 2011（4）

[23]范俊军. 语言生态学研究述评[J]. 外语教学与研究. 2005（2）

[24]付兴华. 再论相声语言的艺术特色[J]. 戏剧之家（上半月）. 2012（2）

[25]顾平. 管窥英汉称谓语中性别歧视之今昔[J]. 牡丹江大学学报. 2009（02）

[26]许颖红. 英汉称谓语的比较与翻译[J]. 茂名学院学报. 2005（05）

[27]胡红丽. 跨文化交际中社会称呼的运用[J]. 新疆师范大学学报（哲学社会科学版）. 2003（04）

[28]徐家庆，朱伟. 高学历女性陷入"剩女"困境的原因及对策[J]. 扬州大学学报（高教研究版）. 2014（06）

[29]田樱花. 语言交流中的性别差异及其根源探究[J]. 浙江万里学院学报. 2010（02）

[30]张若兰. 英语中的语言与性别差异探讨[J]. 广州大学学报（社会科学版）. 2003（05）

[31]许力生. 话语风格上的性别差异研究[J]. 外国语（上海外国语大学学报）. 1997（01）

[32]史煜. 性别话语模式差异与其理论诠释[J]. 山东外语教学. 2008（06）

[33]李其云. 性别差异在言语交际方面的表现及其根源探析[J]. 南阳师范学院学报. 2007（10）

[34]王冬梅. 两性语言差异及其适应策略[J]. 常熟理工学院学报. 2012（05）

[35]顾平. 管窥英汉称谓语中性别歧视之今昔[J]．牡丹江大学学报. 2009（2）

[36]何自然. "语言中的模因"[J]. 语言科学. 2005（06）

[37]胡伟. 新词新语的来源、特点及产生原因[J]. 广东行政学院学报. 2010（1）

[38]黄伯荣、廖序东. 现代汉语（增订四版）[M]. 北京：高等教育出版社. 2007. P160-164

[39]姜丽. 从"红"与"白"透视中日文化差异[J]. 河北北方学院学报. 2009（3）

[40]靳保太. 论网络传播的特性[J]. 山西师范大学学报（社会科学版）. 2002（4）

[41]克里斯托夫·金. 赵本山在美国遭遇滑铁卢[J]. 决策与信息. 2011（11）

[42]郎依涵. 中日动漫比较研究[J]. 边疆经济与文化. 2014（1）

[43]李思洋. 浅谈广告语言的魅力[J]. 才智. 2013（3）

[44]李兴华. 从民族身份看欧盟多元化的语言政策[J]. 法国研究. 2006（5）

[45]李宇明. 中国语言规划绪论[M]. 北京：商务印书馆. 2010

[46]李长华. 新词"剩女"与社会文化心理探视[J]. 现代语文. 2008（5）

[47]联合国教科文组织濒危语言问题特别专家组. 范俊军等译. 语言活力与语言濒危[J]. 民族语文. 2006（3）

[48]刘辰洁，李国慧.现代韩国语称谓系统及其文化印记[J]. 边疆经济与文化. 2005（5）

[49]刘双. 文化身份与跨文化传播[J]. 外语学刊，2000（1）

[50]刘昀. 浅析郭德纲的语言特色[J]. 大众文艺. 2010

[51]卢慧慧. 小议网络语言的语音变异现象[J]. 修辞学习. 2003（1）

[52]罗常培. 语言与文化（注释本）[M]. 北京：北京大学大学出版社. 2009

[53]罗纳德·沃德华著. 雷红波译. 社会语言学引论（第五版）[M]. 上海：复旦大学出版社. 2009

[54]毛力群. 拇指文化演绎语言新时尚——手机短信的语体分析[J]. 浙江师范大学学报（社会科学版）. 2004（5）

[55]秦秀白. 网络与网话[J]. 外语电化教学. 2003（6）

[56]萨默瓦著. 闵慧泉译. 跨文化传播[M]. 北京：中国人民大学出版社. 2013

[57]邵敬敏、石定栩. "港式中文"与语言变体[J]. 华东师范大学学报. 2006（2）

[58]孙宏开. 中国少数民族语言活力排序研究[J]. 广西民族大学学报（哲学社会科学版）. 2006（5）

[59]汪大昌. 语言和文化[M]. 北京：首都师范大学出版社. 2009

[60]王远新. 论我国少数民族语言态度的几个问题[J]. 满语研究. 1999（1）

[61]王远新. 语言学教程[C]. 北京：中央民族大学出版社. 2009

[62]武小莉，武小庆. "被××"流行的社会认知动因分析[J]. 前沿. 2011（3）

[63]席巧玲. 中日社交语言文化差异之比较[J]. 河南工业大学学报（社会科学版）. 2009（2）

[64]杨玲. 少数民族学生汉语文意识分析[J]. 教育与教学研究. 2009（4）

[65]杨睿萌. 好莱坞电影对中国元素的成功诠释——以《功夫熊猫》系列电影为例[J]. 艺术科技. 2013（09）

[66]蒋莹莹. 动画片《功夫熊猫》中的中西方文化价值观的异同研究[J]. 电影评介. 2013（01）

[67]苏金智. 香港言语社区两文三语的格局及其变化[J]. 云南师范大学学报（哲学社会科学版）. 2010（03）

[68]仇志群. 台湾推行国语的历史和现状[J]. 台湾研究. 1994（04）

[69]张梦晗. 海峡两岸汉语的差异及其原因探析[J]. 徐州师范大学学报（哲学社会科学版）. 2010（04）

[70]林圣娥，侯挺南，王芳芳，郑开厦. 海峡两岸语言差异探析[J]. 兰州教育学院学报. 2013（10）

[71]张桂菊. 澳门语言状况与语言政策[J]. 语言文字应用. 2010（03）

[72]盛炎. 试论澳门语言现状及其发展趋势[J]. 中国语文. 1994（01）

[73]程祥徽. 澳门社会的语言生活[J]. 语文研究. 2002（01）

[74]郑永福. 在韩国感受儒家文化[J]. 寻根. 2006（04）

[75]刘宝全. 韩流在中国的传播及其对中韩关系的影响[J]. 当代韩国. 2014（01）

[76]何新. "韩流"给中国文化产业发展的启示[J]. 艺术教育. 2011（06）

[77]田李隽. 江永女书及其女性文化色彩[J]. 中华女子学院学报. 2004（04）

[78]田李隽. 女书的女性文化透视及文化生态保护[J]. 海南师范学院学报（社会科学版）. 2004（05）

[79]陆颖. 浅谈女书及女书文化[J]. 焦作大学学报. 2011（03）

[80]张宝明. 汉字在世界的威望 汉字让中国人自豪[J]. 汉字文化. 2012（02）

[81]单强. 充满活力的新词新语[J]. 山东教育学院学报. 2002（02）

[82]单强. 谈谈新词新语[J]. 潍坊教育学院学报. 2001（02）

[83]姚小平. 基本颜色调理论述评——兼论汉语基本颜色词的演变史[J]. 外语教学与研究. 1988（01）

[84]姚艳梅. 从广告语言透析中西文化的差异[J]. 宝鸡文理学院学报（社会科学版）. 2008（3）

[85]叶蜚声，徐通锵著. 王洪君，李娟修订. 语言学纲要（修订版）[M]. 北京：北京大学出版社. 2010

[86]袁健. 浅谈跨文化交际中手势语的运用[J]. 佳木斯教育学院学报. 2011（4）

[87]袁素华，郑卓睿. 试析欧美华裔新生代文化身份认同的困惑[J]. 湖北社会科学. 2009（8）

[88]张巨龄. 新词酷语的流行和汉语研究的反思[J]. 语言与翻译. 2005（4）

[89]张榴琳. 流行语"给力"的用法源流研究[J]. 科技信息. 2011（24）

[90]赵龙龙，田蕾，王秦俊. 微博的特点及其在文化交流中的作用[J]. 科技传播. 2012（03）

[91]赵蓉晖. 社会语言学[M]. 上海：上海外语教育出版社[J]. 2005

[92]赵曰超，徐陈琛，周永康. 赵本山春晚小品中的农民形象再现研究[J]. 西南农业大学学报（社会科学版）. 2013（09）

[93]周梦焱. 冯小刚贺岁片流行语的现象分析[J]. 电影文学. 2009（18）

[94]党君. 冯小刚贺岁喜剧电影主题变化分析[J]. 东南传播. 2010（04）

[95]陈洋. 饱含深情的时代小人物——浅析冯小刚电影中的人文关怀[J]. 大众文艺. 2010（22）

[96]葛嫒. 试析冯小刚电影的语言艺术[J]. 安徽职业技术学院学报. 2011（01）

[97]李桂林. 手机短信文化初探[J]. 科技信息. 2009（07）

[98]何永春. 手机短信现象的文化心理透析[J]. 科技创新导报. 2009（36）

[99]庄美英，何自然. 物竞天择 适者生存——从模因论的纬度看新词酷语的流行现象[J]. 湖北社会科学. 2010（07）